Archaeology of a Chiefdom Using Red Pottery

赤い土器のクニの誕生 ―弥生のムラとクニの考古学― ＜川崎 保＞
米づくりの受容にみる信州の北南 ＜町田 勝則＞
石器に弥生の社会を読む ＜町田 勝則＞
武器形石製品と弥生中期栗林式文化 ＜馬場 伸一郎＞
中部高地における中期から後期の地域的動向 ＜小山 岳夫＞
箱清水式土器の文化圏と小地域 ―地域文化圏の動静― ＜笹澤 浩＞
天竜川水系の弥生のムラとクニ ＜市澤 英利＞
中部高地における円・方丘墓の様相 ＜青木 一男＞

コラム1　渡来人の出現 ―善光寺平の弥生時代人― ＜茂原 信生＞
コラム2　赤い土器 ＜徳永 哲秀＞

Tamotsu Kawasaki 川崎 保 編

「赤い土器のクニ」の考古学

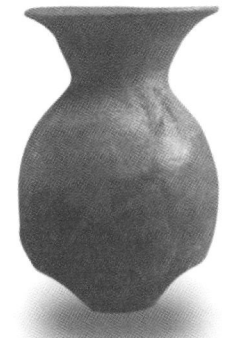

雄山閣

■「赤い土器のクニ」の考古学■目次

赤い土器のクニの誕生
—弥生のムラとクニの考古学— ……………………………〈川崎　保〉… 5
 1　縄文ムラと弥生ムラ ……………………………………………… 7
 2　弥生ムラから「赤い土器のクニ」へ …………………………… 10
 3　縄文土器「型式」と弥生土器「様式」………………………… 12
 4　「赤い土器のクニ」の意味するもの…………………………… 24
 5　「赤い土器のクニ」から「シナノのクニ」へ ……………… 35

米づくりの受容にみる信州の北南 ……………………〈町田勝則〉… 41
 はじめに ………………………………………………………………… 43
 1　信濃における稲作文化の定着 …………………………………… 44
 2　稲作文化期における食料の種類とその調達 …………………… 47
 3　信濃における稲作文化期の食料生産技術 ……………………… 66
 まとめ ………………………………………………………………… 72

石器に弥生の社会を読む ………………………………〈町田勝則〉… 79
 1　日本史の中の弥生時代 …………………………………………… 81
 2　弥生文化を探る考古資料 ………………………………………… 82
 3　長野県の弥生時代を考える ……………………………………… 83
 4　石器から弥生社会をみる ………………………………………… 83
 5　稀少なる品々と弥生社会 ………………………………………… 86
 6　生産的分業と弥生社会 …………………………………………… 99

武器形石製品と弥生中期栗林式文化 …………………〈馬場伸一郎〉… 111
 1　研究史と問題の所在 ……………………………………………… 113
 2　武器形石製品および関連する石製品・土製品の特徴と時期…… 120
 3　武器形石製品の変遷・系統関係・分布………………………… 142
 4　遺跡内出土分布にみる祭祀と集団の関係……………………… 148

5　武器形石製品からみた栗林式文化の一側面……………………………152

中部高地における中期から後期の
地域的動向 ……………………………………………〈小山岳夫〉…165
　　1　巨大集落の出現
　　　　―中部高地の弥生中期後半栗林式期における集落の大規模化とその背景―……167
　　2　長野県後期弥生土器の地域圏……………………………………181
　　3　中部高地と北関東の弥生社会―箱清水と樽―………………193
　　4　現段階でのまとめ………………………………………………202

　コラム1　渡来人の出現―善光寺平の弥生時代人 …〈茂原信生〉…221

箱清水式土器の文化圏と小地域 ………………………〈笹澤　浩〉…229
　　―地域文化圏の動静―
　　　はじめに……………………………………………………………231
　　1　信濃の中期末から後期の弥生土器……………………………231
　　2　吉田式土器の問題………………………………………………233
　　3　箱清水式土器の分布と地域色…………………………………236
　　4　箱清水式土器分布圏の地域性…………………………………240

　コラム2　赤い土器 ……………………………………〈德永哲秀〉…245

天竜川水系の弥生のムラとクニ ………………………〈市澤英利〉…257
　　　はじめに……………………………………………………………259
　　1　伊那谷南部域の弥生時代後期文化の特色……………………261
　　2　東濃地方に見られる伊那谷南部域系考古資料………………266
　　3　東濃地方出土の伊那谷南部域系考古資料からわかること…272
　　4　弥生時代後期の伊那谷南部域と東濃地方の関係……………274
　　5　伊那谷南部地域文化圏をとらえる……………………………276
　　　おわりに……………………………………………………………280

中部高地における円・方丘墓の様相 〈青木一男〉… 283
 はじめに ……………………………………………………………… 285
 1 弥生時代の様相 …………………………………………………… 285
 2 根塚遺跡の出現 …………………………………………………… 288
 3 後期後半の円形周溝墓の様相 …………………………………… 290
 4 弘法山古墳の出現と画期 ………………………………………… 292
 まとめ ………………………………………………………………… 300

あとがき ……………………………………………………〈川崎　保〉… 303

赤い土器のクニの誕生
―弥生のムラとクニの考古学―

川崎　保

1　縄文ムラと弥生ムラ

　集落遺跡と考古学でいう「ムラ」はイコールではない。これは、縄文や弥生時代に集落がムラと呼ばれていたかどうかわからないという意味ではない。人間がまとまって定住している場所を単位として見たときに、遺跡で集落として認識できるのは、住居跡を中心とした建物群とせいぜいそれに付随するような竪穴群（墓穴や貯蔵穴など）といった遺構のまとまりであって、本来人間が集まって定住するときに必要な場所、例えば後述するような生産域もおおくは、集落遺跡を構成している部分としては認識しにくい。ムラといった場合はこうした遺跡としての集落として認識できないような周辺部分を含むものとする。だから縄文ムラや弥生ムラという場合は、私たちが発掘調査で認識しにくい部分を含んでいる。しかし、こうした部分を含んだムラというものを考えないとクニや社会といったテーマについて考えていくことは難しい。普通、集落遺跡といった時に、見落とされがちな部分も含めて一つのモデルとして縄文ムラあるいは弥生ムラという言葉を用いることとする。

　さて、縄文ムラと弥生ムラを比較する前に、縄文と弥生の間に、これ以外の区分はないのだろうか。縄文時代のおわりから弥生時代のはじめの画期が最大のものなのだろうか。その流れを少しみてみたい。

　そもそも縄文時代の文化は、稲作農耕文化以前の狩猟採集文化とされ、ひとくくりにされている。しかし、これはあくまで生業に基づく区分である。遺跡をよく見てみると縄文時代の中でも前期以前の草創期や早期と前期以降の前期、中期、後期、晩期とでは大きく異なる。このことは考古学研究者の間ではよく知られていて特段強調することではないが、縄文時代の中で、地域差ではなく、列島全体としてみた場合、生業の問題だけではなく、他の要因によって、文化の様相が異なっている。縄文ムラと弥生ムラの区別を考える上でも、この視点は重要である。よって今一度おさらいしておきたい。

　縄文時代の当初は、縄文人は集団生活を行っていても、旧石器時代同様に、長くある地域に定住することは無かったと思われる。その期間を考古学的証拠から具体的に提示することは難しいが、例えば、縄文時代草創期の遺跡を見て、

移動せず継続的に10年以上同じ土地に定住していた人々の生活の痕跡と考える人は少ないだろう。旧石器時代と同様にたとえば年一度といったシーズンごとの周期的なの生活痕跡の積み重ね、つまり毎年同じ場所に帰ってくるので、遺構や遺物はある一定期間の時間幅を有しているようにみえると理解する。その遺跡の場所に実際に継続して生活している期間はそれほど長くないのだろう。

その同じ場所をいつも使うということ、つまり、単なる生活のために同じ場所にとどまっている、例えばこの時期にはサケが取れるので、その期間だけ滞在し、また次のシーズンに戻ってくるというような行為の集積が旧石器時代や縄文時代草創期の生活のおそらく基本であったのだろう。

しかし、縄文時代早期に、例えば山の神遺跡（長野県大町市）のような配石遺構がつくられるようになる。こうした遺構の造成は、たまたまの短期間的な生活では難しい。長く住むかあるいは永続的に回帰しているのだろう。さらに前期になれば、阿久遺跡（長野県原村）のような地面を深く掘りくぼめ、中央にはっきりとした火処をもった竪穴住居がいくつもあり、土坑群や方形の柱穴群などといった集落の構造がはっきりしてくる。そして、これらの遺構群がそれぞれ生活域、墓域などといったものと対応することもわかってくる。こうした考古学的な証拠から、これらがたまたまの周期的回帰の場所としての集落遺跡ではなく、継続して人々が住む、つまり定住集落が発生したと考える。

縄文時代中期以降もこの傾向は変わらない。中央高地の弥生時代の集落も定住集落と言う意味では、縄文の集落遺跡と共通点は多い。住居は竪穴建物が中心で、カマドはない。土坑や掘立柱建物が竪穴建物群に伴っている。つまり、外見的な集落遺跡の規模などでは、定住的な集落が発生する縄文時代草創期や早期と前期以降では大きな差があるが、逆に縄文前期以降のムラと弥生ムラは、住居を中心とする建物群と土坑群のまとまりとしては、あまりはっきりとした差がない。では縄文ムラと弥生ムラはどのように違うのか。

長野県では、縄文時代中期をピークに後晩期は遺跡数が減少する傾向にあり、弥生時代前期や中期前半に相当する遺跡は極めて少ない。本書のテーマの一つである中期後半から急に増えることになる。

遺跡（集落跡）の数と人口が厳密に対応するかどうかはわからないが、やはり大まかには人口が一旦減少して、その後急激に増えたということを示してい

ると私は考える。

　さて、縄文から弥生にかけて遺跡が連綿と続いている地域では、その連続性の方にどうしても注目がいくが、長野県では、縄文の遺構と弥生の遺構がたとえ同じ遺跡に出土していても、時期的に連続していないことが多い。長野県も含まれる中央高地だけのことを考えれば、縄文から弥生へスムーズにつながるわけではない。

　しかし、考古学的にそれもあくまでも時期的な連続性の問題からみただけである。より本質的に縄文と弥生の集落遺跡あるいはムラはどのように違うのだろうか。住居跡や土坑だけを見ただけではわからない。しかし、弥生にあって縄文にないもの。それは水田域でありこれと深いかかわりがある水路などの水田にかかわる施設である。また普遍的に存在はしていないが、集落をとりかこむような溝あるいは濠と呼べるようなものも縄文にはない。

　単なる溝は縄文にも全く無いわけではないが、弥生のような水路は発達していない。縄文時代にも掘立柱建物跡があるので、竪穴住居跡や土坑などからは縄文と弥生のムラは、はっきりわからないが、弥生のムラには水田といった縄文時代にははっきり見えなかった区画された生産域がある。

　つまり、縄文時代でも大まかに言えば前期以降（その萌芽は早期の押型文土器期にあるが）、居住生活域としての竪穴住居と掘立柱建物群や貯蔵穴などの土坑群と墓域としての土坑群があり、おそらくこれらの住居・建物や土坑群の周辺に、クリ林などの縄文人にとっての生産域がめぐっているのだろう。現在の考古学の遺跡調査法に起因している可能性もあるが、明確に縄文時代のムラの生産域と集落域（居住域＋墓域）を可視的に区分することは難しい。近年、水さらし場遺構などの生産にかかわるものが検出されているので、多少は縄文の生産域というものが推測できるようになっているし、海岸部では貝塚があるから貝塚を生産にかかわる場として捉えれば多少区画のようにみえるかもしれないが、弥生の水田域のような幾何学的な線で区画された面として捉えることは難しい。逆に言えば、水田域のような区画された生産域やそれに付随する水路などが検出されてはじめて縄文ムラとは異なる弥生ムラの存在がわかるのである。

　以上のことは、私の発見ではなく、小林達雄の卓見（小林 2005）を私なりに

解釈したものである。旧石器時代はほとんど自然と区別されない。縄文時代になって多少人間の居住空間というのが定住にともなって自然の中に発生するが、その区分はあまりはっきりしないが、弥生時代になって人工的空間は区画されてくるということであろう。

居住空間をはじめ「ムラ」の中が区分されるというような点では、同じ縄文時代といっても早期以前と前期以降とではだいぶ集落の様相は違うのである。そしてこれはなにもムラの姿だけではない、縄文時代の社会やそのシステムも変わっていったこととも関連しているのであろう。そして、これは見方によるが、少しずつ変わったのではなく、段階的に変わったように見える点である。そして縄文社会と弥生社会の間の画期は縄文の中の画期より大きいのである。

どうしてこのようなことが起こったのか。一つは生産手段の変化のため、つまり水田稲作農耕を主な生業とする社会になったため弥生ムラはより定住性が増し、人工的な区画をより必要としたと理解すべきか。それは、縄文社会の中から自立的に発生したものか、それとも縄文社会の外からもたらされたものなのであろうか。

2　弥生ムラから「赤い土器のクニ」へ

縄文時代にクニというような広域な文化的な領域があったとしても、それはムラを結ぶネットワークのようなもので、政治的領域とは程遠いものであった。後述するように縄文の遺物の動きがそれぞれ自由に流通しているように見えるのに対して、弥生時代になると「セット」で広まることが目につく。このことは、何を意味するのか。

縄文文化と弥生文化における流通や領域を考える前に考古学における「文化」について考えてみる。個としての人間の行動様式、これは「個性」であり、種としての先天的な人間の行動様式、これは「本能」である。一方、集団としての人間の行動様式を「文化」と呼び、人間が残した痕跡（遺跡・遺構・遺物はたまた自然化石や足跡なども含めて）の組み合わせから縄文文化や弥生文化を対比研究することになる。

弥生文化の土器や石器のセットや弥生文化に特徴的な遺構（例えば水田・水

路・掘立柱建物など）は明瞭である一方、縄文文化全体を表すような形でその遺物や遺構のセットを提示することは難しい。縄文時代のさまざまな地域や時期の文化要素の組み合わせつまりセットは存在している。縄文時代に文化要素の組み合わせがなかったというのではない。縄文文化というものが長く多様な文化を対象としているためにその包括的な文化要素のセットを提示できないということもある。しかし、より本質的には弥生文化のような土器・石器といった遺物とこれらに対応する遺構の組み合わせを簡単には見出せないことにある。後述するように縄文時代もなんの規制もなく自由に物資や人間が移動していたとは思えないが、石器に比べると非常に運搬が困難な縄文土器が、これもあくまでも比較のレベルであるが、弥生土器に比べて自由にそれも多量に動いていることを考えると、弥生の社会に比べると縄文社会は自由であった（人間が物理的に規制できないということも大きかったものと思われる。おもにその規制は自然や地理的あるいは物理的な問題が大きかっただろう）。

　たとえば北陸産のヒスイや信州産の黒曜石がある地域に多量に搬入されているからといってこれらの石器や石材といっしょに土器が多量に動くかというとそうとは限らない。縄文研究において土器の動きと石器の動きを安易に結び付けてはいけない。

　本書の町田論文（「石器に弥生の社会を読む」）や馬場論文（「武器形石製品と弥生中期栗林式文化」）を参照されたいが、一方、弥生の石器をはじめとするモノの動きが比較的土器などとある程度対応するのは、縄文時代と比べればかなり異質であり、弥生社会の特質のように思える。ただ、ここにも土器より石器、石器より金属器やヒスイといったより稀少なものほど広域に動きやすいという傾向はあるようだ（とくに威信財的なものの意味について、詳しくは本書の町田論文「石器に弥生の社会を読む」を参照されたい）。

　とにかく、土器だけではなく、石器・金属器あるいは木器・墳墓・住居跡といったさまざまな考古学における文化要素がセットになって広がっているそれぞれの分布域が絡み合っている。これを統合する領域が存在する。これは縄文時代の土器型式分布圏とは質的に異なる。これを「クニ」と呼び、とくに中央高地、千曲川流域の弥生時代後期の赤彩土器を特徴的にもつ主に箱清水式土器の分布域を、考古学研究者は俗に「赤い土器のクニ」と呼ぶ。赤彩土器は箱清

水式以前の栗林式などにも見られ、その淵源は弥生時代中期以前にも遡るが、中央高地においては栗林式期（中期後半）の前後で大きな画期があり、栗林式にも赤彩土器は箱清水式ほどではないが見られるので、本書では、栗林式から箱清水式（弥生時代中期後半から後期）にかけて現在の長野県の北半、千曲川流域とその周辺地域を「赤い土器のクニ」と呼称し、その領域の意味を以下考えてみたい。

3 縄文土器「型式」と弥生土器「様式」

　弥生時代は、土器様式や石器のとくに考古学的な分布的研究から領域論に接近しやすい稀有な時代なのであると私は考える。しかし、近年古墳時代の土師器の研究を精力的に行っている石丸敦史は、焼物の分布が先験的に政治的な領域の反映ということに疑問を投げかけている。石丸は焼物の分布はあくまで焼物の流通や消費の結果を反映しているだけであって、これがなんらかの政治的領域を反映しているかどうか検討すべきと考えているようだ（石丸2007）。

　古墳時代つまり当時の首長が巨大な古墳をつくるような権力を持っていた時代であるから、当然、焼物の流通にも政治的なものが反映しているだろうという前提は、無条件には受け入れられない。古墳時代の首長より巨大な権力を持っていた大名が群雄割拠していた戦国時代の焼物がみな政治的な動きをしていたのであろうか（戦国時代で例えが悪ければ、江戸時代を考えてみても良い）。どうして焼物の研究が政治的領域などの研究に役立つのかという部分を少しずつつめていくべきである。

　ところで、焼物と社会や政治の関係やこれらの領域論に入る前に、縄文時代と弥生時代の土器研究が少し異なる方法論で研究されていることに触れたい。縄文時代も弥生時代もあるいはそれ以降も、考古学的研究の基礎（時間・空間軸）となっているのは、土器の型式あるいは様式学的研究である。

　しかし、同じような土器・焼物を研究しながら、縄文土器と弥生時代以降の焼物研究は、方法論的に少し異なる。縄文土器の研究は、「型式」研究が中心であり、弥生土器は「様式」研究が中心である。非常に簡略化していうと、弥生土器は壺（以下本当は壺形土器であるが、くだくだしいので省略する。貯蔵形

態)・甕(煮沸形態)・高坏(供献形態)などと機能に対応した形式(form)の組み合わせとして様式(style)があり、この様式の時間的変遷や地域的分布の基準としている。

一方、縄文土器は弥生土器のような機能におおよそ対応するような形式(≒器種)の分化がはっきりしておらず、量的には深鉢が圧倒的に多く、深鉢以外には、浅鉢や土瓶のような注口土器などが多少ある程度といえる。そこで、一般に縄文土器の研究は、器形よりは、土器の文様や装飾といった要素に研究の重点がおかれ、事実上深鉢という弥生土器研究からみれば、一つの土器形式(form)のなかの型式(type)の時間的変遷と地域的分布の研究に集中している。もちろん、深鉢以外の器形も存在するので、こうした深鉢以外の土器の形式に関する研究も少なくないが、どうもすでに出来上がった深鉢を基本とした縄文土器型式研究の補助的な研究あるいは特殊な器形の研究それ自体で完結していて土器型式の構造に還元されにくいといった感じを受ける。

私は、こうした縄文土器と弥生土器研究の方法論的なスタンスの違いを、土器研究者の個性に由来するものだとなんとなく思っていた。具体的にいうと、現在の縄文土器研究の枠組みを確立したとされるのが、山内清男・甲野勇・八幡一郎らであり、山内らの個性が弥生土器研究のような機能用途を想定した器形をもとにした形式の設定とそれを組み合わせた様式論を認めなかったのであり、一方弥生土器研究は、現在の様式論の枠組みをつくったとされる森本六爾や小林行雄の個性からこうした研究の枠組みができ、その後の学会の人間関係から今に至っているのだと(明治大学考古学博物館編 1995)。

たしかに、そういう面もあるのかもしれない。しかし、こうした縄文土器の型式論や弥生土器の様式論の枠組みがつくられていた当初は、ともかく、その後、こうした土器研究の枠組みづくりをした人々とはまったく関係ない人々も土器研究に参入してきたのであり、とくに弥生土器研究の方法論で縄文土器研究を志した人は少なくない。筆者の管見でも藤森栄一・坪井清足・家根祥多といった諸氏は、弥生土器の様式論を縄文土器の研究に応用すれば、新たな境地が開けるのではないかという発想のもとに土器研究を行っているように見える(藤森・武藤 1963、坪井 1962、家根 1981)。たしかに新しい知見が得られているような気もするのだが、実際には、なかなかこうした方法論がすべての縄文土器

型式研究に応用されない。逆に縄文土器型式研究の方法論で弥生土器様式論に挑む立場の方もおられるようだが、これまたなかなか広まらないのである。

　やはりこれは、おそらく人間関係や研究者の個性かという問題ではないだろう。では、人間は一旦できあがった常識とか既成概念といったものから自由になることができないということの良い証左でもあるのか。しかし、私はそうでないと考える。例えば、縄文時代の研究者でも石器や装身具の研究において、器種を設定して、組み合わせを考えるというのは珍しい発想ではない。石器は土器のような細かい時間軸の基準にはできないので、縄文土器編年がある程度確立している現在において、石器の様式論を時間軸の基準としては、特筆大書して言う人がいないだけであり、集団や地域の特徴や性格が石器群に反映されるものと解釈されることが多いようである。

　つまり、縄文土器型式論（あるいは弥生土器様式論）がそれぞれの研究対象の焼物研究を行ううえで、極めて優れたというか、わかりやすい研究上のモデルであったし、今も便利であるから使い続けられているのではないか。

　縄文土器という総体があるという前提で用いる（川崎 1995）が、そのあり方と弥生土器のあり方は、それを分析する方法論が異なってしまうほど違うということを認めざるを得ない。

　具体的に言えば、既に縷説してきたように縄文土器はさまざまな器形があるが、これが機能を反映したような形式（器種）に分化してはいない。弥生土器の方法論を無理して応用すれば、深鉢という煮沸に主に用いられた形式が圧倒的な位置を占めていて、なかなか弥生土器における壺や高坏・鉢にあたるようなものが安定して存在していないのである。これはよく言われることだが、縄文土器の大半は弥生土器のように機能分化していないのである（坪井 1962、桐原 1987）。

　しかし、弥生土器様式論的な観点で、縄文土器研究に応用してある程度成果を挙げているように見えるのは、だいたい縄文時代後晩期の研究である（坪井 1962、泉 1981、家根 1981）[1]。これは、縄文時代後晩期に、深鉢が有文土器以外に無文土器が一定程度出現することや、浅鉢・鉢や注口土器といった深鉢土器以外の器形が安定して存在するようになるためだと思われる。

　藤森栄一は中期の中央高地の土器を弥生土器の様式論的研究を行えば成果が

あがると予想した。しかし、実際には難しかったのは、縄文土器の深鉢はそれぞれたしかに器形のバリエーションがある（例えば、キャリパー形、樽形、バケツ形などなどというように）が、それぞれその中間的形態も少なくないのである。そして、より本質的な問題としては、その器形の差がいかなる機能差を反映しているかわからない（考古学的に知りようがない）ことであった（山内 1964）。

もちろん有孔鍔付土器のように、形態装飾、内容物や出土状況から他の深鉢とは異なった用途を見出せそうな場合もある。しかし、これとて明確な答えは今もってない。

さらに、縄文時代の日本列島という世界を一つの理論でおおよそ網羅して、時間軸や空間の基準とする必要があったので、特定の土器群にのみ使える方法論というものでは、限界があったのだろう。

しかし、私はより本質的に縄文時代と弥生時代の社会のあり方が異なっていたために、土器の生産・流通の仕方が根本的に異なっていて、それがそれぞれの縄文土器型式や弥生土器様式の様相に反映していたことも大きな要因であったと考える。

こうしたことを言うといかにも当然だという意見があるだろう。発展段階説的発想から言えば、縄文は狩猟採取経済で、弥生になれば水田稲作にもとづく農耕社会になって、生産手段が変わったため、これらの生産物（土器を含む）の様相も変わったのだと。

しかし、私もそう考えるが、こうした説明には、生産手段の変化がいかにして生産物の様相をどうして、どのように変化させたかという考古学的な説明が欠落していると思う。

余剰生産物が発生し、社会が豊かになったから、機能も分化する必要があったとかという説明はたぶん、それは、ある意味（考古学的証拠が十分ではなかったりして）、弥生時代の雰囲気をつかむための説明としては間違いではないが、十分ではないだろう。とくに、縄文にも部分的ではあるが、イネやマメといった農作物の存在や大型構造物などの発見によって、富の蓄積が全くなかったとはいえないようになってくると、どうして縄文の中にもっと弥生的な要素がないのかということの説明をする必要がある。

在地と搬入の割合の差——縄文と弥生の地域社会のあり方の差異

　私は、この謎をとく鍵が、実際に遺跡で出土する土器の出土状況、とくに在地系と搬入品と呼ばれるものの割合や様相が縄文と弥生ではかなり異なることにあると考えている。

　縄文では狭義の在地といわれる型式だけが遺跡から出土することは、少なく、隣接地域に多く分布する土器型式も一定程度出土することが多い。一方弥生は、搬入品というのは、縄文に比べて極めて少なく、何割にも及ぶことはない。本当に破片的レベルであったり、ごくまれに単体で見つかったりということが多い（まるっきり装飾形態が異なる土器群がある一定量を占めることは珍しい）。

　この議論の前提として、縄文土器の在地とは何かという問題があるが、この問題の解決が意外と難しい。まず、ぱっと見で、ある程度知識がないと在地の縄文土器かどうかわからないことがある。在地の土器の胎土というものや伝統的にこの地域にはある装飾が多いということを設定するのが簡単なようで難しい。縄文土器の装飾形態や胎土といったものは、その時代の時間幅が弥生土器に比べて非常に長いということもあってか、非常に多様である。ある地域は伝統的に把手や突起が多いとか隆帯を貼り付けることが多いといったような特徴を抽出することは難しく、だいたいが時期的な特徴として収斂することが多い。胎土の場合も、時期的に隣接する土器型式であっても、まったく異なることがある。例えば中期初頭の五領ヶ台式の時期だけに、雲母片が多いということがある。この場合、こうした特徴も時間的な特徴として捉えることが多いが、考えてみれば不思議なことである。いずれにせよ縄文土器の場合、胎土の特徴も十分に参考にはするが、量的に主体的な土器型式を在地系と呼ぶことが多い。

　例えば縄文時代中期後葉の千曲川中流域（例えば千曲市屋代遺跡群など）の土器型式を見た場合、①圧痕隆帯文土器という樽形の深鉢に太い刻み目をもつ隆帯を垂下させた装飾を持つ土器、②関東地方に多く見られるキャリパー形で口縁部に楕円形の区画文を持ち、胴部に主に垂下する磨消縄文を持つ加曽利E式、③樽形地が多いがキャリパー形もある深鉢で文様の構成は加曽利E式に似ているが地文に縄文ではなく、沈線文が充填される唐草文土器の三者がある。この三者を合わせるとおおまかに8～9割程度になるが、それぞれが2～3割である（このほか、八ヶ岳西南麓に多い曽利式などもあるが省略する）。この時、「在地」

の土器型式をどのように考えるか。

　一つは三者が在地であるという立場である。例えば加曽利E式は一見関東地方に多い土器型式であるが、千曲川流域にもこれを製作する人々が入ってきていて、千曲川流域で在地の加曽利E式を製作している。同様に唐草文系といわれる土器も松本盆地などに多く見られるが、松本盆地でつくられたものが搬入されているのではなく、加曽利E式同様に、唐草文系土器をつくる人々が千曲川流域のどこかでつくってそれが遺跡に搬入されている（圧痕隆帯文土器は長野盆地に主体的に分布しているので、在地か否かという問題ではとくに問題ない）。

　もう一つは、圧痕隆帯文土器だけを在地と考えて、加曽利E式や唐草文土器も外来系土器と考える立場である。

　私はそれぞれ、どちらが正しいという問題ではないと思う。在地の示す範囲がどのくらいかという問題もある。さらに胎土分析で分別することにもある程度限度がある。胎土分析の現状は、ある地方から持ち込まれたと予想されるといっても、もともと型式学的（土器の文様や装飾から）に、その地方の土器と似ていて、それが胎土分析の結果、その他の土器とも特徴が異なるという点がわかってきたのである（それはそれで大きな成果である）。先ほどの五領ヶ台式土器のような場合、混和材に雲母を多くいれるという習俗自体が土器製作の際に大きな意味を持っていて、他地域の混和材がわざわざ各地で人為的に入れられるような状況があれば、問題はなかなか複雑である。

　つまり、考古学的には単に、地元で多く出土する土器型式を在地と呼ぶことが多いのであるから、先ほどの三者、圧痕隆帯文・加曽利E式・唐草文系土器をともに在地と呼んでもかまわないだろう（例えば在地系加曽利E式などと）。しかし、これらがすべて同じ地点で焼かれているとは考えにくい。やはり、ある程度さまざまな地域からの流通の結果と見たい。

　逆に、これが遺跡における縄文土器型式の特徴ともなっているのである。千曲川流域の中期後葉ほど複雑ではなくても、こうした文様装飾がかなり異なる二者あるいは三者が並存していることは、ある意味縄文土器型式研究では当たり前のように見られるのである。例えば中期中葉の場合、南関東・甲府盆地・八ヶ岳西南麓に多い勝坂式と千曲川流域から北関東に多い焼町土器はどちらかが多い少ないはあるが、どちらかが全く出土しない遺跡というものそれほど多

くない。つまり、様式論的に見れば、勝坂式と焼町土器は同じセットの中の器種を構成しているようにも見える。

さらに複雑なのは、縄文時代後期以降の、精製有文深鉢のある特定の器種は関東と近畿地方とで形態・装飾に共通点が多いが、共伴する他の有文深鉢や粗製の無文深鉢は、異なるということがある（例えば称名寺式と中津式、堀之内式と北白川上層式など）。

こうした縄文土器型式のさまざまな様相にどういう社会的な仕組みが反映しているかは、まだよくわからないが、縄文土器型式のあり方という補助線を引いてみてみると、弥生土器の様式の特徴が見えてくる。

弥生土器は例えば中央高地を例にとれば、壺・甕・高坏・鉢などという各器形（器種）が、勝手に流通していることはなく、まとまって流通している可能性が高いのである。縄文的なあり方から言えば、壺は関東風、甕は東海風、高坏は北陸風であったり、逆に壺の中に関東風・東海風・北陸風がそれぞれ一定程度混じったりということは、弥生土器の場合ほとんど無いようである（もっとこまかい地域差はあるようだが…）。

縄文と弥生の流通、社会の差異

本書は、主に弥生時代を対象としているので、ここからは主に弥生土器の製作や流通のあり方に話をシフトしていく。弥生土器も縄文土器同様に須恵器の窯跡のような製作（焼成）遺跡や遺構は発見されていないので、厳密にどこで焼かれているかはまだよくわかっていない。しかし、焼成粘土塊、器面を磨く石、ベンガラといった顔料を砕く台石などといった土器製作に深くかかわると思われる道具類、焼成に失敗して歪んで変形したり変色したりした土器の存在から土器を製作していたと考えられる遺跡が、いくつか判明してきている（赤い土器の製作技法と実際については本書コラム2の徳永論文「赤い土器」参照）。

まだ、予察的な見解でしかないが、弥生土器も縄文土器同様にどの遺跡でも製作・焼成しているのではなく、特定の大きな遺跡、例えば中野市栗林遺跡や長野市松原遺跡のような遺跡で製作している可能性が高まってきた（川崎2005）。

この特定の大きな集落遺跡で土器製作を行っていることについては、基本的

な部分で縄文土器と製作技法が異なるわけではなく（窯ではない、酸化炎焼成。粘土紐による非ロクロ。釉薬も用いない）、粘土の掘り出し、搬入、混和材の混入、成形、焼成といった手間自体は縄文土器と弥生土器で全く違うことはなかろう。多少弥生土器の方が、装飾のごてごて（隆帯・突起や把手など）が減った分この手の装飾の手間が減った程度かもしれないが、その分「赤い土器」の場合、スリップという化粧粘土を素地の上に塗って磨くという手間が発生しているので、やはり弥生土器の製作が極めて楽になったということはないだろう。やはり、私がかつて漠然と考えていたよりは、粘土といった原料の入手、運搬、焼成のための燃料の確保、運搬、成形のための手間などを考えるとかなりの労働力が必要なことが推測される。だから、小規模集落ではなく、拠点的な大規模集落遺跡に主に土器製作に関連する遺物が多いことが考えられる。

　では、前述の縄文土器と弥生土器の遺跡での出方の差異はなにに起因しているのか。製作までの差異によるものでないとすれば、それは主に製作したあとの差となる。それはおもに流通のあり方が異なると私は考える。

　栗島義明や上野修一によると、旧石器時代の石器石材は、産地に近いほど、その石材が多く出土するという。しかし、縄文時代のヒスイ製品については、産地に近いほど出土量や質の良いものが多いというわけではなく、近くてもヒスイがほとんど出土しない地域がある。一方、産地より遠方でも良質のヒスイが多量に出土することは珍しくない。つまり、これらはヒスイが威信財として扱われていたとすれば理解できるという（栗島 2007、上野 2007）。

　同様なことは黒曜石にも見られる。黒曜石も分布や出土量にヒスイ同様の現象がみられ、さらに黒曜石製石器の特殊な器種だけが広まったり、逆になかったりするようだ。大工原豊は黒曜石やその製品が威信財であったとする（大工原 2002）。

　縄文時代は、旧石器時代のような地形などの自然環境だけを流通の条件と考えればよいのではなく、人間集団の文化的な好みといった人為的な要因を考える必要がありそうだ。

　しかし、それでも私は縄文社会というのは、弥生社会に比べれば、さまざまな近隣あるいは必要に応じて遠方の集団や社会との比較的自由な結びつきが存在する社会であった。逆に、弥生社会は、特定のものは広域に流通するが、そ

こには著しく人為的な、単なる集団の嗜好や価値観の選別だけでなく、政治的な意図が入ってきたので、逆に縄文のような自由な流通は減少していったようにと思える。

　仮に縄文社会の首長（のような人がいたとして）が、ある物資の搬入を阻止しようと考えても、人間個人が、歩いてあるいは船に乗って運ぶというシステムでは、ルートを封鎖するようなことは難しかっただろう。とくにムラを越えて規制することなど不可能に近いだろう。一方、弥生時代の流通はどうであったのか、古墳時代後半のように牛馬が普及していなかったので、人間が運搬の主体というのは縄文と同じである。しかし、弥生にはある種の規制があったとすると、弥生社会は縄文社会とどのように違うのか。

　それは、多量にモノを運ぶ際に、弥生時代は水運のネットワークをフルに使ったことが予想されるのに対し、縄文は人の移動もちろんその人が荷物として運ぶものを船に乗せることは珍しくなかっただろうが、弥生ほどは荷物を舟に載せて運ぶ、つまり水運のネットワークに載せて運ぶことはあまりなかったのではないか。とくに遠距離交易については、特定の集団（例えば後世の商人のような人々）が、貴重なものを少しずつ持っていくのであろうから、縄文と弥生の違いはそれほど目立たない（量的に多い少ないはあるかもしれないが）。逆に、比較的近い地域（同じ盆地や同じ水系内）で、その差異は歴然とする。遺跡における縄文土器は草創期や早期はさておき前期以降、特定の土器型式だけの遺跡というのは非常に少ない。ある程度の規模で発掘された遺跡において、遺構単位ぐらいではさまざまであるが、ある時期に絞ってみても、一つの土器型式だけの遺跡はほとんどないといってよいくらいである（型式のとらえ方によるが、先ほどの例で言えば、勝坂式がない焼町土器だけの縄文中期中葉の遺跡あるいは加曽利E式がない圧痕隆帯文だけの中期後葉の遺跡など）。一方、弥生土器は、搬入品とされる他地域の土器は探さないとないくらいである。単純な技術的な問題に主眼をおいた発展段階的発想であれば、縄文時代より弥生時代のほうが、運搬に関しても技術革新があったのだから、より運搬や流通が発達してもよさそうなものである。

　その理由として、私は以下のようなモデルを考える。縄文社会において、焼物は在地（中央高地で言えば、長野・松本といった盆地の中ぐらいの範囲）でも焼か

れているのだが、さまざまな理由で（嫁ないし婿が違う地域から来ていて、彼らが実家のある地域から恒常的に土器などの物資を里帰りのたびに搬入してくる。土器の中に実はそれぞれ各地の名産が入っていて結果として容器がさまざまな地域から集まってくるなどの理由)、山の向こうや他の水系からも、焼物がある一定量はいってくる。

しかし、弥生社会においては、焼物は個人・個別的に運ぶものではなく、ある特定の産地の甕・壺・高坏・鉢などをまとめて運搬するものになった。なぜなら、仮にいろいろな産地からのものが市場のようなところに提供されてそれを消費地にさらに運んでいくようなシステムであれば、消費地では縄文ほどではないがさまざまな地域のさまざまな器種がもう少し混じってもよさそうなものと考える。しかし、実際には縄文のようなことはない。それはなぜか、運搬とくに物流の量的な主体が水運になったためと考えたい。

縄文の場合はとりあえず流通が自由であったからとしたが（本当はそれだけの理由ではなく、埋甕のように、他地域の土器を一定量必要とする何らかの理由があったことも視野に入れなければいけないが、ここではこれ以上話を進めない）、弥生社会の場合、焼物は、盆地や水系といった領域（おそらく政治的なものなのだろう）でまかなうという規制がかかっていた。これ自体が政治的規制というよりは、運搬手段として確立した水運で焼物が運ばれるようになったため、市場のようなものがあっても、そこには恒常的に在地の焼物がほとんどすべてを占めるようになっており、結果として領域外のものは入らない。そこで消費地もその政治的領域を反映したような土器が大半になってしまっているのではないだろうか（今のところほとんどの生活用具としての弥生土器に特別の政治的意味のようなものを見出すことはできないが）。

では、なぜ水運が輸送の中心となってこうした現象が日本列島全体に広がったのか。水運は単なる人の移動手段として存在している場合、今でも冒険に舟を用いるような場合、個人や極めて少人数の人が舟とともに移動していくことが可能である。これはおそらく遠距離の貿易のような場合も、特定の遠距離移動に長けた集団が、舟を用いて動くということはそれほど大集団でなくとも十分可能である。

ところが、恒常的な水運とそのネットワークの形成となると、舟での移動が

簡単な場所への往来だけでなく、舟を曳航し（川を下る場合は容易であるが、上流に戻る場合は舟を曳航する必要がある）、荷を降ろしたあと新たに帰っていく時に空で帰るのではなく、新たな荷物を積むという必要といった問題が発生していく。また弥生時代には、近世のような水田開発は進んでいなかったとは思われるが、川沿いに舟を曳航するとなると、舟の運送に関係がない水田耕作者にとって、水田を荒され、水路を壊されるという問題が発生することもありえよう。

こうした運搬の際に発生するさまざまな問題の処理を、極めて少数の集団だけで行えたとは思えない。物資の管理・収集やさらに運搬経路の確保、人工的な水路の造成・管理といった問題も含めて、集団を統制する必要が発生しよう。

水田をつくるためには給排水用の水路が一定程度必要になり、さらに収穫物の運搬などでもこうした水路を維持管理していく必要が生じたはずである。こうした社会の傾向がおそらく焼物の運搬といったそれ自体はなんら政治的なことでもないことにも反映したと私はみる。

縄文時代にも、舟はそれなりに存在していて、たとえば離島にわたるなどの海へ出て行く場合には、舟なくしては考えられない。玦状耳飾などの玉質装身具、ヒスイ製品、南海産貝製品などの広域の分布は、集落ごとの手渡し的流通ではなく、拠点的な集落を結ぶような流通があり、沿海部や大型の河川流域では、舟がかかわっていたと推測しても大過なかろう。しかし、すでに縷説しているように、縄文時代において、広域の流通経路は舟中心のネットワークに完全に移行したかと言えば、そういうことはなかったようである。前述の玉質装身具・ヒスイ製品・貝製品などの分布が山間部の日本列島を横断あるいは縦断するようなルートを浮き彫りにするように見える。おそらく縄文時代草創期以来（あるいはそれ以前か）の陸上交通のルートは廃れることはなかったようである。

これは、縄文時代に河川を水運のルートとしてまで維持管理する必要性が生じなかったためと思われる。一部の例外を除き、生産域と河川、生産域と集落域を人工的な水路で結ぶような必要もなかった。そして、「ボルガの船曳」を例にだすまでもなく、舟の曳航は非常に重労働であり、効果も大きいが、苦労も多い。

一方、弥生社会は水田を維持する必要から、水路の確保管理は当然必要とな

り、それは給排水システムとしても維持されねばなかった。こうした社会の仕組みの中に運搬手段としての舟が組み込まれたわけであり、組み込まれやすい社会や文化的背景があった。舟の構造あるいは技術的な革新は仮にあまりなかったとしても、社会の中での位置づけは大きく変動したのだろう。

　おそらく個人や家族などの小集団がある程度勝手に土器（焼物）を運搬している縄文時代には、人間がそれこそ遠くに行く手間（これも考えてみると大変なことではあるから、何の目的もなしに往来するとは考えられないが、土器に限らず縄文の地域社会はお互いに産品をかなり融通しなければ、やっていけなかったためととりあえずしておく）さえかければ実現できるのに対して、収穫物や生産に関する道具類（農具など）をおそらく水田から持ち出し、あるいは持ち込む場合は、水路を利用しない手はないのであるから、小集団が自由きままに運搬を行うより、集団的に行われたのであろう。水路の維持管理（泥をさらったり、杭や板を補修したり）も個人的に行うのではなく、集団で行っていたのであるから、さらに集落を超える範囲での統制は、当然その集落の上のレベルによって行われたのであろう。だから焼物自体には、縄文土器のような意味（集団の表象であるとか、物語を意味しているとか）は、おそらく少なかったと思われる。それは極めて簡単な根拠であるが、一般に弥生土器は縄文土器に比べて装飾性に乏しい。それは大半の弥生土器自体の付加価値的な物語性が少ないからであろう。無理して他地域の土器を持ち込む理由、例えば信仰や精神生活のためといった理由は、まったくなかっただろう。ほとんどの土器は基本的には、生活用具であった（ただし、赤彩などには何らかの意味があったはずで、あくまで縄文と比べればの話である）。

　しかし、逆に大半の弥生土器は、大量に消費されかさばるものであったから、製作地から消費地まで、市場のようなものを経由したかもしれないが、それはもはや個人や家族レベルのものではなく、水運などの集落を超える集団が統制するような流通経路にのっていたものと思われる。

　以上のような、弥生土器様式の研究を行ってみてはじめて、政治的領域の研究の基礎となりうるのだと私は思っている。土器は遺跡から多く出土して、考古学的に時間軸や空間の基準とであるから、先見的あるいは世界の民族例といった経験的な事例から政治的な領域やあるいは通婚圏などを反映しているなど

とは私は考えない。しかし、十分ではないが、弥生時代においては、土器研究が政治的領域を考える上でよい題材でありそうだと私は考える。

4　「赤い土器のクニ」の意味するもの

クニの実態

　かなり牽強付会的に弥生土器の分布域がなんらかの政治的領域を反映している可能性が高いことを指摘した（そういう前提として以下考えていくことにする）。では、その分布域、本書では弥生時代中期後半から後期にかけての栗林式から箱清水式にかけての赤彩土器を特徴とする土器分布圏をとりあえず「赤い土器のクニ」と呼ぶとすれば、この「赤い土器のクニ」はいったい何を意味しているのか。赤い土器のクニ地理的な範囲や特徴については、本書の笹沢論文（「箱清水式土器の文化圏と小地域」）や小山論文（「中部高地における弥生中期から後期の地域的動向」）を参照されたい。

　ここまでムラという言葉の説明はしてきたが、クニという用語についても少し考えてみたい。普通クニとカタカナで書くのは、弥生時代のムラを統括するようなまとまりがあったとしてもそれがなんと呼ばれていたかわからないので、クニという言葉を使っている。

赤い土器のクニは実在するか

　本書の笹沢、小山論文で明らかなように、「赤い土器のクニ」とは土器様式の分布範囲をもとに、仮称されたものである。しかし、土器の流通の様相は、縄文土器とは全くことなることから私は、この土器様式分布圏は、縄文土器などのような文化的な嗜好や精神文化の反映ではなく、流通を支配しつつあった政治な力の反映であり、これらが地域的領域を形成したいたことを知るてがかりになると私は考える。

　これは、石器（磨製石斧や武器形石製品）の広域流通を考える本書の町田論文（「石器に弥生の社会を読む」）や馬場論文によっても、裏付けられると私は考える。町田は緑色岩製蛤刃磨製石斧が榎田遺跡である程度つくられ、松原遺跡で完成されてそれが各地に広まるとする（磨製石斧分業生産体制）が、一方馬場伸一郎

は榎田と松原の磨製石斧の差は生産の分業（榎田で粗加工、松原で仕上げる）ということではなく、松原で大量に磨製石斧を利用する目的があったため、つまり遺跡の性格の差であると主張する（馬場 2004）。

私は、どちらの可能性もあると考えていて、その是非は今後の研究の進展に委ねたいが、いずれのモデルも、松原遺跡あるいは榎田遺跡といった長野盆地有数の集落遺跡（松原は短期間的に大きく、あとは長野盆地でもそれほど巨大であったのではないという馬場の意見もあるが、有数の遺跡であったことは否定できないのではないか）で、蛤刃磨製石斧が製作され、これが長野盆地以外の地域、佐久・松本盆地、さらには関東平野へ供給されていたシステムは、両者ともに集落間の手渡し的なシステムではなく、拠点的な集落から拠点的な集落へ石斧が運ばれ、各地域ではその拠点的集落から周辺に分配されるように説明することができないか。

土器はともかく、磨製石斧などの石器は水運にともなう運搬であると積極的に肯定できないが、縄文と比較すれば、あきらかに流通がなんらかの規制されている中で行われていたと推測する。

磨製石斧に比べれば非常に稀少である金属製品（青銅・鉄）あるいは金属模倣製品（石戈）さらには貝やヒスイなどの装飾品といったものも、これは土器や石器ほどの量的なものが保証されないので、規制がある流通（水運）によるものであると特定することは難しい。しかし、赤い土器のクニとされた範囲の中で、共通して出土する傾向にあるように思われる。町田が言う「稀少なる品々」は、赤い土器のクニが単なる政治的に統御された物資の流通範囲だけでなく、精神文化や価値観も共有した文化的な領域であったことを示していよう。

土器、磨製石斧や「稀少なる品々」といった遺物以外に、物資（遺物）の流通の状況を示す直接的な考古資料（例えば水運の施設など）は、わかっていないが、それを考えるヒントはある。それが地域の拠点的な集落や首長の墳墓である。このことについては、こうした視点は、若狭徹によって主に群馬県の古墳時代の社会構造を「水利」に基づくとする分析が行われている（若狭 2007）。若狭は、河川の役割をおもに水利（農業経営などの開発行為）に重点を置いているが、もちろんこれには物資の運搬も含まれていよう。さらにこうした群馬県で見られるような古墳時代の水利社会は弥生時代に遡ると示唆されているが、

おそらくこれは中央高地、千曲川流域にも当てはまるのではなかろうか。

考古学的なとくに遺物の分布論だけ見ても、おおよそ千曲川流域の現在の長野県の北半分に「赤い土器のクニ」と呼べるような領域が存在していたと私は考える。しかし、これらの内情はどうであったのか。王と呼べるような首長はいたのか、それは一人なのかそれとも小盆地ごとなのか、それとももっと細かく分かれていたのか。

まず考古学的に分析する。今のところ、赤い土器のクニの範囲で、弥生時代の王墓といえるような墓があるかというと、明確ではない。しかし、いくつかの候補がある。最古最大の可能性があるのが、鉄剣を出土したことで有名な根塚遺跡（木島平村）には、東西105m、南北58mの自然丘陵を利用している一辺10mほどの墳丘墓がある。人為的に造営された墳丘ではないが、周辺の礫床木棺墓や土坑墓とはあきらかに区別される。

これはどう考えても、赤い土器のクニの中に首長が存在したことを示していると考えてよさそうである。しかし、問題は根塚の墳丘墓の首長はどの程度の範囲を支配していたのか。これは若狭の分析のように、集落や豪族居館などといった様々な視点から検証する必要があるが、ここでは墳墓の問題だけで整理してみると、詳しくは本書の青木論文（「中部高地における円・方丘墓の様相」）を参照されたいが赤い土器のクニの範囲内で、箱清水式の段階でこれと同規模の墳丘墓はないが、佐久盆地に根々井大塚がある。少し年代は下がるとされる長野盆地の北平一号墳なども一辺10m程度である。これらも地域の首長と考えれば、根塚の墳丘墓が、年代的に古くかつ大きいという問題は別個に考えねばならないが、到底、赤い土器のクニ全体を代表している王墓とは考えにくい。このことについては本シリーズ『「シナノ」の王墓の考古学』でも論じたが、長野盆地を代表する首長が出現したのは、私は森将軍塚古墳の段階という考えであり、根塚などは赤い土器のクニの最古最大ではあっても、赤い土器のクニの全体の王墓ではないだろう。

むしろ、根塚・根々井大塚・北平といった弥生時代後期後半から古墳時代初めのころの墳丘墓は、これに後続すると考えられる各小盆地におおよそ一つずつある前方後方墳に葬られた首長に性格が近いと考えるのが、自然であろう。

つまり、赤い土器のクニの領域は広いが、古墳時代の首長のような権力者は

まだ出現していなかっただろう。

クニと国

　普通、クニと国はほとんど同じ意味として使われている。ただ、赤い土器のクニの場合、中国の史書に登場するわけではなく、国と呼ばれていたかどうかはわからないので、あるいはクニとカタカナ書きするのかもしれない。

　しかし、弥生時代の日本列島内の政治的領域をうかがわせる記事は、『漢書』（巻28下地理志）「楽浪海中有倭人、分為百余国、以為時来献見云。」などとあり、倭人がいくつかの「国」に分かれていることがわかる。

　この「国」という言葉は、現在の訓読みでは「クニ」であるので、前述の「赤い土器のクニ」となんらかの関連があるようにも思えてくる。「赤い土器のクニ」場合は、土器のような考古資料の分布に基づく領域である。これを「国」という言葉と同じ意味で扱ってよいのだろうか。

　漢字の語源的には国（本字では國）は、城壁に囲まれた都市国家を意味しており、殷や西周の頃の国とは、中原を中心とした多くの都市国家であったという（杉本 1986）。それが東周（春秋戦国時代）になってこうした都市国家が戦国の七雄（燕・趙・魏・韓・秦・斉・楚）といわれるような国家に統合され、さらに秦始皇帝によって統一された。秦は諸侯を滅ぼして、国の代わりに郡を設置し、中央から官吏を派遣して統治させた。郡の下には県がおかれたことから郡県制と呼ばれる。秦の後を継いだ漢は、秦の郡県制とは少しことなり、中央政権が直接管理する郡と漢王室の親族（徳川家の親藩）や功臣（譜代）が統治する国の二者が置いた。これは郡国制と呼ぶ（愛宕 1991）。

　一見、現代の近代国家のような領域的な国家に徐々に変貌していくようであるが、実際には、現代の私たちがよく見るような歴史地図のようなものはないのであるから、「国」や「郡」というものは、いずれも城郭に囲まれた都市と都市を管理する王や県令といった管理者が所在している政治的中心の建物が実際にみることのできる「国」や「郡」ではなかったか（現在の私たちがちょうど「県」や「市」といって実際にイメージするのは県庁や市役所の建物であったりするのと似てはいないか）。

　さて、近年弥生時代のはじまりについては、理化学的年代測定法のデータに

よって遡る傾向にあるが、本書のテーマである「赤い土器のクニ」の時代は、小山論文に詳しいが、おおよそ漢代に対応している。よって、もうすでに殷周の頃の都市国家はすでになくなっていて、まったく参考にならないかというと、私はそうではないと考える。たしかに秦漢の郡や国さらにそれを統合する中央政府といった官僚や文書事務に支えられた仕組みは、弥生時代の日本列島に求むべくも無いのかもしれないが、実際に目で見ることのできる郡や国とは、前述のような郡や国のシステムではなく、これに伴う管理者であり、建物や城壁といった施設であるから、対比することは十分可能であったと思われる。

　中国を統一したような秦や漢という総体も「国」であるが、こうした統一帝国全体のシステムを一つの国として実感を持って認識した人は、当時の国家指導者なり高級官僚なりであって、大多数の住民にとっては、その出先の目の前にある各地の郡や国（の建物・施設・城壁やこれを体現した人物）こそが国であったのではないか。とにかく古代の大帝国や近代国家のような巨大な国家像は、もともとの「国」という言葉にはなかったし、弥生時代人や古墳時代人がこの言葉の意味をそのようには理解（実感）できなかったのではないか。

　仮に考古学的に「赤い土器のクニ」の話に限定してしまえば、遺跡や遺構（集落・墓・水路・水田）、遺物（土器・石器・金属器）といった問題から「赤い土器のクニ」とその性格を論じれば十分かもしれない。しかし、やはり弥生文化の中で位置づけるとなると、弥生時代の終わりごろの日本列島の社会を記録したと考えられるいわゆる『魏志倭人伝』などの文献史料の検討は欠かせない。ただ、前述したような『魏志倭人伝』以外の文献、例えば『漢書』の倭人に関する記事などは極めて短い。とにかくわかるのは、倭人が日本列島のことだとしての話であるが、倭人の国は、百余国あったことがわかる。

　これが果たして日本列島全体であるのか、九州の一部分であるかはこの記事からだけではわからない。しかし、日本列島（本州・四国・九州）が百以上の国があったということは、律令に由来する旧国制が俗に八十八カ国と呼ばれるのだから、非常に乱暴な対比であるが、大きく見積もっても、律令の旧国ぐらいには分かれていたということを示していよう（しかし、後述するが、この百余国は仮に実数であったとしても、日本列島全体ではなく、九州など西日本の一部ではないかと考えている）。

その点、『魏志倭人伝』となると非常に詳しくなる。どうにか考古学的成果（本書の場合、赤い土器のクニであるが）と対比可能になってくる。赤い土器のクニと対比するために、「国」にかかわりそうなところを中心に『魏志倭人伝』を概観してみる。

> 倭人は帯方郡の東南大海にある。山島に国邑がある。もともと百余国であった。漢の時代に朝見するものがいた。今使訳が通じている国は三十国である。
>
> （魏の出先である）帯方郡より、（朝鮮半島南部の狗邪）韓国を経て、海を渡り、対馬国、また海を渡り一大国、これまた海を渡り末盧国に至る。ここから陸を行って伊都国に到達する。伊都国には王がいるが、女王国に属している。郡の使者が駐在している。伊都国の先にも奴国、不弥国などの国がある。（以下略）

この段のあと、投馬国や邪馬台国、その余の旁国（二十一ヵ国）のことなどが出てくるが、奴国より先は比定地もさまざまで、よくわからないので、とりあえずここまでを検討してみる。

対馬国はそのままの地名が今も生きているし、一大国は一支の誤りで現在の壱岐、末盧国は旧松浦郡、伊都国は旧糸島郡、奴国はのちの儺県（なのあがた）である現在の福岡市と比定されている（榎 1960、杉本・森 1995）。また使訳通じる国三十というのは対馬国以下最初に羅列される九ヵ国とその余の旁国二十一ヵ国の合計であるから、やはり仮に邪馬台国や狗奴国が九州島以外に存在していたとしても、三十国の大半は九州島内にあったと考えてよいのではないか。

ただ、注目すべきは、現在おおよそ異論が少なく比定されている国々はみな北九州の中に納まっていて、その規模もだいたい平成の大合併の市レベル、律令の郡レベルの大きさであると推定される。

これは日本列島の状況だけでなく、朝鮮半島も高句麗など北方はともかく、帯方郡の南の韓とされた地域と大体似たような状況であったことが、『魏志』をみればわかる。韓の中には馬韓、辰韓、弁韓といった三つのグループがあるが、国は五十余国という。朝鮮半島南部で五十余国というのであるから、やはり、せいぜい日本の律令の郡レベルの規模であると考えてよいのではないか。

投馬国や邪馬台国さらには邪馬台国と対立していたという狗奴国の規模がど

の程度のものか、先ほどの北九州の国々や朝鮮半島南部の小国よりは大きいと予想されるが、詳しくはわからない。隔靴掻痒の感は否めないが、紀元前後から3世紀くらいまでの朝鮮半島や日本列島の基本的な「国」の範囲は、そうしたレベルであった可能性を念頭におく必要がある。

しかし、実は3世紀以降にも国が示す範囲は基本的には、小さかったと私は考えている。有名な5世紀の倭の五王が南朝に使いを遣わして、奉った表の「東は毛人を征すること五十五国、西は衆夷を服すること六十六国、渡りて海北を平らぐること九十五国。」（『宋書倭国伝』）には多少の誇張があるにしても、何カ国ではなく、何十何カ国とあるのは、5世紀になっても日本列島や朝鮮半島南部の一般的な国というのは、3世紀のころと本質的には大差なかったのではないか。

6世紀末から7世紀初頭の日本の状況を示したと考えられる『隋書倭国伝』でも、都斯麻（ツシマ）国、一支（イキ）国、竹斯（ツクシ）国、秦王国があってさらに又十余国があって倭王がいるところへ隋使は到達している。竹斯国は北九州なのか九州島全体を示しているかわからないが、ツシマ国やイキ国は、『魏志倭人伝』のときの領域とおそらく差がない。

ここで信濃を、律令制の郡で考えてみれば、赤い土器のクニは「高井・水内・埴科・更級・小県・佐久・安曇・筑摩」の八郡を包括する可能性がある。

そうすると、赤い土器のクニの範囲が『魏志倭人伝』の北九州の国々に比べ大きいことがわかる。これをいったいどのように考えればよいか。『魏志倭人伝』の記述でも、伊都国には王がいて、対馬国、一大国、奴国には官や副官がいることになっている。名称はともかく、これらは地域の首長に相当しよう。

赤い土器のクニの内情に対比してみると、赤い土器のクニのおそらく末期の段階にあたる前方後方墳の時期では各盆地（≒旧郡）に首長が出現した。こうした赤い土器のクニの各盆地の首長は、『魏志倭人伝』でいう国の王や官に相当しているのではないか。では、赤い土器のクニの範囲は何を意味しているのか。それこそ私はこれがおおよそ邪馬台国の範囲に対比できると考えている。富の蓄積も社会の構造も赤い土器のクニと邪馬台国では異なる可能性も高く、こうした対比はあまり意味を持たないかもしれないが、一つの試みとして以下話をすすめる。

逆に、赤い土器のクニが邪馬台国の支配下の一国であるとすると、今度は非常にアンバランスになる。それこそ、邪馬台国は日本列島全体を支配するような国ということになる。私はこうした可能性は極めて低いと考える。『魏志』でも倭人といって倭国とは言っていない。魏の時代には、倭人という集団的まとまりは認めて、卑弥呼を親魏倭王とするが、倭国の王とはしていない。

『宋書』にみられる倭の五王や『隋書』の倭王は「倭国」の王であり、ようやくこの段階で倭国というまとまりが認識されているのである（これとて、倭国のなかにツシマやツクシをはじめとして小さな国々があるように見える）。

倭人から倭国へ変貌し、大きな「国」になりつつも、一方で地域の「国」が存在する状況を『隋書倭国伝』は詳しく記述している。ツシマ国やツクシ国のことを記述する一方で、倭国の中には「軍尼一百二十人有り、猶中国の牧宰の如し。八十戸に一伊尼翼を置く、今の里長の如きなり。十伊尼翼は一軍尼に属す。」とする。軍尼はクニとよみ国造のことだとされる（和田・石原 1951）。たしかに伊尼翼（イナギ？）とともに人と表現されているのだから、隋使が直接見聞した軍尼や伊尼翼は人物であったのだろう。

ここで、「クニ」が「軍尼」という漢字で表されていると考えられることに注目したい。つまり、『隋書』の段階で、中国人が認識した「国」とは別に各地に「クニ」があった（いた）。ここでも軍尼が一百二十人いたというのだから、仮に彼らが国造だとしてもその治めていた具体的な領域の範囲はここからはわからないが、律令の国よりもずっと多いことはたしかである。やはり「軍尼（クニ）」は律令の国制に対応するのではなく、国造であるとすれば、郡（レベルの支配者・領域）に近い存在であった。

こうしてみるとそもそも「クニ」という言葉は、「国」という漢字の訓読みに当てられるが、少なくとも『隋書倭国伝』の段階では別に用いられていることから、本来別々の概念であったことも考えなくてはならない。

クニと国の問題を考える前に、赤い土器のクニがある中央高地にこれらの史書の記事を応用してよいのだろうか。赤い土器のクニの起源の問題ともかかわってくるが、赤い土器のクニは西日本の倭人社会と密接にリンクした中央高地の弥生社会であり、縄文ムラやそのネットワーク（縄文式）とはまったく別個のものである。よって、考古学的には赤い土器のクニは弥生文化（≒倭人）の

範疇にはいっており、『魏志倭人伝』には直接描かれてはいないが、その内容を参考にして対比すること自体は有意義なものと考える。

赤い土器のクニの起源

　話が時代的には前後するが、縄文時代に縄文式ネットワークとでも呼べるようなつながりが汎日本列島的に存在していた。これは中央高地も組み込まれていて、縄文時代も孤立した狭い地域社会の集合体ではなく、相互連結した社会がすでに存在していたことがうかがえる。

　では、赤い土器のクニを含めた弥生時代の国やクニが、この縄文のネットワークが発展してできたものなのか。これは縄文時代から弥生時代にかけての日本列島の歴史を考える上でも重要な問題でもある。日本列島全体で見れば、縄文から弥生にかけての連続性や共通性も存在することはたしかである。しかし、中央高地に絞ってみれば、共通性や連続性よりも断絶のほうがはっきりしている。前述したように、縄文時代中期をピークとして、後期から晩期には長野県内の遺跡は極めて減少している。もちろん西日本で弥生時代前期に相当する土器も存在しているが、これらの資料を介在し、縄文晩期から赤い土器のクニの始原期と考えられる弥生時代中期後半にまで集落レベルで住居跡が連続して存在する遺跡というのは、私の知る範囲ではほとんどない。

　縄文と弥生の連続性の問題は広く日本列島のどこかでというレベルであれば、おそらく連続している地域もあるかもしれないが、中央高地に含まれる長野県でははっきり断絶している。

　縄文中期以降の遺跡の減少の原因の一つが中期までに盛んだった生業システム（クリ栽培か）が崩壊し、後晩期にはアク抜きを必要とするいわゆるドングリ食や縄文古来の狩猟にウエイトが移ったが、根本的な解決には至らなかったというのが、私の予察である。おそらく、急激な遺跡の減少は、人間が死に絶えたというよりは、移住移動の可能性が高く、中央高地の住民はあるいは西日本へ移動したかもしれないが、どうであろうか。土器型式から言えば縄文後期は中央高地に限らず関東と関西の土器型式は比較的似通っている。東西の情報や文化的な往来つまり人的な交流も含めて盛んであったので、自分たちのシステムが崩壊した中で、中央高地には執着しなかったと考えたい。石器から見て

も、渡辺誠が指摘するような打製石斧やこれに伴う文化の西遷は、人間の移動を反映している結果とみたい（渡辺 1984）。

　その後、西日本が弥生文化に覆われている時期も、中央高地にイネ自体や弥生文化にともなう一部の文物は入ってきたものと思われるが、基本的に西日本の弥生時代前期から中期前半にかけての長野県を含む中央高地一帯は、西日本的な弥生文化ではなかったと私は考える（縄文文化の延長とみるべきかどうかは、今後も研究をすすめる必要があるが、少なくとも西日本の弥生文化とは異質な文化であったとしたい）。

　なぜならば、弥生文化を規定する最大の要素である水田遺構が弥生時代前期や中期前半には、発見されていないからである。水田遺構やこれにともなう灌漑（給排水）施設、水路の有無が弥生文化であるかそうでないかの非常に重要なポイントと私はみる。

　本書の町田論文「米づくりの受容にみる信州の北南」でも指摘されているように、イネ自体の情報は弥生時代前期にすでに長野県域にも到達していた可能性は高い。しかし、これらの栽培は大規模な灌漑施設や水路を伴うような水田がつくられている痕跡が見つからないだけでなく、縄文時代晩期とあまりかわらない石器類が当時の利器の中心で、木製農耕具や大陸系磨製石器群も欠如している。

　文化は、さまざまな文化要素（人間集団の行動様式をうかがわせる遺跡・遺物・遺構など）の組み合わせとみる立場からは、弥生文化の範疇にはいれられない。

　一方、栗林式（中期後半）になると、まだ断片的ではあるが、水田跡や水路が発見されている（長野市川田条里遺跡など）。町田の石器の研究からも栗林式期には、大陸系磨製石器群のセットが普遍的に見られるようになり、木製農耕具も登場する。

　土器様式から見ても、栗林式は壺・甕・高坏・鉢などの弥生土器の基本的形式はそろっている。栗林式期には西日本の九州・山陰・近畿地方などと同様な利器ではない金属器（銅釧・銅戈・銅鐸など）を祭器として有している。つまり土器（生活文化）、石器、木器（生業）、金属器（精神文化）のいずれも弥生文化の一員として遜色ない。

　すでに述べてきたように、水田を維持管理するということが、その集団にと

って主要な課題となってきたことが重要であって、食料の大半を、カロリー的にみて、イネが大多数を占めていたかどうかではない。つまり、コメを食べる量は、量的には少なくても、その集団がイネをつくることにもっとも価値を見出して、そのための施設を維持管理することに価値観を見出していた社会こそが弥生社会の本質と考える。

では、この赤い土器のクニを築いた人々はどこから来たのか。赤い土器のクニを縄文晩期以来ほそぼそと千曲川流域に居住していた、ほとんど目立った集落遺跡もないような小集団が弥生文化を受け入れて建設したとは私には思えない。

前述の縄文時代後期に起こったようなことの逆のバージョンが発生したものと私は考える。赤い土器のクニの故地はどこなのか。一つのモデルとしては、近畿から東海地方を経て、伊那谷を経て、稲作文化とともに長野盆地に入ってきたという考え方がある。

伊那谷に縄文時代晩期末（弥生時代早期？）の籾痕土器があり（石行遺跡など）、さらに、大陸系磨製石器群を使わず、水田もないことから、当地に陸稲に基づく弥生文化があり、これらが赤い土器のクニの先駆者であったかのような理解である。

この近畿・東海・伊那谷を経てくるルート自体は縄文時代以来のルートであり、本書の小山論文でも指摘されるように塩尻市柴宮銅鐸のように東海ルートで北上してきた文物もなくはないのであろうが、赤い土器のクニに集中して出土する青銅器や鉄器の多くは、千曲川に集中しており、多くは日本海側から入ってきたものと私は考える。伊那谷の弥生文化の様相を検討分析する本書の市澤論文（「天竜川水系の弥生のムラとクニ」）でも、伊那谷は文化的には千曲川流域よりも東濃地方と強い結びつきを持っていた可能性が指摘されている。

これは、金属器だけではなくて、ヒスイ製品なども日本海文化の産物であると思われることから考えても、千曲川流域を中心とした赤い土器のクニは日本海側から入ってきた人々によって築かれたものではないか。

こうしてみると近年渦巻状突起付鉄剣の出土した最古最大の墳丘墓である根塚遺跡（木島平村）や銅鐸・銅戈の一括埋納遺構が発見された柳沢遺跡（中野市）がいずれも長野盆地の北側に位置していることは赤い土器のクニの起源を考える上で興味深い。

では、赤い土器のクニをつくった人々は具体的にはどこから来たのであろうか。形質人類学からは本書コラム1の茂原論文（「渡来人の出現―善光寺平の弥生時代人」）に見られるように渡来系弥生人が担い手であったことがうかがえる。よって、広い意味では大陸や朝鮮半島起源ということになるのであるが、これは赤い土器のクニだけでなく、西日本の弥生文化全体の問題でもあり、まだ赤い土器のクニの人たちがどこから来たのかは、なんとも言えない。

　考古学的には、文化が伝来したルートやプロセスを明らかにすることによって、この問題にアプローチできる。つまり、赤い土器のクニを代表するような文化要素がどこに見られるかということである。前述したように近畿・東海・伊那谷ルートではないとすれば、日本海・信濃川ルートということになるが、では、北陸が起源地なのであろうか。しかし、北陸の縄文人が弥生人に変化したのではなければ、一つの可能性として、山陰や九州あるいは近畿地方などの遠隔地からダイレクトに移住・移動が行われた可能性も今後考えていく必要があると私は考えている。そもそも町田や馬場が指摘する稀少なる品々（金属製品・勾玉・指輪など）のセットの分析が一つの鍵となろう。

5　「赤い土器のクニ」から「シナノのクニ」へ

　すでに述べたように、どちらが起源であると判別しにくいが、水田およびこれにともなう水路が整備されていたために、水運が発達し、物資の運送も水運中心の社会が構築され、土器様式のあり方も、縄文土器型式のあり方とはまったく異なっていった。

　考古学における文化とはあくまで、現代の私たちが過去の文化や社会を理解するための便宜的なモデルである。汎列島的に広がる定型的な巨大な王墓（前方後円墳）の出現をもって古墳時代とするが、中央高地を中心に時期区分を考えれば、赤い土器のクニがスタートしてその後半期である箱清水式期に首長墓がつくられ、まがりなりにも定型的な巨大王墓がつくられるのは、森将軍塚あるいは川柳将軍塚という古墳時代前期の最初頭ではなく、中期に近い段階であって、墓制だけみれば西日本とは多少異なる変遷を示している。つまり、教科書的に言われている時代区分とは異なる画期がある。

墓制は時代区分においてたしかに重要なメルクマークであるが、これも一つの文化要素にしかすぎない。水田遺構の出現のような要素と同じようなレベルの画期と扱ってよいのか。少なくとも墓制以外にもいろいろな画期がありそうだ。

　古墳時代のむしろ文化や社会的な大きな画期は、私は墓制の変化とともに、牛馬の導入ではないかと考えている。牛馬が導入されたことによって、水田や畑の耕作が劇的に広がっただけでなく、流通の形態に大きな変革をもたらしたことは疑いない。

　水田やその関連施設としての水路の整備にともなって、水運が弥生時代に発達しはじめ、そのピークとして古墳時代前期の大型の古墳の建設がある。しかし、その後、牛馬が古墳時代の半ばに導入されたことによって、水運だけでなく、従来は人間の交通路として水運に比べれば物量的にはかなり劣っていた陸路が流通のルートとして注目されるようになった。

　中央高地は寒冷地帯で馬が本来生息していた草原地帯と似ていることもあって馬の生産地（牧）の整備も進められたことから、とくに馬に対する依存度が高かった。古墳時代中期以降は、前期古墳とは異なって水運の拠点以外の地にも古墳が造営されるようになり、これ以後、律令期にも政治や流通の拠点は水運と陸路とが交わるような場所が選ばれるようになっている。

　そして、水運中心の時代こそが赤い土器のクニであり、陸上交通が発達して水系を越えて、地域世界が形成された時代がシナノのクニ（千曲川流域と天竜川流域を統一した信濃的世界）であった。赤い土器のクニの中心的な地域がのちのシナノのクニの中心的な地域に発達したことを重視すれば、赤い土器のクニこそシナノのクニの遡源と位置づけることが可能である。縄文と弥生の間のような断絶が、赤い土器のクニとシナノのクニ（信濃的世界）の間にはない。弥生から古墳時代初頭への流れもスムーズである。しかし、赤い土器のクニの首長とシナノのクニの首長が系統的につながるのか。赤い土器のクニ以来の集団が、東北アジアの文化を取り入れて、信濃的世界を構築した可能性もあるし、赤い土器のクニをベースに新たな首長層が分水嶺を越えたシナノのクニ、信濃的世界をつくり上げた可能性も検討すべきかもしれない。

　しかし、それはあくまで首長層の問題であって、領域を形成した集団成員一

般の問題ではないと思われ、縄文と弥生の断絶に比べれば、大きな問題ではないと私は考える。逆に、赤い土器のクニが、伊那谷には広がっていかなかったことに注目したい。

　従来弥生文化は伊那谷に早くに波及して、それが北上することによって、千曲川流域の弥生文化（赤い土器のクニ）の開花につながったというモデルが考古学者の頭の中に描かれてきた。私もそうした要素があることは、否定しない。この東海地方から伊那谷を経由して北上するルートこそ縄文時代以来の中央構造線沿いの伝統的な文化伝播ルート（仮称「中央構造線文化伝播帯」）である（藤森 1966、川崎 2007）。

　しかし、もし赤い土器のクニの淵源が、伊那谷を中心とする文化的領域（仮に「イナのクニ」とでもしておく）に由来したとするならば、なぜ赤い土器のクニの領域や文化要素がイナのクニに及ばないのか、少なくとも赤い土器のクニと密接な関係がないのか（市澤論文によれば、伊那谷文化圏の人々はこの時期山を越えた東濃とは近い関係にある。つまり、イナのクニは、決して山を文化的障壁とはみなしていない）。

　つまり、赤い土器のクニとイナのクニが、それぞれ独自性を発揮し、併存していたのは、根本的に赤い土器のクニを規定した水田稲作や青銅器文化が、おもに日本海ルートでもたらされたものであり、イナのクニは東海地方につながる文化であって、その起源や担い手が異なるためと私は考える。

　さらにそれぞれの集団の淵源が、イナのクニが縄文的伝統も残しつつ弥生文化を受けた人々が、主体的で、かれらが選択的に弥生文化を受け入れたのに対し、赤い土器のクニは、どちらかと言えば中央高地の縄文的伝統を、あまり継承していない弥生文化の担い手が築いたクニであったのではないか。

　この断絶は、縄文時代の土器型式の地域差といったレベルよりずっと大きいものではなかったかと私は考える。縄文時代もおおまかには千曲川流域と天竜川流域（伊那盆地）とでは土器型式が異なることもあったが、むしろそれは、諏訪湖盆、八ヶ岳西南麓、松本盆地、佐久盆地といった各地に土器型式の地域差があるなかでの差であり、一方中央高地全体がより大きい土器型式圏に含まれることも珍しくはなかった。すでに土器型式の分布域自体は、モノの流通や消費の様子を一義的には示していて、縄文土器型式の分布域が弥生の様式のよ

うにビビッドに人間集団の領域を反映していないものと私は見る。
　話を南北の問題に戻せば、シナノの南北問題のより本質的な起源は、赤い土器のクニとイナのクニの成立に由来したものではないか。つまり、それは縄文と弥生の断絶という、おそらくその後の歴史上でも、もっとも大きかった画期とリンクしている。
　その後、赤い土器のクニは長野盆地に大きな古墳群を造営した勢力につながっていくとすれば、この千曲川流域の勢力がとくに伊那盆地の勢力とどのように結びついていったのか、それが、首長どうしの単なる合従連衡なのか、それとも地域首長を統括するような勢力（例えばヤマト王権）の支配・被支配の関係で理解できるのか。
　いずれにせよ、このとき千曲川流域と天竜川流域のクニを結んだのは馬の文化であり、馬の文化は大陸からもたらされたものではあるが、千曲川流域と天竜川流域の結ぶルートは、縄文時代のルートであった。
　つまり、弥生時代の後半から北九州では中国から「国」とみなされる一種の都市的な拠点が発生し、中央高地では、都市的性格は未発達ではあったが（逆にそのためか）、国レベルの範囲を統括するクニが存在したのであろう。そのクニが古墳時代の中頃に、馬の文化を背景により大きな領域（のちの律令の国につながるような）を志向するようになった。この大きな領域をつくり上げる過程のなかで、渡来（大陸・朝鮮半島）系氏族やその文化が果たした役割が大きかったことはいうまでもない。古墳時代の渡来系氏族が、弥生文化の色濃い地帯をベースとしつつも、縄文文化の伝統の強い地帯へ、その伝統的ルートを再発見したことに強い興味を覚える。縄文・弥生・古墳というのは遠くから見れば、発展段階的な一系列のプロセスにも見えるが、より地域に即して細かくみれば、文化の葛藤の中での変遷のようにもとらえられないか。
　いずれにせよ、信濃的世界の形成には、日本列島外の人的往来を含めた文化の強い影響を考えざるを得ない。いずれ、漠然とした大陸文化というのではなく、その具体的な故地について、考える段階に私たちは今来ている。

註
（１）　ただし、いずれも器形のバリエーションとしてであって、弥生土器のような

機能分化にもとづく器種を設定しているわけではない。

引用参考文献

石丸敦史 2007 「上野地域における古墳時代から中期への土器様相の展開」『信濃』59-5

泉　拓良 1981 「後期の土器　近畿地方の土器」『縄文文化の研究』4　雄山閣

上野修一 2007 「焼かれた玉―硬玉製大珠の二次的変形―」『縄文時代の社会と玉』日本玉文化研究会

榎　一雄 1960 『邪馬台国』至文堂

愛宕　元 1991 『中国の城郭都市　殷周から明清まで』(中公新書) 中央公論社

川崎　保 1995 「縄文土器の機能・用途と口縁部文様帯の装飾・形態」『信濃』47-9

川崎　保 2005 「遺跡から見た古代・中世の千曲川の水運」『信濃』57-12

川崎　保 2007 「異形部分磨製石器の分布の意味―『西南日本中央文化伝播帯』の提唱―」『列島の考古学』Ⅱ（渡辺誠先生古稀記念論文集）

桐原　健 1987 「縄文土器機能用途論」『論争・学説日本の考古学』3　雄山閣

栗島義明 2007 「威信財流通の社会的形態―硬玉製大珠から探る交易―」『縄文時代の社会と玉』日本玉文化研究会

小林達雄 2005 「公園づくりと文化財の保護―山の神遺跡の意味と再生―」『フォーラムあづみの記録集』長野県埋蔵文化財センター

杉本憲司 1986 『中国古代を掘る　城郭都市の発展』(中公新書) 中央公論社

杉本憲司・森　博達 1995 「『魏志』倭人伝を通読する」『日本の古代』1　中央公論社

大工原豊 2002 「黒曜石の流通をめぐる社会―前期の北関東・中部地域―」『縄文社会論（上）』同成社

坪井清足 1962 「縄文文化論」『岩波講座日本歴史』1　岩波書店

馬場伸一郎 2004 「弥生時代長野盆地における榎田型磨製石斧の生産と流通」『駿台史学』120

町田勝則 1999a 「石器・玉類・紡錘車」『榎田遺跡第2分冊』長野県埋蔵文化財センター

町田勝則 1999b 「石器」『春山遺跡・春山B遺跡』長野県埋蔵文化財センター

町田勝則 2000a 「石製の遺物」『松原遺跡総論5』長野県埋蔵文化財センター

町田勝則 2000b 「石器の製作技術的検討」『松原遺跡弥生総論7』長野県埋蔵文化財センター

明治大学考古学博物館編 1995 『考古学者その人と学問』六興出版

藤森栄一 1966 『古道』学生社

藤森栄一・武藤雄六 1963 「中期縄文土器の貯蔵形態について」『考古学手帖』20

家根祥多 1981 「晩期の土器　近畿地方の土器」『縄文文化の研究』4　雄山閣

山内清男 1964 「縄文土器の製作と用途」『日本原始美術』1　講談社

若狭　徹 2007 『古墳時代の水利社会研究』学生社

和田清・石原道博編訳 1951 『魏志倭人伝・後漢書倭伝・宋書倭国伝・隋書倭国伝』岩波書店

和田清・石原道博編訳 1956 『旧唐書倭国日本伝・宋史日本伝・元史日本伝』岩波書店

渡辺　誠 1984 『縄文時代の植物食』雄山閣

米づくりの受容にみる信州の北南

町田　勝則

はじめに

　近頃、子供たちの間には『一品ぐい』なるものが流行っているそうだ。「ごはん」は主たる食べ物ではなく、《おかず》の一種類だという。食事は好きな《おかず》から順にたいらげる。いや、むしろ《おかず》なる概念自体が、すでに存在しないのかも知れない。トンカツ定食を食べる時、まず「カツ」を食べ、次に「サラダ」、そして「みそ汁」をたいらげ、最後に「ごはん」だけを食べる。「ごはん」をおいしいと感じ、食事の主役と思って育った私には、いかにも理解に苦しむ現象だ。

　しかしながら、考古学研究者としては百歩も千歩も譲って、この現象を"初期弥生化現象"にだぶらせて、冷静に、そして注意深く見つめていきたいと思っている。なぜなら、初めて日本にコメがもたらされた時、食生活は、まさにこれに似た状況であったに違いないからだ。縄文人の食卓には、魚肉や動物肉の燻製、煮物や焼き物、縄文クッキーなどがあり、それらはいずれも主たる食べ物であって、《おかず》ではなかったに違いない。生き物の成育の状態、季節性、食料調達の達成率などによって食したのはもちろんだが、何をおいても"腹にたまること、腹もちがよいこと"が絶対条件だった。おなかがいっぱいになるものを、まず食べる。食べ物は手当たり次第に、つまみ食いをする。それが彼ら流の食事のとり方であったのだろう。

　やがて、腹にたまり、おいしいと感じるコメがやってきた。誰もがコメをほしがったに違いない。みるみるうちに、コメは日本の本土に広がり、"瑞穂の国"ができあがった。縄文人が彼らの食文化を捨てるには、さして時間はかからなかったに違いない。食文化を捨てることは、これに基礎をもつ文化のすべてを改変させることにつながる。だからこそ、この時代を"弥生時代"と呼び、教科書にも登場させるのである。

　飽食の時代、あまり空腹ではなく、ただ機械的に、まるで算数の問題でも解くかのように、一品ずつ食べていく現代っ子たち。縄文時代に起きたのと同じように"おいしくて、腹にたまる"食べ物が登場したら、どうするのだろうか。たとえば、チューブ入りの栄養食、歯ごたえのほしい人にはビスケット・タイ

プのカレーライスなんかが‥‥。20世紀は《インスタント、ファーストフード》の時代で終わり、21世紀はさしずめ《錠剤》の時代で幕が開けるのかも知れない。飢えをしのぐため、生きるために『一品ぐい』を強いられた時代と、食べ物が残り、死なないように『一品ぐい』を行う時代とでは、生活文化の背景はまったく違っていても、食生活の変化が及ぼす、文化基盤の改変は意外に近い状況にあるのかも知れない。かつて、コメが"瑞穂の国"をつくったように、新しい食料は、どんな国を誕生させ、教科書に載せるのだろうか。われわれが今日もなお、呼び続けている『食事』は、なくなってしまうのだろうか[1]。

現在、コメを主役とする日本の食文化は大きな転換期を迎えている。わが郷土信濃もけっして例外ではない。信濃にコメがもたらされ、稲作文化が開花した弥生時代について、考えてみたいと思った。

1　信濃における稲作文化の定着

これまで長野県内の考古学的調査[2]により得られた資料から、信濃の弥生文化、とりわけ、その生産様式である稲作の開始と定着について考えてみたところ、大略5つの発達段階を想定することができた。

第1段階　縄文時代晩期後葉（約2500年前頃）[3]
食料としての米または稲籾を知る段階。

米づくりを証拠づける資料[4]としては、土器の表面に残る籾状圧痕がある。長野県内での遺跡は、千曲川や天竜川に面した段丘上と沖積地に立地する。松本市赤木山遺跡群石行遺跡や茅野市御社宮司遺跡など豊富な道具類を出土する集落遺跡と、上田市（旧真田町）四日市遺跡のように墓跡的な遺跡が存在する。生産域の調査は不十

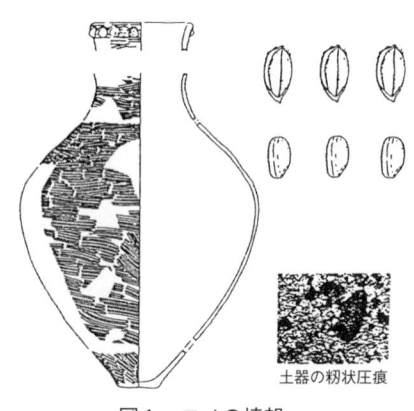

図1　コメの情報

分で生業の様子は、今のところ不鮮明である。石鏃（矢じり）と打製石斧（主に土掘り等の作業具）を中心に縄文時代の石器群（縄文石器）を構成する。晩期の中葉以前と比べ、石剣・石棒等の儀礼的用具は減少し、狩猟具や伐採具に系統上の変化が現れる。調理具は存続するが、石皿はほとんど確認されない(5)。東海地方で卓越する条痕文の壺と磨製石斧が出土する（図1）。

第2段階　弥生時代中期初頭から中期前半（約2200年前頃）
栽培植物としてイネを知る段階。

稲穂を収穫する磨製石庖丁が出土する(6)。長野市新諏訪町遺跡、岡谷市庄ノ畑遺跡、飯田市寺所遺跡などに、その発見例がある。県内で確認・調査された遺跡は少なく該期の様相は判然としない。石器は総体として縄文的で、地域内に発達した条痕文の土器が伴出する（図2上）。現況では磨製石庖丁の発見が稀少で、それが他の地域から搬入された可能性もある。ほかの文化的要素を含め、不鮮明な時期である。

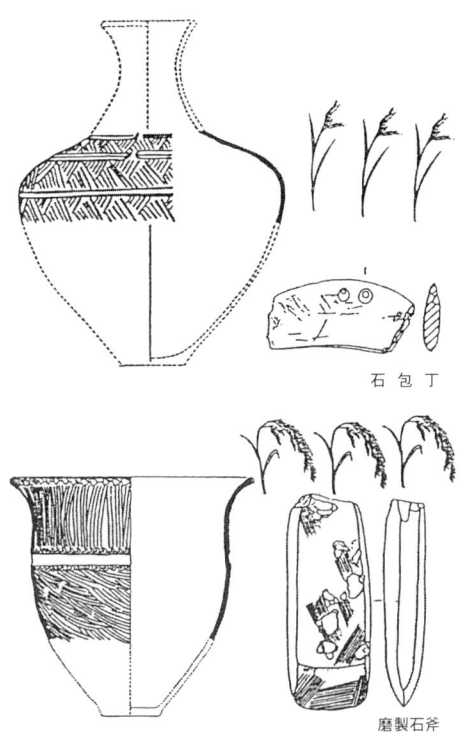

図2　イネの情報

第3段階　弥生時代中期後半の古段階（約2100年前頃）
稲作用に土地を開墾、田づくりが開始される段階。

縄文石器の大部分が、新たに弥生時代の石器群（弥生石器）に取って代わる。長野市牟礼バイパスD地点遺跡、佐久市深堀遺跡、安曇野市（旧三郷村）黒沢川右岸遺跡などがあり、小河川により形成された扇状地上に立地する。大形の打製石斧と打製刃器（石製の刃物）、農耕を髣髴とさせる道具類が発達してくる

が、水田跡の確認はまだない。広域に分布する櫛描文土器の甕と伐採・加工用の磨製石斧（大陸系の太型蛤刃石斧・扁平片刃石斧）に特徴がある（図2下）。

第4段階　弥生時代中期後半の新段階

田づくりの定着と大規模な開墾、水田経営が開始される段階。

県内の遺跡数は爆発的に増加、小河川を利用し、または人工の溝を掘削した環濠集落が形成される。長野市松原遺跡、佐久市北西の久保遺跡、松本市県町遺跡、飯田市恒川遺跡群など盆地単位に中核

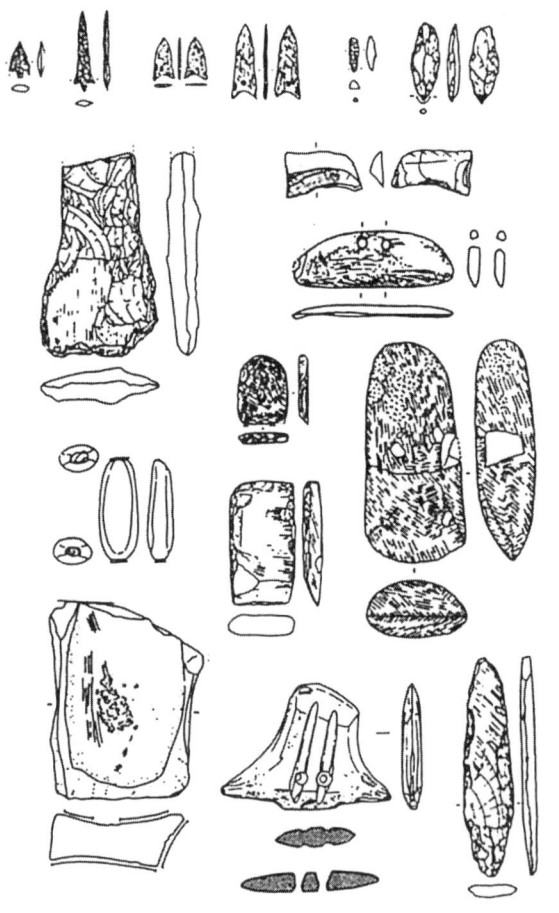

図3　弥生中期後半の石器群（S：1/5）

的な集落が存在する。大陸系の磨製石器群（石庖丁・石鏃・石斧・石剣など）はほとんど成立し、柱状片刃石斧のみが欠落する（図3）。長野市を中心とする善光寺平では、豊富な大陸系磨製石器群に加え、不安定ながらも畦を構築し水路を伴う水田跡と礫床木棺墓が登場する。一方、飯田市などの伊那谷では大陸系磨製石器群が振わず、打製の石斧や刃器が発達、分水嶺を境に南北の地域差が顕著となる。弥生石器の最盛期であり、次段階に石器が消滅する県北部の地域[7]では、3万年に及ぶ悠久の石器文化に終止符を打つ解体期に相当する。盛行する木製品の陰に鉄製工具類の存在を読み取ることも可能で、長野市

図4 田づくりの情報と水田

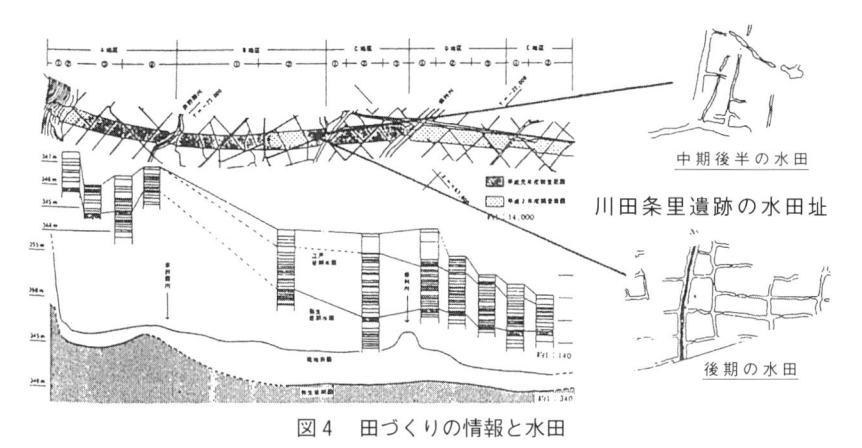

光琳寺裏山遺跡には鉄斧の発見例がある。

第5段階　弥生時代後期（約2000年前頃）

田んぼの組織的な管理、水田経営が確立される段階。

　水田は水路を伴う大畔・護岸施設を伴う溝など計画的な構造となり、面的な広がりを示すようになる（図4）。中期に普及した大陸系磨製石器群は一挙に解体し、磨製石鏃が後期前半まで残存するものの後半には完全に消滅、金属器の文化へと変革をとげる。形成されつつあった道具の南北差は一段と明瞭化し、石器をほとんど持たない県北部地域と打製の耕起具や収穫具が卓越する県南部の地域が際立って区別できるようになる。県北部には長野市箱清水遺跡、佐久市勝間原遺跡、松本市出川南遺跡などがあり、県南部には飯田市（旧上郷町）兼田遺跡や殿原遺跡などがある。また諏訪周辺の地域には、後期後半に一孔の磨製石庖丁が分布し、土器にみる南北要素の折衷的様相[8]とも合わせ、南北の接触地域、文化の回廊的な地域として確立してゆく。岡谷市橋原遺跡、塩尻市田川端遺跡などがある。コメ（以下、文中ではコメと表記）を主食とし、鉄と木を使う文化、信濃における稲作文化の定着・完成期である。

2　稲作文化期における食料の種類とその調達

　信濃の弥生時代に5段階の稲作導入の過程（表1）を設定してみたが、その

時代	石器	木器	金属器	水田	畠	食物	墓	備考
縄文時代晩期 中葉・後葉	磨製石包丁の登場？	?	?	☆コメの情報－第1段階 ☆イネの情報－第2段階	?	雑穀類等と米	土器棺墓ほか	
弥生時代前期 初頭・前半	太型蛤刃石斧の登場 大陸系磨製石器の確立	鍬杭鎌 板材 高坏 縦櫛	鉄斧 ヤリガンナ？	☆田作りの開始－第3段階 　開墾の開始 　　（湿田） ☆水田経営の開始－第4段階 田作りの定着と大規模な開墾 　　（湿田） 自然地形に沿った凹地部に不安定な大畦と小畦・杭と横木で構築された水路を構築 水田一筆は30㎡		↓	木棺墓・礫床木棺墓ほか	大陸系磨製石器とコメ作り
弥生時代中期 後半(古)・後半(新)								
弥生時代後期 前半・後半	消滅 磨製石鏃の残存	鍬（膝柄・平広・二又）一本鋤 田下駄 大杵（縦・横）横槌 田舟？ 櫂 杭 板材 機織り具 高坏 片口椀	鉄斧 ヤリガンナ 釣り針 鉄鎌 鉄剣 銅鏃 銅釧	☆水田経営の確立－第5段階 田の管理・組織化・安定化 　　（湿田） 水路を伴う大畦・護岸施設を持つ溝など取水・配水の完備化 水田一筆は20〜40㎡	?	米と雑穀類等	方形周溝墓ほか	鉄・木器と水田経営

表1　文化要素の変遷（於長野県）

中で縄文文化を支えた食料獲得の手法は、いかに変化していったのであろうか。また弥生文化として確立した食料生産の手法は、いかに発展していったのだろうか。狩猟や漁撈活動、採集や収集、さらには収穫等の活動について、考古学的資料の現状を整理し、歴史叙述に向けての作業仮説を模索してみる。

(1) 遺跡から考える動物質食料の種類と変遷

　縄文人は、どの程度に獣や魚を捕獲していたのであろう。彼等のゴミ捨て場である貝塚には沢山の獣骨や魚骨が出土し、イノシシやシカを捕らえていたこ

縄文時代　晩期		弥生時代　中期前半	中期後半	後期～古墳時代
（長野市宮崎遺跡） 8号トレンチ～晩期前半 大型獣主体 　シカ　イノシシ 　カモシカ 　小型獣2～3片 5号トレンチ～晩期全般 大型獣主体 　シカ　イノシシに限定	（大野町一津遺跡） 上層～晩期後半 大型獣主体 　シカのみ	（大町市来見原遺跡） 中期前半面～中期前半 小型哺乳類 鳥　類	（松本市県町遺跡） 16号住居ほか～中期後半 大型獣主体 　ニホンジカ60% 　鳥　類　4% 　その他　36%	（千曲市生仁遺跡） 1989調査～後期・古墳 大型獣主体 　シカ　81点 　イノシシ　10点 　鳥　類　9点 　ウマ・イヌ 　　（埋葬骨） 　その他

表2　動物骨の種類

とが解っている。しかし貝塚が形成されない信濃では、稀に遺跡から出土する動物遺体によってのみ、何が食べられていたのか推定するのが精一杯のところである。縄文の捕獲から弥生の捕獲へ、条件に恵まれない当地で、これまでに得られた知見は、イノシシやシカなどの大型獣[9]から小型獣へという出土動物骨の変化、そして弥生時代中期の後半に至って、再びシカが出土量の大半を占める傾向である。これまで一般的に叙述されている縄文時代後期から晩期の動物骨は、西日本でイノシシとシカが1対1程度の割合もしくはシカのほうが若干多く、弥生時代に至っては西日本でイノシシが主体となり、東日本では引き続き1対1程度の割合を保つ（春成 1990）とされていることと少し異なっている。西日本での出土数の状況が近年確認されつつある弥生時代のブタ骨の存在（西本 1991）と搦めて、稲作に伴う家畜飼育の結果であると判断するのであれば、信濃でのイノシシ骨の欠落は、すなわち家畜飼育の欠如を意味するものなのか。狩猟活動の様相を詳しく追究してみる必要がありそうだ。県内遺跡での出土骨類の鑑定は年々増加し、少ないながらも徐々に成果を蓄積してきている。遺跡に残り難いという遺存状況は変わらず[10]、積極的に狩猟・漁撈対象を考察するには、まだまだ難がある。これまでに鑑定報告がなされた遺跡中、縄文時代晩期から弥生時代後期もしくは古墳時代までの遺跡例（表2）を調べてみると、縄文時代晩期ではシカ・イノシシといった大型獣が中心で、長野市宮崎遺跡例などから考えると、シカのほうが若干多い。この結果は、東日本に

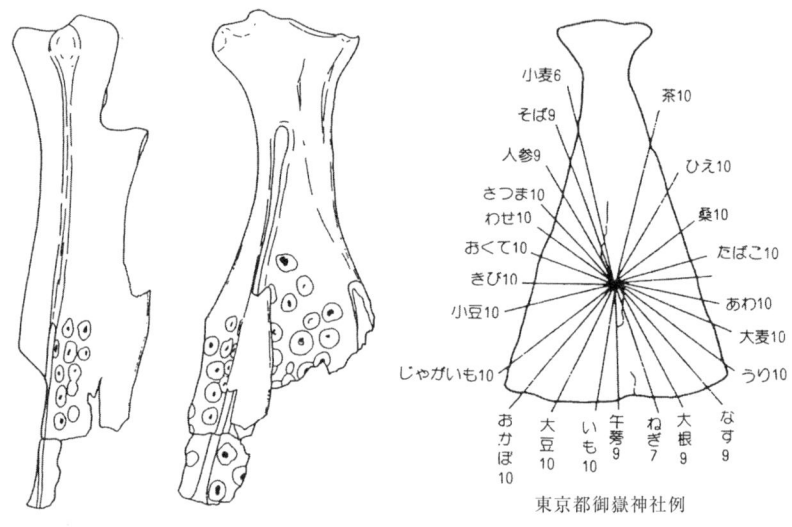

生仁遺跡18号住出土（弥生時代後期）　　　10は豊作　8はまずまずの作　3は不作
図5　卜占骨と現在の卜占（註(34)より）

おける該期の一般的な理解と違いはない。晩期後葉の大町市一津遺跡上層出土例では、大半をシカが占めている。弥生時代は特に中期前半までの資料に恵まれず判然としない。その中で比較的良好な内容を示す大町市来見原遺跡中期前半面出土例を参考にすると、小型獣が主体のようである。弥生中期の後半では松本市県町遺跡のように遺構に伴って多くの獣骨が確認された例もあり、その大部分がシカである。西日本でイノシシが大半を占める傾向[11]とは、まったく状況が異なっている。千曲市（旧更埴市）生仁遺跡例によれば、弥生後期そして古墳時代に至っても、さらにシカが主体となっていることが理解できる。

　動物骨の出土資料が限定されているとはいえ、出土数の片寄りはイノシシ猟が実際に少なかったことを示すにほかならない。信濃では積雪による自然条件から生息数が低かったとも考えられるが、いかがなものか。ところで、信濃でシカといえば、想起されるのが藤原宮出土の木簡である。贄として都に貢納する食料品目中に鹿が記載されている。古代の事例とはいえ、弥生時代におけるシカ猟を考察する上のヒントとなろうか。シカの角は毎年生え変わり、その経過が稲の成長と似ていて、西日本の弥生人はシカを土地の精霊・霊獣と考えて、狩猟を規制していたのかも知れないという（春成 1990）。とすれば、この点で

信濃の弥生人は、まったく違った世界観を保持していた可能性もあるが、当地の稲作文化でシカ骨が使用された重要な事例があるので紹介しておく。それは生仁遺跡から出土したシカの肩甲骨を利用した卜占骨（図5）である。卜占骨は農作物の一年の吉凶を占う農耕儀礼として現代にも継承されている。弥生時代の信濃は、縄文の狩猟対象獣の中で、ことにシカにこだわった猟りを行い、またそのシカを介しての儀礼を実施していたと考えられる。

　一方、漁撈面においては、魚貝類の遺骸がほとんど確認されず、資料不足の感は強い。出土した獣骨製の銛の存在から対象魚（コイ・サケ）を経験的に推定した宮崎遺跡例もあるが、今のところ、弥生時代の遺跡ではまったく出土例がない。また罠猟は有力な捕獲法であるが、発掘調査の事例がなく、目下それらしい漁具も発見されていない。長野市松原遺跡で弥生時代中期の埋没河川が4か所調査され、堆積層中から土器・木製品と共に淡水性のカワニナ、タニシ、イシガイなどが収集されている。食料残滓であるかどうかは不明だが[12]、集落の身近に食用となる貝類が数多く棲息していたことは明らかである。

(2) 遺跡から考える植物質食料の種類と変遷

　遺跡に残された植物遺体の中で、特に食料（残滓）を推測できる資料に種実類がある。種実には、遺跡の発掘調査で目につきやすい堅果類から土壌の水洗選別（ウォーターフローテーション）によって採取が可能となる小さな種子類まで様々なものがある。ことに弥生時代の植物質食料を考えるとき、特に注意すべきものが、栽培植物の種子である。なぜなら、縄文文化は食料の採集（収集）に基礎をおく文化であり、弥生文化は食料の生産に基礎をおく文化と位置づけられるからである。

　縄文文化を代表する植物質食料の残滓に堅果類がある。堅果類にはクルミやクリなど、そのままで食べることのできるものと、ドングリやトチなどアク抜きを必要とするものがある。これまで県内の縄文時代晩期から弥生時代に属する遺跡で、これらの食料残滓が報告された主な例は、大町市一津遺跡（縄文後・晩期）と長野市宮崎遺跡（縄文晩期）、松本市県町遺跡（弥生中期後半）と岡谷市橋原遺跡（弥生後期）がある。一連の報告内容をまとめたのが表3である。限定された資料ではあるが、縄文時代後期から晩期にはクルミやトチが多出し、

縄文時代　晩期	弥生時代　中期前半	中期後半	後期
（大町市一津遺跡） A区トレンチ～後・晩期 クルミ・トチ多数 クリなど （長野市宮崎遺跡） 2号住居～晩期前半 クルミ多数	？	（松本市県町遺跡） 16号住居ほか～中期後半 野生スモモ　　1点 クリ材 コナラ材 クヌギ材	（岡谷市橋原遺跡） 32号住居ほか～後期 クルミ　　　2点 クリ　　　　29点 ドングリ　　10点 サクラ

表3　食用植物の種類

弥生時代後期にはクリが多く出土している。残念ながら縄文晩期の後半から弥生時代中期の前半にかけては、良好な資料がなく不明である。どうやら、縄文晩期から弥生に向けて、クルミ・トチからクリへという堅果類の変遷を検討してみる必要がありそうだ[13]。

一方、堅果類に比べ、発見されることの少ない小さな食用植物の種子、残ることのまずない根菜類の中に、注意すべき栽培植物がある。それにはイネやヒエ、キビ、ムギ、エゴマ・シソ、アブラナ類、マメ類、イモ類などが挙げられる。これまでに県内の遺跡で発見された栽培植物は、縄文時代中期のシソ属をはじめ約30種類[14]があり、そのうちの6割が弥生時代の事例である。残念ながら、縄文晩期から弥生中期前半にかけての良好な発見例はない。県内の弥生遺跡で栽培植物の遺体が出土した主な例は、長野市平柴平遺跡（弥生中期後半）のコメ、松原遺跡（中期後半）のアワ？状種子[12]、飯田市高松原遺跡（弥生後期前半）のムギ、ヒエ、アワ？の種子、岡谷市橋原遺跡のコメ、ヒエ、アワ、マメ類（アズキ・ダイズ）である（表4）。このうち、特筆される例として橋原遺跡59号住居跡がある。この

弥生時代　中期前半	中期後半	後　　期
検出例なし	（長野市松原遺跡） SD102 壺型土器内 アワ粒？多量	（岡谷市橋原遺跡） 59号住居、28号住居ほか コメ・ヒエ・アワ・アズキ・ムギ

表4　栽培植物の種類

住居は火災を被っており、家財道具とともに出土した炭化種子類が、一軒の保管食料種量を表していると考えられている。その内訳は米（コメ）350,000粒、雑穀類（ヒエ・アワ）2,100粒、豆（マメ）130粒であり、圧倒的にコメ粒の量が多いことが理解できる。信濃の稲作文化の定着期を物語る一例といえる。

以上、稀少な事例ながら考察されるのは、弥生時代の中期にはヒエやアワなどの雑穀が主に出土し、後期にはムギやコメが多く出土する傾向である。どうやら、弥生時代にはヒエやアワ、イネの栽培力が高まり、ことに中期から後期に向けて、イネの栽培、コメの生産力が向上したと捉えられそうである。

(3) 動物質食料の調達を考える道具

石 鏃

動物質食料を調達する狩猟や漁撈に罠猟（わなりょう）のあったことは十分に予想できるが、県内の縄文時代晩期から弥生時代に該当する遺跡で、その痕跡や道具が明らかになった例はまだない。ここでは動物質食料の獲得手段を考えていくために、その検討材料として遺跡に残る石器を中心に取り上げてみる。

長野県では、縄文時代晩期から弥生時代に至るまで槍の類は確認されていないので、狩猟に関しては、もっぱら弓矢が道具の対象となる。弓矢そのものが出土した例は、古墳時代まで下らねばならず、矢の先端につける石鏃（矢じり）が検討の対象となる[15]。

これまでに県内で報告された石鏃を整理すると（表5）、縄文時代晩期の前葉から中葉にかけて、石材にはチャートや頁岩、玄武岩（けつがん・げんぶがん）などを使用し、長さ3.0cmほどの大形品が主体を占めていることが解る。山ノ内町佐野遺跡を例にとると、黒曜石製はわずかに8％のみで、大半の石鏃が玄武岩製、長さは3.5～4.0cmほどの大きさを示す。遺跡の周辺で容易く入手できる石材を選択し、大量に大形品を製作（作りの粗雑なものを含む）しているようだ。この時期の獲物には、前述のように大型のシカやイノシシがある。

縄文時代晩期の後葉になると石鏃の様相は一変する。黒曜石を使用し、長さ2.0cmほどの小振りな石鏃が主体となる。松本市石行遺跡を例に考えると、黒曜石製が実に80％を占め、大きさは長さ1.6～2.2cmと小さい。下諏訪町星ケ塔（ほしがとう）の黒曜石原産地など、特定の場所から産出する石材を選択し、多量に小形品を

石　材	縄文時代　晩期前葉～中葉	後葉	弥生時代　中期前半	中期後半	後期～古墳時代
	(佐野遺跡)	(石行遺跡)		(県町遺跡)	(殿原遺跡)
玄 武 岩	65.0%	―		―	―
安 山 岩	―	0.9%		―	―
頁 岩	13.5%	―	？	―	―
チャート	13.0%	15.5%		33.3% (2.2%)	｜20.0%｜
黒 曜 石	8.5%	83.6%		66.7%	｜80.0%｜
粘 板 岩				(13.0%)	―
砂 岩				(13.0%)	―
凝 灰 岩				(30.4%)	―
結 晶 片 岩				(4.4%)	―
珪 質 片 岩					｜(100%)｜
千 枚 岩				(37.0%)	―
長　さ	3.5～4.0cm	1.6～2.2cm		3.0 cm 前後 (3.5 cm 前後)	｜2.2cm｜

(　)は磨製石鏃　　｜　｜は資料として危険

表5　石鏃の材質と割合

製作する特徴を示す。一般に信濃の縄文時代晩期は、前葉から中葉の佐野式土器の時期と後葉の氷式土器の時期に区分されるが、この氷式期での石鏃型式の変化は明瞭なものと考えられる[16]。遺跡出土の動物骨から推定される該期の獲物は、大型獣のシカであるが、ここで注意しておくべき点がある。動物骨を確認している遺跡は県の北部地域に限られ、そこで出土している石鏃には、晩期の前葉から中葉段階と同様な特徴を示す資料が少なからず伴っている。県北部地域での、この特徴は弥生時代中期に至っても継承されることになるから、時期的というよりは地域的なものと考えられる。つまり動物骨を確認している長野市宮崎遺跡や大町市一津遺跡の氷式期には、前段階の佐野式と同様な狩猟の伝統が存続あるいは併存していた可能性を指摘できるのではないだろうか。縄文晩期の終末、石行遺跡に代表される黒曜石を主体とする石鏃製作の背景とは区別して、狩猟対象やその手法をより細かく地域的に比較していく必要がありそうだ。

遺跡名	宮崎	山ノ神A	茶臼山	佐野	トチガ原	御社宮司	経塚	うどん坂II	荒神沢	女鳥羽川
所在地	長野市	山ノ内町	飯綱町	山ノ内町	大町市	茅野市	岡谷	飯島町	駒ヶ根市	松本市
立地	扇状地	扇状地	扇状地	扇状地	沖積地	扇状地	扇状地	河岸段丘上	河岸段丘上	沖積地
主体時期	晩期全般	晩期前葉	晩期前葉	晩期前葉	晩期後葉	晩期後葉	晩期後葉	晩期後葉	晩期後葉	後期晩期中〜後葉
石鏃	571	46	107	1000以上	4	422	20	11	21	50
石錐	81	8	?	80	0	63	6	1	1	3
石匙	3	0	1	3	0	1	0	0	0	0
打製石斧	15	0	2	0	25	423	64	36	135	7
磨製石斧	21	2	9	6	1	21	5	1	7	1
磨・凹石類	30	1	4	11	0	113	4	4	24	20
石皿	2	2	0	4	0	5	0	0	0	0
石錘	0	0	0	0	0	1	0	0	10	0

表6　晩期の石器組成（註(35)より）

　この点に関し、遺跡に残された石器の組成という視点から興味深い指摘がある（表6）。縄文時代晩期、県内の遺跡には石鏃を主体とし打製石斧（打製石鍬）を持たない北信地域と、打製石斧を主体とし石鏃もある南信地域があり、打製石斧を土掘具と考えるならば、生業活動において信濃の南北に大きな地域差が生じていたとする[35]。打製石斧の数量比に現れるような生活様式の違いが、狩猟形態をも包み込んだ様式の差であり、狩猟用具である石鏃に変化を及ぼしていると捉えられるならば、晩期後葉での2つの様相は、氷式期の社会そのものが抱える2分制（同時期に於ける生産様式の2つの発展段階）を表現したものと考えられないだろうか。弥生時代中期前半における石鏃数の稀少さと小型獣骨の出土を考慮すれば、遅くとも晩期後葉氷式期には縄文文化的狩猟形態に変化の兆しが現れていたと考えられそうである。

　弥生時代の中期後半は、石鏃の確認例が増大し、打製に加えて新たに磨製の石鏃が登場する。打製石鏃の石材は、依然として黒曜石を主体とするが、チャート材の量が増加し、形態的な変化や大きさの面での変化が現れる。長さは3.0㎝程度の例が主体であるが、中には4.0㎝を超える大形例も存在し、縄文式石鏃が質的に新しいタイプ、弥生式石鏃に置き換わるように思える。磨製石鏃では千枚岩などの研磨しやすい石材を選択し、長さは3.5㎝と打製石鏃よりも若干大き目である。遺跡内から製作時の石屑が出土するので、打製石鏃と同様に遺跡ごとに製作を行っていたらしい。松本市県町遺跡例から判断すれば、打製石鏃15点、磨製石鏃14点とほぼ同数が遺跡内に存在することになり、磨製石鏃の未成品32点を含めれば圧倒的に磨製石鏃が優位である。また磨製石鏃と同形態の木製・骨製・牙製の鏃も登場する。こうした状況の中、遺跡出土の動物

骨はシカが主体を占めている。

弥生の後期、県北部地域の遺跡を中心に石鏃が一斉に消え始める。中期終末には打製石鏃が、そして後期前半には磨製石鏃がほぼ消滅する。後期前半以後、石鏃の出土例はほとんどなくなるが、時々遺跡内から出土することもあって明確な消滅期を決し得ない。しかしながら打製石鏃に関しては、弥生中期の後半、信濃で栗林式と呼ばれる土器の時期の終末には、道具の製作という目的を持った行為が、一般的に行われていたか否かという点で、もはや石鏃製作は終わっていたと考えたい。ただし磨製石鏃は、長野市吉田高校グランド遺跡や松本市出川南遺跡、飯田市兼田遺跡に製作関連の資料が出土しており、後期の前半までは残存し、信濃でいう吉田式土器の早い段階に解体したと予想される。

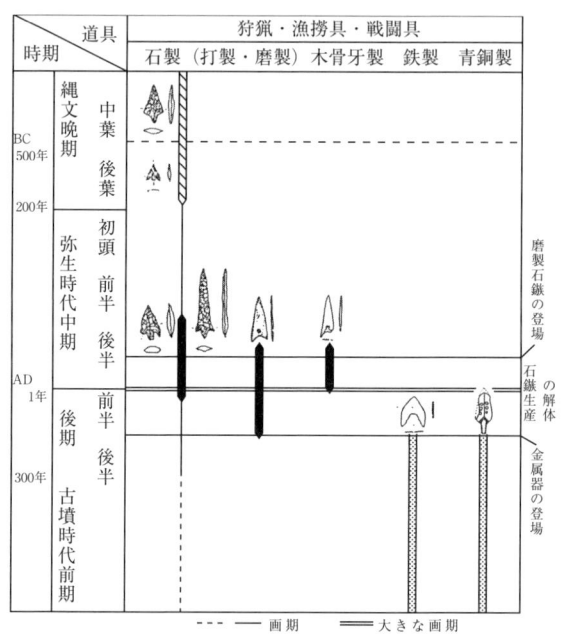

図6　狩猟具の変遷

打製石鏃と磨製石鏃の消滅時期に違いが現れるのはなぜだろうか。使用する石材や製作法の違いに加え、磨製石鏃のみに、木や骨で模造する行為があることから、両者に用途の違いを想定してみる必要がある。水田経営が定着・完成したと考えられる弥生の後期に、石材の調達から製作まで手間のかかる石の鏃を選択的に放棄し、それに変わる金属性の鏃に置き換えた結果なのだろうか。ただし金属製の鏃が遺跡から発見される例は極めて少ないのが現状である（図6）。弥生後期前半に所属する動物骨は判然としないが、弥生後期から古墳時代に属する千曲市生仁遺跡例を県町遺跡例と比較してみると、出土動物骨の量にさほどの違いはなさそうである。

(4) 植物質食料の調達を考える道具

① 磨石類、台石類

　縄文から弥生時代まで、堅果類の調理に関係したと考えられる石器に磨石・凹石・敲石の類、それに台石・石皿がある。これらの道具は、実際に果殻の除去や製粉等の機能をつかさどり、採集部門を考察する要といえる。該期に相当する資料を整理すると、以下のようになる。

　磨石…縄文後期の中頃には激減し[17]、晩期前葉を過ぎると川原石をそのまま使用する丸い形態が主体となる。弥生中期の後半、県北部の地域ではほとんど確認されない。

　凹石…縄文後期の中頃に減少し、晩期前葉から中葉頃には「あばた状」の凹部を１つか２つ持つ形状にしぼられる。弥生中期後半には１穴のものが主体となり、縄文時代から継承されてきたタイプは消滅する。

　敲石…縄文晩期には礫状素材の端部や側面に敲打部を持つ棒状の例と上下両端に敲打部を持つ丈の短いタマゴ状の例が存在する。県北部では弥生中期後半に、県南部では後期まで

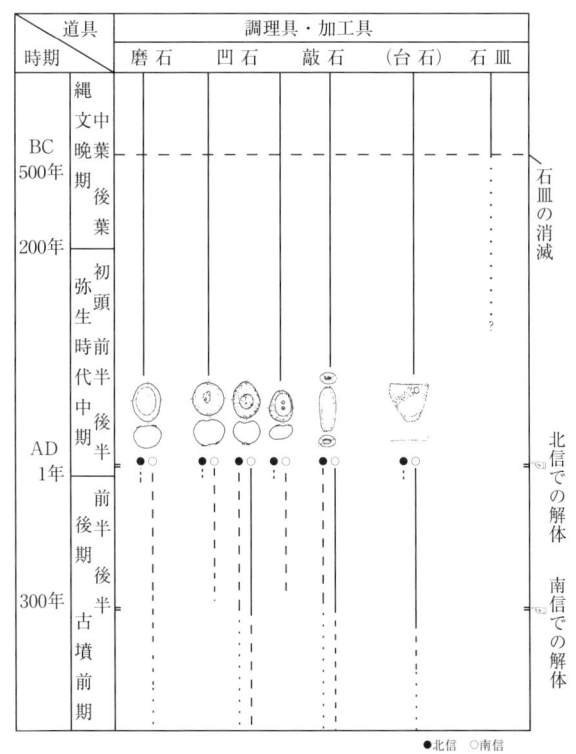

図７　調理・加工具の変遷

●北信　○南信

には、それぞれ棒状形態にしぼられてくる。
　台石…弥生時代になっても厚い板状の形態が存続し、県北部では中期の後半
　　　　に、南部の地域では後期に盛行する。作業台(18)としての性格が強い。
　石皿…晩期中葉には消滅すると考えられる(19)。
　クルミなどの果殻割りに対しても使用されたであろう凹石や敲石、そして製粉的機能を果たしたであろう磨石や石皿の縄文石器のセットは、石皿の消滅に端を発し、弥生中期前半から後半にかけて解体する。台石を中心とした新しいタイプの石器類は、弥生石器のセットを構成するが、この組成も県北部の地域では後期前半に、県南部では後期後半には完全に解体してしまう（図7）。弥生後期前半の植物遺体は判然としないが、後期後半には調理に手間のかからぬクリの出土が主体を占めるようになる。

②打製石斧（打製石鍬）
　採集（収集）あるいは栽培の発達は、打製石斧に形態的な発達を促し、用途あるいは用法に応じた機能的な対応が顕著になったと推測できる。縄文時代の中期後半から後期前半に属する安曇野市（旧明科町）北村遺跡では、打製石斧の形態におよそ8種類があり、深く、するどく突き刺す作業に短冊形の打製石斧を、浅くて広く突きそして掻きとるような作業に分銅形のそれをという指摘がある。縄文時代晩期の前半に打製石斧は大形化するが、形態的にさらに集約された打製石斧が生産域から大量に出土するといった遺跡も近年発見されている(6)。弥生時代では、一般に県南部の地域で打製石斧の存続があり、あたかも信濃全域の弥生文化に打製石斧が存続しており、使用され続けたかのように考えられがちであるが、水田跡が相次いで発見されている県の北部（特に北信地域）では打製石斧の出土は稀である。打製石斧出土量の多寡は、その道具が単なる土掘り作業の道具でないことを示していると考えられる。植物質食料の採集（収集）あるいは食料生産活動に伴う出土量の大小と捉えることで、その意味が理解できるものと考える。

　a．県北地域における打製石鍬の消滅
　縄文時代晩期まで普遍的に存続したと考えられる打製の土掘具は、弥生時代の進展に伴い、県北部、特に善光寺平を中心とする北信地域から姿を消す。今

のところ出土資料の希薄な弥生中期前半は判然としないが、中期後半に至ってはどの遺跡からも、打製石鍬がほとんど確認できなくなる。それは長野市の松原遺跡をはじめ、榎田遺跡や川田条里遺跡などの居住域そして生産域（水田跡や河川跡等）を広域に調査した結果であるから、傾向として間違いのないところである。とすれば稲作技術の受容によって、土に対する改変作業、その労働がより活発に行なわれたと予想されるにもかかわらず、その作業の担い手であるはずの打製石鍬が姿を消してしまうのはなぜだろうか。以下に、北信地域における打製石鍬の消長を整理してみる。

　縄文晩期の後葉では石鏃量についで多出する。形態的には細身で撥形を基本形とするものであり、石材は頁岩が主体である。氷式前後段階と推定される掘立柱建物跡と土坑を確認した千曲市（旧更埴市）屋代清水遺跡に好例がある。弥生時代中期前半までの資料には確認例がほとんどないが、木棺墓と住居跡を確認した長野市塩崎遺跡群—市道松節・小田井神社地点—では打製石鍬が少なからず出土している。幅広の撥形を基本形態とした、やや簡略な作りの石鍬であり、石材は頁岩である。注意すべきは、多量に出土している刃器類と同材を用いていること。後述するが、打製石鍬の製作と大形刃器の製作が密接不離の関係を保つのは、縄文石器の製作伝統にあり、打製石鍬の消滅以後[20]、栗林式の文化伝統の中には、そうした製作上の特徴は認められない。弥生中期後半の栗林式に打製石鍬を伴わない理由を説明する手掛かりは、大陸系磨製石斧と木製農具[21]の存在にあると考えられる。木製農具すなわち水田耕作の発達に伴う道具の再編成が、旧来の生産用具を捨て去り、打製石鍬の消滅を導いたと推測したい。

　b.県南地域における打製石鍬の存続

　県南部、ことに飯田・下伊那を中心とする南信地域では、弥生時代に至っても、打製の土掘具が製作され続ける。弥生中期前半から後半にかけては資料数が少なく判然としないが、後期段階の資料は充実しており、どの遺跡からも打製石鍬は必ずといってよいほど出土する。残念ながら、県北部の地域と違って水田跡等の生産域の発見が少なく、いまだに十分な調査が及んでいない[22]。しかしながら、これまでの発掘調査の件数から考えて、水田跡が発見されてこない事実は、稲作の受容という生産様式の変革期にあって生業に大きな変化が

及ばなかったのか、あるいは県北部の地域とは別の生業スタイルが確立し、道具の再編成が実施されていったからなのか、現状では後者の可能性を考えたい。

県南部地域における打製石鍬の消長を概観すると、縄文晩期の後葉は、石鏃量と拮抗して多い。形態的には規格性が乏しく、限定した種類で、石材には硬砂岩を多用する。氷式前後段階に位置づけられる駒ケ根市荒神沢(こうじんざわ)遺跡、飯田市(旧上郷町)矢崎遺跡に好例がある。弥生中期後半までの資料は、やはり確認例がほとんどない。住居跡を確認した喬木村阿島(あじま)遺跡や磨製石鏃の製作跡を確認した高森町北原遺跡を例に挙げると、打製石鍬が相当数出土しているようだ。形態的には縄文晩期とさほど変化は認められないが、若干大形・粗雑化し自然面を多く残す傾向がある。やはり硬砂岩を用い、多量に出土している刃器類と同材である。そこには打製石鍬の製作と大形刃器の製作に不可分な関係を読み取ることができ、当地域における重要な製作技術的特色であり、その技術は後期段階にも連綿と引き継がれてゆくと考えられる。打製石鍬の製作体系が刃器の生産とともに崩壊を迎えるのは、古墳時代前期前半（恒川Ⅶ期）頃まで下ると推測される。

③打製刃器（横刃形・有肩扇状形・剥片・打製石庖丁）

打製の刃器には大形と小形があり、栽培食物に関係が深いと考えられるのは大形刃器である。大形刃器には横刃形石器(よこばがたせっき)、打製石庖丁(だせいしほうちょう)、有肩扇状形石器(ゆうけんせんじょうがたせっき)などと呼称される石器(23)と剥片をそのまま使用する石器が含まれる。打製石庖丁と有肩扇状形石器以外の例は、県内の縄文時代にその存在が確認できる刃器である。横刃形石器は剥片素材の一端（背部）に加工を施す例であり、弥生時代の県北部地域にはほとんど認められない。有肩扇状形石器は、剥片素材の2か所に抉り込みを入れ、全体形が扇形をした石器で、県南部地域の弥生時代中期後半から確認され始め、後期前半の座光寺原式土器の段階に普遍化する。県北部の地域には存在が認められず、横刃形石器や打製石庖丁が導入されないのと同一歩調である。

a．県北地域における打製刃器の変遷

縄文時代晩期における打製の大形刃器は、打製石斧の製作と不可分な存在にある。本来刃器の製作は縄文時代の中期後半に大きな製作上の転換期を迎え、

打製石斧の製作と一時分離される。しかし晩期後葉には打製石斧の形式的な変化に伴い、再び同一の製作工程に組み込まれると推測される。打製石斧の製作により生じた剥片をそのまま、あるいは若干の加工を施して刃器を生産する。石材には打製石斧と同じ頁岩が最も多く、形態も様々であるが、長方形ないしは半月形を意識して仕上げた例も存在する。この傾向は弥生時代に移っても中期前半まで変化は認められないと考えられる。栗林式の成立する中期後半に至ると、刃器は大きな変革期を迎える。従来の刃器とほぼ同大の3cm～10cmの例に加えて、鉄平石と呼ばれる形状の安山岩を、板状に割って製作した大形刃器が登場する。形態は方形、時に台形を基本形とし、大きさでは10cm前後から20cmを超える例があり鈍重である。長野市の松原遺跡や篠ノ井遺跡群から大量に出土し、刃部には使用の結果を示す光沢痕（ロー状光沢と呼ばれる）が顕著に認められる。この光沢痕は県南部、特に飯田・下伊那地域の刃器に古くから認められている痕跡であり、実験使用痕観察によってイネ科植物の切断が想定されている[24]。同様な形状の刃器は、遠く仙台市の冨沢遺跡水田跡でも発見され、「大型板状安山岩製石器」と呼称され、収穫後の稲藁の刈り取りや除草などの作業が推定されている[25]。この板状の大形刃器、特に安山岩製を多用するのが北信地域を代表する栗林式の特徴であり、栽培植物、特にイネ科植物の収穫具としての可能性が高いと考えられる

一方、剥片をそのまま利用した刃器が縄文石器、弥生石器ともに共通して存在するが、栗林式土器に伴うそれには細別して3種類がある。㋑使用光沢痕が顕著に認められる例、㋺刃部に研磨痕のある例、㋩光沢痕が未発達か、それ以外の使用痕が認められる例である。㋑は光沢痕の存在からイネ科植物の収穫具であろう。㋺は刃部のみの研磨であれ、技術的には磨製石器であり、磨製石庖丁に近い存在と考える。㋩は縄文晩期から連綿と続く刃器であり、対象は不明だが、植物質食料の切断等、類似した用途を担ったと考えられる。

イネ科植物の収穫にかかわる石器には、以下に述べる磨製石庖丁を始め、安山岩製板状の刃器、剥片利用の刃器3種類が存在することになる。まさに「北信型刃器セット」とでも仮称すべき道具類の成立を設定することができる。

当地域も弥生後期に入ると大形刃器は確認されなくなる。栗林式土器の新しい時期に位置づけられる長野市中俣遺跡では、安山岩製板状の刃器が既に解体

し、頁岩製の剥片を利用した刃器が主体となっている。石材を違えて独立していたはずの板状刃器の製作が衰退したことを、磨製石庖丁の減少と合わせ考えると、そこに石器ではない別素材（金属器や木製品）の収穫具を想定すべきなのか。残念ながら、今のところ、その発見例はない。

b. 県南地域における打製刃器の変遷

県南部、ことに南信地域の打製刃器は、石材に砂岩を用いた横刃形石器が主体を占める点に特徴がある。氷式前後段階の資料では駒ヶ根市荒神沢遺跡が代表例で、大部分が横刃形石器である。この傾向は弥生中期前半の阿島式土器の時期も大きく変わることはないが、刃部の一部を研磨した剥片利用の刃器（北信の刃器⑭）が存在している点に、留意しておく必要がある。中期後半では横刃形石器が圧倒的多数を占め、有肩扇状形石器が初出する。高森町北原遺跡では磨製石庖丁2点が出土したと報告されているが判然としない。栗林式で盛行した安山岩製板状の刃器は確認されず、横刃形石器以外は貧弱な刃器組成である点、北信地域との違いは大きい。後期に至ると前半の座光寺原式期に、有肩扇状形石器の増加がみられる。1軒の住居跡から有肩扇状形石器が29点も出土した飯田市兼田遺跡は、その代表例である。この時期、有肩扇状形石器以外にも抉入のある打製石庖丁、一孔の磨製石庖丁が出現する。有肩扇状形石器には大小の大きさの違いや形態的に細別すると靴形(くつがた)や鉞形(まさかりがた)などと呼称された形態[23]が存在するが、いずれも刃部に同様な使用光沢痕が観察できる。北信地域に分布する安山岩製板状の刃器にも、大きさの大小と形態的な種類、ロー状光沢の確認があり、事象としては同一である。ただし南信地域の場合、有肩扇状形石器は後期後半以後にも残存して行く点に違いがある。このことは磨製石庖丁が別の素材に置き換わったと仮定した場合でも、有肩扇状形は影響を受けなかったことになり、当該地域の植物質食料の調達を考える上で重要なヒントとなる。後期後半の中島式期には抉入打製石庖丁の増加があり、有肩扇状形石器、そして横刃形石器の数量がそれにつぐ。代表的な遺跡には飯田市殿原遺跡がある。抉入打製石庖丁の増加が意味するものは、何であろう。御堂島正氏の実験使用痕観察によれば、抉入打製石庖丁もやはりイネ科植物を対象とした収穫具となる。となれば南信地域でもイネ科植物を対象とした石器に、磨製石庖丁を始め、横刃形石器、有肩扇状形石器、そして打製石庖丁と多種が存在していることに

2 稲作文化期における食料の種類とその調達 63

狩猟具・武器としての石鏃　　収穫具としての刃器　　　　（南部）

磨製石庖丁　　　　　打製石庖丁

農耕具としての打製石斧

横刃形

有肩扇状形

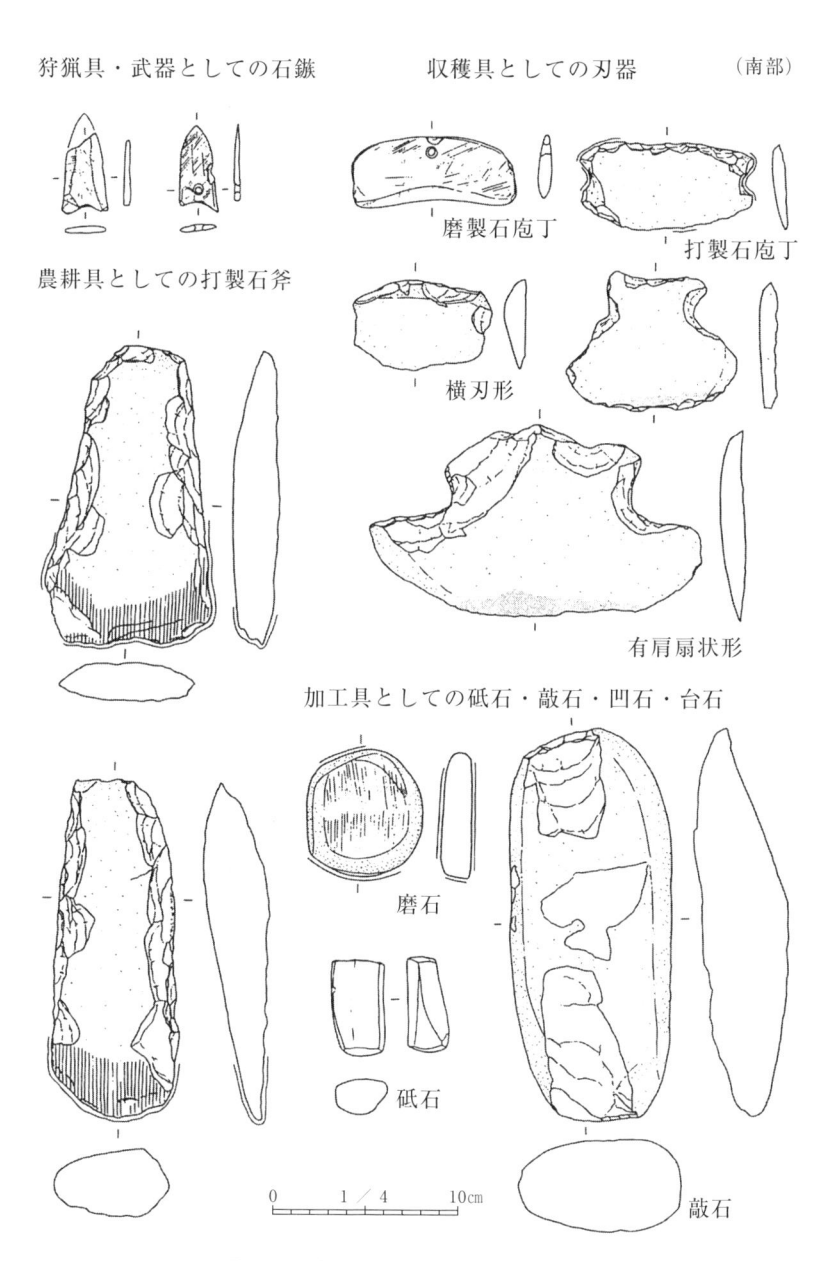

加工具としての砥石・敲石・凹石・台石

磨石

砥石

敲石

0　　1/4　　10cm

図8　県南地域の弥生石器（註(16)より）

なる。それぞれの石器の種類には明瞭な剥離加工が施され、まさに打製石器の趣の強い「南信型刃器セット」を構成する。

　刃器セットの南北差の意味を推定する手掛かりは、やはり弥生中期以降、北信地域で水田開発が大規模に推進され、米づくり主導型に生業形態が大きく転換していったことにある。刃器セットはイネ科植物を獲得する道具であり、獲得の主体が北信地域ではイネ（水稲栽培）に強く傾斜していったと考えたい。一方、南信地域は水田開発が北信同様な方法で実行されず、米づくり主導ではない生業形態が確立していったのだろう。イネ科植物獲得の主体が、イネ（陸稲栽培か？）もしくはそれ以外の栽培植物に向けられていった結果と考えたい。

④ 磨製石庖丁

　長野県内で、最も古いと考えられる磨製石庖丁は、弥生時代中期初頭から前半期にある。稲作と密接に関連した道具であり、古くから弥生文化の指標のひとつとして注目されてきたが、良好な遺跡に恵まれず、出現時期は非常に曖昧のままである。報告例としては、岡谷市庄ノ畑遺跡、松本市横山城遺跡・安曇野市（旧明科町）緑ヶ丘遺跡、長野市新諏訪町遺跡、長野市塩崎遺跡群がある。現時点で出土土器との共伴関係により確実な位置づけを行うことのできる遺跡には、千曲市（旧更埴市）更埴条里遺跡の溝跡（SD881・中期前半単純）がある。小形の壺と蓋形土器に伴って、小豆色をした完形の磨製石庖丁１点が発見されている[6]。信濃の磨製石庖丁は、少なくとも中期前半には完成された姿で登場してくるものと判断してよい。

　一方、大町市来見原遺跡の弥生中期前半の遺物包含層からは、刃部を部分的に研磨した石器（前述した剥片を利用した刃器⑬に相当）が出土している。同様な石器は、県南部にある喬木村阿島遺跡にも存在することから、磨製石庖丁の登場期に、刃部を部分的に研磨した刃器の出現を考えておく必要がある。磨製石庖丁は、中期後半の古い段階に良好な出土遺跡例がなく、その存在は明確ではない。中期後半の新しい段階になると杏仁形（レンズ状）をした二孔の磨製石庖丁が登場する。中期前半の磨製石庖丁が直線的ないしは内湾した刃部を有する半月形であったのに対し、形態的な違いは明瞭である。そこに栗林式土器の成立と田づくりの開始にかかわる極めて重要な文化的影響力を予想できる。新

しい段階の栗林式の遺跡であるなら、磨製石庖丁は少なくとも数個は出土するほど普遍化している。そして大事な点は、磨製石庖丁の製作が当該地で行われているということである。剥片を用いての製作工程すべてが確認できているわけではないが、孔部を開けかけた例が出土し、孔を穿ったと考えられる石錐も確認されている[26]。石材には地域で調達可能な頁岩を多用し、黒色や灰黒褐色で、もはや小豆色ではない。代表的な例を挙げれば、千曲市屋代清水遺跡で磨製石庖丁3点（珪質岩）が出土し、このうちの1点（頁岩）が未完成品である。長野市松原遺跡[27]では4点が出土し、安山岩・粘板岩を用い、未完成品がある。長野市篠ノ井遺跡群―聖川堤防地点―では12点の出土が確認され、やはり未完成品が含まれている。

　中期後半の終末頃には、県北部地域の磨製石庖丁に変化・解体が起こると考えられるが、今のところ好例はない。中信地域と呼ぶべきだが、松本市県町遺跡に9点の出土があり、いずれも一孔の磨製石庖丁である。形態的には方形状をした直線刃の半月形で、県南部の後期前半に出現してくる例とほぼ同形式である。一孔の磨製石庖丁を県北部の地域に求めると、栗林式の新しい段階と考えられる飯山市上野（うえの）遺跡に1例、後期例では上田市和手（わで）遺跡に出土例がある。一孔の例は古くは小林行雄氏が鉄器の影響[28]を考えた形式であり、北信地域の飯山の栗林文化に最も古い例がある点は、留意しておくべきである。その型式が弥生中期後半の末には松本市周辺に、後期では南信地域を中心に分布してくる点は、磨製石庖丁の消滅と鉄器化を考える上に興味深い事象である。

　弥生中期後半の栗林式期、県北部では二孔の磨製石庖丁が製作され、盛行した。北信地域では中期後半の終末に石庖丁は消滅し、一部の中信地域に一孔の石庖丁が登場する。やがて弥生後期前半に至ると、南信地域や諏訪湖の周辺部に分布が広がり、後期の後半には上田市周辺でも確認される。稲作文化の定着に伴う磨製石庖丁の形態変化と消滅は、県北部、とりわけ北信地域での急進的な材質転換（石から鉄へ）に主導された可能性が高い。定着期、南信地域等の栗林文化の外郭帯では磨製石庖丁の登場となって具体化したものと考えられる。

3　信濃における稲作文化期の食料生産技術

(1) 狩猟技術の概観

　縄文時代晩期前葉から中葉期（佐野Ⅰ～Ⅱ式土器の時期）、狩猟具は地元で入手しやすい石材、具体的には黒曜石以外の石材（頁岩・チャートetc）を選択し、需要に応じた製作を繰り返す。石鏃は比較的大きなもので、中には粗い調整を施す尖頭器様の例も存在する。遺跡には剥片から製品までの各製作途中の資料が出土し、石器の中に占める狩猟関連資料の多いことが特徴である。実際にシカ・イノシシ等の獣骨が土中より多量に収集され、食料の大事な部分を狩猟が担っていたと予想される。遺跡は県北部で調査例が多く分水嶺以南では、今のところあまり発見例がない。

　晩期末葉（氷式期）、狩猟具は和田峠や霧ヶ峰付近に産出する石材、黒曜石を主体的に使用し始める。石鏃は小さなものとなり、形も佐野式期のものとは一変する。ただし佐野式期の遺跡が濃厚に分布している県北部においては晩期前半の要素を残し、対象獣たるシカ骨の確認も引き続いて多い。長野市宮崎遺跡、大町市一津遺跡が好例である。県南部の茅野市御社宮司遺跡、飯田市矢崎遺跡は、黒曜石の石鏃を主体とし、打製石斧を多量に保有する特徴をもつ。松本市石行遺跡や塩尻市福沢遺跡は、さらにその特徴が顕著となり、県北部の遺跡が勢いを終息してゆくのと対象的である。打製石斧発達の背後にどのような生業活動が潜んでいるのか明確には決し難く、この地域に獣骨の出土がほとんど報じられない現状がある。氷式の成立または中核が県南部の地域にできあがったことで、新しい要素として東海の土器さらにはコメの情報が、最初に信濃へ伝えられるきっかけとなったと考えたい。

　弥生時代中期初頭から前半期、狩猟具の変化はほとんどつかむことができない。遺跡の調査例は少なく、時期的に限定できる資料に恵まれないためである。磨製石庖丁の出土を拠り所とし、米づくりの発達の第2段階を設定したが、時期の決定できる資料が少なく、その位置づけについては課題がある。氷式の解体と在地に発達してゆく条痕文土器、縄文時代の延長にある石器類と異文化の収穫具、この組み合わせの意味するものは、新しい生活様式への過渡的社会と

して、自らの生業に栽培技術を確実に取り入れ消化している姿と考えられる。

弥生時代中期後半は論旨上、前後2時期に区分し、古（栗林Ⅰ式土器併行期）と新（栗林Ⅱ式土器併行期）に分けて考えた。古い段階の狩猟具は石材選択が在地入手優先型を示し大形化する一方で、形態的には新しいタイプとなる。その形態的系統性は在地には追えず、ほかの地域もしくは異文化の影響を考慮せざるを得ない。石器の組成変化や大陸系の太型蛤刃石斧の登場を含めて考えると、弥生石器の成立と考えられる。打製石斧の出土が量的には少ないこと、中期前半に登場したはずの磨製石庖丁が発見され難いなど不明な部分も多く、該期の全貌は捉えきれていない。新しい段階になると大陸系の磨製石器群の成立と伴に石鏃数も増加する。ただし、その傾向も県北部地域に限られ、磨製石鏃が南北に大差なく存在するのと対象的である。北部地域の遺跡からはシカ骨が多出するようになり、狩猟が行われていること、対象となる獣が限定されていることが予想される。水田跡も確認され、田づくりの定着の背後には大型獣を獲る狩猟の意義が問われてくる。数十軒の住居を溝で囲んだ環濠集落などは、地域の拠点として水田の開墾にかかわったものと推測できる。

該期の西日本では、人々はカシやシイなどのドングリ類を貯蔵し、イノシシをブタに変え？て生活していたのだとすれば、落葉広葉樹林帯の発達した信濃では、クリを食し、シカを捕えて生活していたのではないだろうか（表7）。

後期前半には、集落は分散・縮小し、石器の解体に伴いシカ骨も確認されなくなる。この時期狩猟具の発達しない県南部は大規模な水田形成がなされず、

表7　獲物の変遷

道具時期	狩猟・魚撈形態の変遷 獣類	狩猟・魚撈形態の変遷 魚貝類	稲作の段階
縄文時代 中葉 晩期 後葉	イノシシ・シカ／シカ／中小型獣	コイ・サケ／狩猟形態の崩壊	1
弥生時代 初頭／中期 前半／後半／後期 前半／後半	シカ	？／狩り	2／3／4／5
古墳時代 前期			

予想される主な獲物

打製石斧と打製の刃器を多用する生業が発達、県北部との違いが強調されてゆく。県南部で水田跡が確認されるのは、後期後半を待たねばならない。石器文化の終焉にかかわる時間差も、この辺りに解答が見出せるのかもしれない。

信濃における狩猟具は対象獣の変遷と伴に縄文時代晩期中葉から後葉に一度、弥生時代中期前半から後半に一度、中期後半から後期に一度、大きな画期を迎える。道具としての石器は、弥生中期後半から後期にかけて消滅という大きな転換期を迎えると考えられる。生業の役割からみれば晩期後半から中期前半に大きな転換期に立ち、後期前半以降は儀礼的あるいは生業の副次的な活動としての"猟（狩り）"の形態に安定していったものと考えたい。

(2) 採集・栽培技術の概観

堅果類の調理法について整理してみる。クルミは採集し果皮を腐らせれば、殻を割ることによって食べることができ、トチはアク抜き（灰による中和と水さらし）によって食べることができる。両者とも採集後の処理を伴い、この過程に道具は必要となる。クリは簡単に調理することができ、現代でも手軽に食べることができる。

米づくりの拡大は、主たる食料のより限定化を促す。主食が管理の必要な生産物、とりわけ栽培食物に傾斜した場合には、不作の危険性に配慮し、それを緩和する意味で救荒食の存在が必須となる。堅果類や根菜類、あるいはソバなどの栽培種が充てられたと予想できるが、遺跡出土の植物遺体（種子・花粉）の裏づけが足りない。稀少な出土例あるいは分析例から推察すると、堅果類ではクリ・クルミがあり、トチは意外に少ない。これらが弥生時代の食料採集あるいは収集の対象物であったとするならば、そこには手間と道具の要る体系から、手間暇かからぬ体系へと変遷する図式を描くことができ、救荒食または副次的な食料（菓子類）のさらなる検討が必要となる。根菜類については現在のところ確認例がないが、縄文時代より継承する打製石斧の存在をもって、イモ類を想定したいと考えている。

弥生時代の植物質食料の獲得法、取り分け採集形態の変化については、トチやドングリといった縄文式アク抜き法を駆使する堅果類の採集形態（Food-Gathering）が衰退し、代わってクリに代表される堅果類の半管理的な栽培？が

成立、一種の収集的形態を示すという生産体系の転換を考えたい（表8）。おそらく、この食料収集（Food-Collecting）の形態には、栽培植物の伝播と生産が大きく関与していたことが予想され、実際には縄文時代のかなり早い時期に、多少なりとも変容していたという可能性を考えるべきなのであろう。

根菜類とりわけイモ類は、いわゆる焼畑農耕の特徴的品目のひとつであり、縄文時代における打製石斧の存在を、これと結び付け

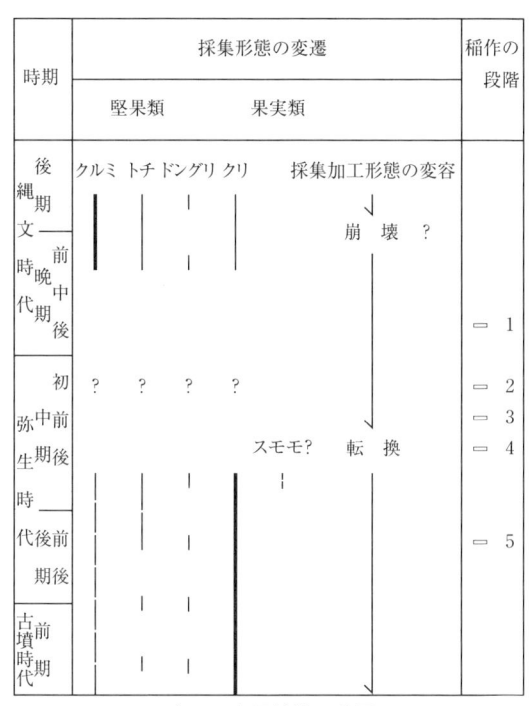

時期	採集形態の変遷		稲作の段階
	堅果類	果実類	
縄文時代 後期/前晩中期後	クルミ トチ ドングリ クリ	採集加工形態の変容　崩壊？	
弥生時代 初/中前期後/後前期後	？ ？ ？	スモモ？ 転換	1 2 3 4 5
古墳時代 前期			

表8　食用植物の変遷

て考える見方が古くからある(29)。また一方で畑作農耕文化における石器の必要性について、民族学的事例の検討から疑問視する意見が提出(30)されており、物的証拠のない状況では、相互の関連性は薄いと考えるのが大勢である。がしかし、縄文文化とは石を巧みに利用して、斧や錐、時には石刀や人形まで作り出してしまう石器文化なのである。対象となる土質に応じて、素手・棒・そして石を使ったとしても何の不思議もない。打製石斧の使用痕を観察した北村遺跡では、66％の資料に土への使用が認められた。土掘り具としての位置づけが妥当であるなら、縄文人は何に対して打製石斧を使ったのであろうか。仮に住居や土坑、落とし穴などの人工物を製作するためだけの道具であったなら、地域によって打製石斧を出土する遺跡とそうでない遺跡が、そしてまた同一地域・場所内にあっても時期的な差異によって出土したり、しなかったりという現象が生じてくるのは、どうにも理解し難い。食料収集に関する土掘り具として評価できるのであるなら、こうした矛盾も解除できると思われる。弥生時代

における県南部の地域と県北部地域での消滅時期の違いや、古墳時代以後の遺構から少なからず出土してくる点など、考古学的資料を解釈していく上には、イモ栽培の仮説はとても都合のよい考え方のひとつなのである。

　縄文時代の収集形態は、大筋はヤマノイモの採集段階から、ヤマノイモあるいはサトイモの管理・収集段階へと変遷したものと予想している。この時、ヤマノイモを掘る道具と推定した打製石斧がサトイモ等[31]の収穫にも適用されていったか否かが、打製石斧の消長を語る大きなポイントである。様々な形態を示していた短冊形または撥形の打製石斧が、中期後半以後に特定形式にしぼられていく状況を、作業対象物の特定化と低地型栽培の開始に由来すると推定している。そして縄文の収集形態は晩期前半に一度、後半にもう一度転換期を迎えて、弥生時代へと突入する。その後、県北部の地域では優れた稲作技術を保持する栗林文化の成立によって、縄文以来の根菜類収集形態が崩壊を迎えたと考えたい。

(3) 稲作技術の展望

　すでに述べた岡谷市橋原遺跡59号住居跡例に基づき、単純に食料生産比を推定すれば、主体的食料はコメということになる。もちろん植物遺体からの推定以外に米づくりを裏づける甑や石庖丁、鋤や朳（代掻き具）などの文化遺物が出土しており、ましてや以下に述べるように水田跡が確認されているとなれば、水田耕作自体が相当な時間と労働力を伴う作業であるだけに、米づくりを主たる食料生産と考えて大過ないと思われる。ただし米づくりも情報の伝達期から定着期まで幾つかの段階を経ていると想定されるので、それぞれの段階・時期ごとにコメ生産への依存度に偏差のあることを念頭に置かなければならない。

　県内における水田跡の確認は、長野市川田条里遺跡の中期後半例が最も古く、後期では長野市川田条里遺跡や石川条里遺跡、千曲市の更埴条里遺跡などに例がある。このことは畠跡の調査例が皆無であること[32]と、まったく対照的な事例であり、現在のところ北信地域に集中して発見されている点、米づくりの確立を考える上で重要なポイントとなっている。

　確認された水田の特徴を以下にまとめてみる。

長野市若穂川田条里遺跡例

中期後半‥‥自然地形に沿った凹地部に不安定な大畦と小畦・杭と横木で構築された水路を構築。水田一筆は約30m²ある。

後期後半‥‥水路を伴う大畦・護岸施設を持つ溝など取水・配水の完備。水田一筆は約20〜40m²ある。

続いて調理法を考えてみると、米づくりの定着した弥生時代後期の器種組成量で最も多くを占めるのは煮炊き用の甕形土器である。これに対し、蒸し器にあたる甑の出土はなぜか稀である。甑は木製の存在も考慮しなければならないが、これとて遺跡からはほとんど出土していない。このことは、コメが大部分炊いて食べられていたと推定する根拠となり、逆に数少ない甑の存在が何か別の食物、もしくはコメの違った調理法（モチ？など）を推定する要素となっている。モチ米の作つけについて解明する術はないが、脱穀用の杵と臼が存在し、米づくり文化の一環として正月を祝うようなハレの儀式が存在していても不思議はないと思われる。雑穀類のヒエ・アワもコメと同様に、あるいは混合して食していた可能性は高い。根茎類も一般に煮て食べていたと予想できるが、弥生クッキーのような食べ物を作っていたとするのも一考である（表9）。米づくりの渦中にあって採集の行方は、多種の植物を集め貯蔵し、選び抜かれた道具で縄文的アク抜き手法を駆使し調理する段階

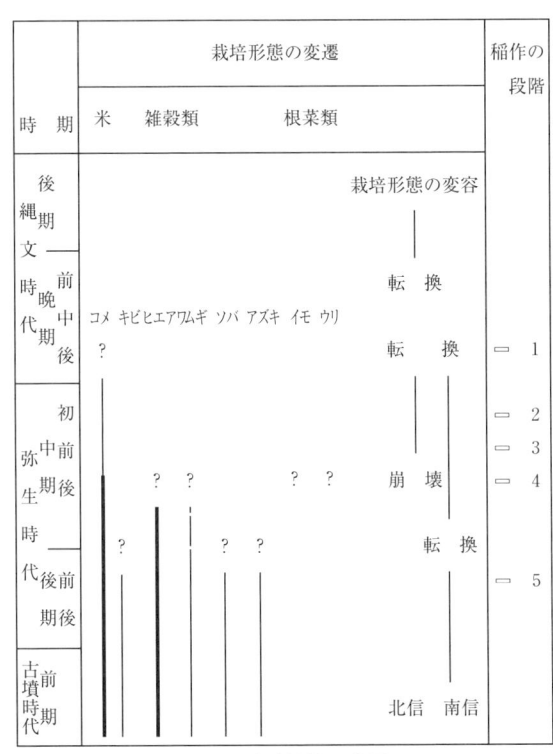

時期	栽培形態の変遷			稲作の段階
	米	雑穀類	根菜類	
後縄文時代 後晩期／前中期／中後	コメ？	キビ ヒエ アワ ムギ	ソバ アズキ イモ ウリ 栽培形態の変容 転換 転換	1
弥生時代 初／中前／中後／後前／後後	?	? ?	? ? 崩壊 ? ? 転換	2 3 4 5
古墳時代 前期			北信 南信	

表9 栽培植物の変遷

から、もっぱら石の道具を使わず、嗜好性を持って植物を選択し、簡単に調理する段階へと転換したと推定したい。米づくりの導入により、自然を管理する能力がたけ、採集を主体的な食料獲得法としてではく、キノコ狩りやクリ拾いに代表される客体的な労働として位置づけていったと考えてみてはどうか。端的に言えば、ごはんの生活の中に繰り広げられた料理法のひとこまとしての採集の在り方である。菓子としてのトチもち・クルミまんじゅう、飯としてのクリごはん・キノコごはんのルーツこそ、弥生時代に起こった採集活動の変革を裏づけるものではないのだろうか。

コメを中心とした食料調理法は、収穫までに要した時間に比べれば、あまりにも簡易である。手間は掛かるが無駄のない労働体系こそ、弥生文化の食料生産の特徴といえないか。

冒頭で、信濃における米づくりの受容と発展過程として5つの段階を設定した。これを稲作文化受容への文化的影響との視座に立てば、大きく3つに総括できる。縄文時代晩期末から弥生時代中期初頭にかけての緩やかな波（第1波）、中期前半から後半にかけての強い波（第2波）、後期での高い波（第3波）である。これらは簡潔に条痕文土器と情報伝達の1波、櫛描文土器と本格化の2波、赤い土器と技術革新の3波といい直すことができる。この過程に道具は、縄文石器の終焉、大陸系磨製石器群と弥生石器の確立、鉄器の登場へと飛躍的な革新をたどることになる。

まとめ

これまで整理してきたように、縄文時代晩期は前葉と後葉で文化的要素に違いが認められる。前葉には県北部地域の扇状地を中心に集落遺跡が展開する。生産対象が何であったのか物的証拠はないが、更埴条里遺跡で確認された大形の打製石斧（打製石鍬）の登場が、それ以前の対象物に変わる新たな栽培植物の存在を暗示しているように思われる。そして何よりも後背湿地を開墾している点で、それがイネ科の植物である可能性は高い。後葉には分水嶺付近や県南部の地域に規模の大きな集落が営まれ、御社宮司遺跡例のように大量の打製石斧を使う活動が現れる。そこにコメ情報の伝播を想定したいのであり、東海系

の条痕文土器と磨製石斧の登場、籾痕ある土器の存在を新しい生業段階を示す根拠としたい。おそらく米づくりの第一歩は県南部の地域に伝達されたものと考えられる。

　この新しい波は、時に発信源を変えることがあったとしても弥生時代中期前半まで伊那谷を介して送り続けられたものと推測される。しかし県北部地域に成立した中期前半の新諏訪町式土器の文化は、同一俎上のものではない。塩崎遺跡群で確認された礫床木棺墓そして管玉類、大陸系の磨製石器の登場は新たに別な文化情報が伝播したものと考えられる。おそらく本格的な米づくりの導入は、県北部の地域へ伝達されたものといえる。

　こうした2つの大きな波によって成立した米づくり文化は、弥生中期後半に櫛描文土器の技術到来とともに新たな幕開けを迎える。大陸系磨製石器群の確立と木製農具の生産、水田開発の始動である。北信地域を中心とする県北部地域に展開した櫛描文土器は、栗林式土器と呼ばれている。栗林式文化の実態こそ、信濃の米づくりを躍進させた稲作文化の源である。栗林文化は成立期と盛行期で様相を異にし、盛行期に相当する栗林式の新段階に、善光寺平を拠点とした一大稲作文化基盤を固めたものと考えられる。この時期、栗林式土器の甕は北陸、東海、関東方面から出土し[33]、ことに関東山地周辺部での発見例が多い。見方によっては、あたかも関東平野の開拓をもくろんでいるかのようにさえ感じられる。県内においても、中信地域への介入が活発で、県町遺跡のような大きな集落が形成される。北信地域で石から鉄への道具の体系転換が実行されるのは、正にこの過程においてである。

　一方、県南部の地域には、栗林式相当期の遺跡がほとんど確認されない。北原遺跡や恒川遺跡群例から考えると、打製石器を使用し、コメ以外の栽培食物を主に生産していた可能性は高い。おそらく米づくりが伝播した後に、北信地域のように低地型の水田開発が実施されず、米づくりの展開が別の立地条件で実行された結果によるのではないだろうか。旧来の食物栽培を維持し、むしろ強化する方向で生産体系を再編成し、米づくりを導入したものと推定したい。

　つまり県の北部と南部の差異は、沖積地と河岸段丘の違いに端を発し、軟らかい土と硬い土、木器と石器、水田と畠（陸田を含む）との違いによって生じた生産形態の差であると考えたい。県北部は鉄器と多量の木製農耕具によって、

大規模水田を経営する稲作文化として成熟し、県南部は多量の石器と鉄・木器によって、畠や水田を経営してゆく稲作・畑作混合文化として成熟する。この2つの地域色、稲作主導型と畑作主導型の大別は、後期における吉田・箱清水式土器文化圏と座光寺原・中島式土器文化圏を形成していくことになる。

　石を捨てた吉田・箱清水式文化は、櫛で描いた甕を残し、すべての土器を赤く塗った。石を残した座光寺原・中島式文化は甕ばかりか壺も櫛で描き続けた。稲作文化に最も重要な供献具としての高坏と鉢を、箱清水式では赤く塗り、高坏に三角透かしを刻みこんで、壺のようにその一部にさえ櫛描を施すことはなかった。中島式では遠江、三河そして尾張とあらゆる地域の土器の要素を取り入れて土器を製作した。ここに金属器、とりわけ鉄の流通を巡って、大きく動く北部とそうではない南部の姿がある。鉄、それを送り出す文化に服属してゆかざるを得ない稲作文化と自らの文化を継続してゆける混合文化の違いである。それすなわち、大きな支配の傘下に入り易い体制とそうでない体制の違いであり、弥生後期の信濃には2つの社会が用意されていた。

　付記
　本稿は、編者の求めに従い以下の拙稿3本を再録したものである。原著の執筆からすでに15年が経ち、全面的な書き換えを行うべきかとも考えたが、月日の流れは早いもので、3本の内容を変更しないまま、1本にまとめた。したがって、3本を合わせる都合上、項目や段落、文章の言い回し、挿図番号や註の順番などは変更している。新出の資料や新知見が蓄積されてきていることと思うが、不勉強のため本稿に反映させることはできていない。一読いただき、信州の米づくり文化、弥生文化の誕生を考えるきっかけとなれば幸いである。
・「信濃に於ける米作りと狩り」『人間・遺跡・遺物―わが考古学論集2―』1992
・「信濃に於ける米作りと採集」『長野県考古学会誌』68号　1993
・「信濃に於ける米作りと栽培」『長野県考古学会誌』73号　1994

註

（１）　本稿の「はじめに」は、1995年9月12日発行の長野県埋蔵文化財センター調査速報「遺跡・遺物に何を読むのか」『速報　篠ノ井遺跡群　No３』に掲載した筆者の原稿をそのまま転載した。すでに21世紀を迎え、"食育（2005年食育基本法成立）"が活発になったことは、うれしい限りである。

（２）　原著論文は1992年（平成４年）から1994年（平成６年）であり、本稿で扱うすべての考古学的成果（遺跡や出土遺物など）は、それ以前のものに限られる。

（３）　米づくりの発展段階における該当年代については、原著論文に表記はないが、記載しておくべきと考えたので追加した。年代は文化庁編 2007『発掘された日本列島2007　新発見考古速報』所収の年表に従った。また、これに伴い図６・図７の時期（時代）についても改めた。

（４）　米づくりを間接的に追究できる資料操作には、このほか、土器の胎土中に含まれるイネのプラントオパール（機動細胞珪酸体）観察がある。

（５）　縄文文化と弥生文化では、遺跡に残される石器の在り方に違いがある。弥生は集落内（主に住居跡などの遺構内）に残されるものと、それ以外の場所に残されるもので存在意義に違いはあるものの、基本的には集落外（環濠等）へゴミとして捨てられる。町田勝則 1991「遺跡に残された道具について」第45回日本人類学会・民族学会　発表要旨

（６）　1994「更埴条里遺跡」（財）長野県埋蔵文化財センター年報10に基づく。
　長野県埋蔵文化財センター・長野県教育委員会 1998～2000『上信越自動車道埋蔵文化財発掘調査報告書 更埴条里遺跡・屋代遺跡群』がすでに刊行されている。

（７）　長野県の地域区分を、分水嶺を境に県北部と県南部（原著では単に北信と南信と記述）に２大別して扱った。県北部には長野市や上田市、大町市などの北信地域と佐久市を中心とした東信地域、松本市や塩尻市など中信地域の一部が該当し、県南部には伊那市や飯田市を中心とする南信地域、木曽地域、岡谷市や諏訪市の諏訪地域を該当させる。

（８）　青木一男 1991「中部高地型櫛描文分布圏の東海系土器」第８回東海埋蔵文化財研究会　による。

（９）　後氷期の日本列島における哺乳動物相を表現する場合、ナウマンゾウやオオツノジカを大型獣とし、シカやイノシシは中型獣とする。しかしながら、これら大型獣の多くが死滅した縄文時代以降においては、シカやイノシシこそが、陸上動物の大物に相当していたと考えられるので、本稿では便宜的にそれらを大型獣と仮称して扱う。

（10）　近年長野県でも沖積地の発掘遺跡が進み、居住域と生産域の関係が明らかとなってきている。生産域では長野市松原遺跡のように河川跡も確認され、多くの生物遺体を採取している。上田典男 1991「沖積地に立地する遺跡の分布・確認調査について」『信濃考古』No118.119　による。

（11）　松井章1991「弥生時代の動物食」『弥生文化』p.89～94　大阪府立弥生文化博物館　による。

（12）　原明芳 1990「（５）松原遺跡」長野県埋蔵文化財センター年報７　による。
　長野県埋蔵文化財センター・長野県教育委員会 1998～2000『上信越自動車道埋

蔵文化財発掘調査報告書5―長野市内　その3―　松原遺跡』がすでに刊行されている。
　調査時にアワ？とした資料は、分析によりアオイ属との結果を得た。薬用として用いられることの多い栽培種であるという。このほか、炭化したコメとマメ類（アズキ・ダイズの近似種）の出土が多い。
(13)　縄文時代中期後半までクリの検出が多いと聞くが、今回提示した弥生時代のクリの多出とは性格が異なると思う。調理法を含め、どのように食したかが問題となろう。
(14)　宮下健司 1988「（1）長野県における考古科学の成果」『長野県史考古資料編全一巻（四）による。
(15)　石鏃の使用対象が、獣や魚あるいは人のいずれに対して用いられたのかを区別することは難しく、用途に関しては狩猟を前提に考えざるを得ない。
(16)　町田勝則 1992「長野県　弥生時代の石器その始まりと終わり」第31回埋蔵文化財研究集会
(17)　縄文時代後期前葉以降、磨石や敲石の類が居住域の外に帰属する可能性は高い。中野市栗林遺跡では、低湿地から段丘斜面にかけて構築された土坑群に伴っている。1991「栗林遺跡」長野県埋蔵文化財センター年報8。長野県中野建設事務所・㈶長野県埋蔵文化財センター 1994『県道中野豊野線バイパス志賀中野有料道路埋蔵文化財発掘調査報告書　栗林遺跡　七瀬遺跡』がすでに刊行されている。
(18)　1981「3．砥石」『橋原遺跡』郷土の文化財12
(19)　弥生時代の中期前半で、石皿の出土した例も皆無ではない。1988『来見原遺跡Ⅱ』大町市埋蔵文化財報告書　第14集
(20)　本稿で述べる消滅とは、打製石斧などの石器が遺跡から1点も出土しないことを意味しない。製作の目的をもった石器づくりが、恒常的に行われなくなる状況を指す。
(21)　弥生中期後半の流路から、木製農具（えぶり1点と膝柄鍬3点）の出土がある。1991「七瀬遺跡」長野県埋蔵文化財センター年報8。長野県中野建設事務所・㈶長野県埋蔵文化財センター 1994『県道中野豊野線バイパス志賀中野有料道路埋蔵文化財発掘調査報告書　栗林遺跡　七瀬遺跡』がすでに刊行されている。
(22)　南信地域の水田跡は、箕輪町南条棚田遺跡で第Ⅴ層弥生後期面にて確認（プラントオパール検査）されている。粘土帯の畦畔と杭列をもつ構造。
(23)　石器の名称は高松原遺跡及び恒川遺跡群を参考とした。
　長野県立飯田高校・高松原遺跡調査団 1977『高松原―伊那谷弥生後期集落の研究―』長野県立飯田高校・高松原遺跡調査団
　飯田市教育委員会 1986　『恒川遺跡群』
(24)　御堂島正 1989「有肩扇状形石器の使用痕分析」『古代文化』41
　　　御堂島正 1989「抉入打製石庖丁の使用痕分析」『古代文化』41
　　　御堂島正 1990「横刃形石庖丁の使用痕分析」『古代文化』42
(25)　斎野裕彦 1992「大型板状安山岩製石器について」『太平臺史窓』第11号

(26) 製作途中の未完成品を出土しているが、剥片段階の資料は今のところ、確認例はない。いずれの出土資料も器面の研磨ないしは孔部の穿孔途中の資料であり、この製作段階で持ち込まれた可能性も想定する必要がある。石錐には明瞭な回転線条痕が観察できる資料がある。
(27) 久保勝正 1991「C 石器・石製品」『松原遺跡』長野市教育委員会
(28) 小林行雄 1937「石庖丁」『考古学』第 7 巻第 8 号
(29) 宮坂光昭 1982「縄文中期農耕論」、賀川光夫 1982「縄文晩期農耕論」『季刊考古学 創刊号 縄文人は何を食べたか』
(30) 佐々木高明 1976『稲作以前』ＮＨＫブックス147
(31) イモ類には、ヤマノイモ・サトイモ・サツマイモなど幾種類も存在するが、一般に焼畑農耕とともに語られる日本のイモは、サトイモである。註(30)参照。
(32) 弥生時代の畠（畑）跡は確認例がない。しかし長野市松原遺跡の後期検出面に畝跡の確認があり、正式報告を待って検討したい（註(12)参照）。また千曲市荒井遺跡では21号土坑より、ムギ5リットルが出土している。土器片は中期栗林式であるが、報告者の所見どおり時期決定は難しいと考える。
(33) 註(16)前掲論文
(34) 松本市立博物館 1988「信仰」『信濃における弥生人のくらし』
(35) 鶴田典昭 1988「宮崎遺跡の石器組成」『宮崎遺跡』長野市教育委員会、再掲にあたり、表中一部改変。

引用参考文献

飯田市教育委員会 1987『殿原遺跡』
飯山市教育委員会 1990『上野遺跡』
上田市教育委員会 1983『和手遺跡』
大町市教育委員会 1988『来見原遺跡Ⅱ』大町市埋蔵文化財報告書　第14集
岡谷市教育委員会 1981『橋原遺跡』郷土の文化財12
上郷町役場産業課・上郷町教育委員会（現飯田市）1988『矢崎遺跡』
上郷町役場産業課・上郷町教育委員会（現飯田市）1988『兼田遺跡』
神村　透 1972「Ⅳ弥生時代の問題点」『北原遺跡』高森町教育委員会
川崎保・中沢道彦・町田勝則 1991「長野県における米づくりの開始」『各地域における米づくりの開始』第31回埋蔵文化財研究集会
甲元真之 1986『季刊考古学　第14号　弥生人は何を食べたか』
小山岳夫 1991「弥生時代中期後半信州系土器の広がり」『専修考古学』
佐藤甦信・宮沢恒之 1967「喬木村阿鳥遺跡」『長野県考古学会誌』4
千曲市（旧更埴市）教育委員会 1969『生仁遺跡』
千曲市（旧更埴市）教育委員会 1990「7．荒井遺跡　発掘調査」『更埴市埋蔵文化財調査報告書』
長野県教育委員会・更埴市教育委員会 1992『屋代清水遺跡』
長野県埋蔵文化財センター・長野県教育委員会 1993「中央自動車道長野線埋蔵文化財発掘調査報告書11—明科町内—北村遺跡』

長野県埋蔵文化財センター・長野県教育委員会 1993「中央自動車道長野線埋蔵文化財発掘調査報告書13—長野市内—鶴前遺跡」
長野市教育委員会・同遺跡調査会 1986『塩崎遺跡群Ⅳ—市道松節‐小田井神社地点遺跡—』
長野市教育委員会 1988『宮崎遺跡』長野市の埋蔵文化財　第28集
長野市教育委員会 1991『中俣遺跡・押鐘遺跡・檀田遺跡』
長野市教育委員会 1992『篠ノ井遺跡群(4)—聖川堤防地点—』
長野市立博物館 1992『第31回特別展水・稲・祭り—発掘された古代の水田—』
南信土地改良事務所・駒ケ根市教育委員会 1979『荒神沢遺跡』
西本豊弘 1991「ブタの歯槽膿漏について」『弥生文化』大阪府立弥生文化博物館
春成秀爾 1990「7 動物とのかかわり方の激変」『弥生時代の始まり』
町田勝則 1992「石器と米作り」『信濃考古』No.123・124
松本市教育委員会 1990『松本市県町遺跡』松本市文化財調査報告
松本県ヶ丘高校・松本市教育委員会 1990『松本市県町遺跡』

石器に弥生の社会を読む

町田　勝則

1　日本史の中の弥生時代

　弥生時代とは、人々が土地に定着し、本格的な食料生産を進めた時代です。食料の生産対象には幾つかの栽培植物があったと考えられますが、今日の日本を築いた「米づくり」に主眼を置いて、いわゆる「稲作文化」の開始期として位置づけることができます。また、この時代を語る上での最大の特徴は、初めて東アジア世界の中に、わが国のことが記された時代だということです。中国の歴史書、『(前)漢書』地理志燕地の条に、「夫れ楽浪海中に倭人あり　分たれて百余国となり歳事を以って来たり　献じ見ゆ」とある。前漢の武帝が衛氏朝鮮を滅ぼし、朝鮮半島に4郡（楽浪・玄菟・真番・臨屯）を設置し支配したのが、紀元前108年とされているので、今から2100年ほど前のことになります。

　さらに『後漢書』東夷伝には「建武中元二年　倭奴国　貢を奉じて朝賀す　使人自ら大夫と称す　倭国極南界なり　光武賜うに印綬を以てす」とある。後漢の光武帝は前漢に引き続き朝鮮半島を支配しますが、これには「羈縻政策」（土着の豪族たちに中国の官職、すなわち特権を与えることで治める）をもってのぞみ、国の首長層には印綬を与えることで身分や地位を保証したとされています。建武中元二年とは紀元57年のことであるから、今から1950年ぐらい前のことになります。まさに漢王朝とその他の国々（東夷の国々）が急接近した時期にあたります。われわれ考古学者は、弥生時代を大きく3つ（前期・中期・後期）から4つ（早期・前期・中期・後期）の時期に分けて考えていますが、これら2つの史書の記事は、ちょうど、その真中に位置する弥生時代中期（2200年〜2000年前ころ）に相当しています。この2つの記述にある「献見」、「貢朝賀」とは、まさしく朝貢の意味であり、倭国（日本の本土）と漢が交渉関係にあった証です。何か貢物をもっていき、何かを下賜されたと言うのが、一般的な理解ですが、何を持っていったのかは、この記述からでは分かりません。「印綬」を授けられたとあることから、倭国が漢王朝に認められ、小さな島国でありながらも東アジア世界の一国として明確に位置づけられたことは、極めて重要な歴史の一ページであったといえます。この時、光武帝から賜ったとされる印が、1784年（天明四年）に福岡県の志賀島で発見された有名な「漢委奴国王（かんのわのなの

こくおう)」の金印であると推定されています。また史書の記述には「百余国」とあることから、この時期の倭国が百ほどの国、それぞれの国名は不明ですが、たくさんの国（クニ）によって構成されていたことが解ります。

2　弥生文化を探る考古資料

　弥生文化を探る手がかりを考古学的資料に求めると、それは遺跡の中にあります。遺跡は住居跡や墓跡などの遺構と土器や石器などの遺物から構成されています。稲作文化の開花期である弥生時代、朝貢あるいは対外交渉を裏づける遺物として外来系の文物（海を渡ってきた文物）をあげることができます。主なものとして「鏡」、「貨幣」、「璧」、「蓋弓帽」などがあります。鏡はいわゆる「漢式鏡」で、これまで出土した例では、草葉文鏡、重圏文鏡、銘帯鏡などの鏡式があります。貨幣では、半両銭、五銖銭、貨泉などがあります。璧はもともと玉器で、福岡県三雲南小路遺跡でガラス製の璧が出土しています。蓋弓帽は馬車につける笠の飾り金具とされ、山口県地蔵堂遺跡から出土しています。外来系文物の中でも、特に鏡の出土は多く、福岡県須玖岡本遺跡D地点（26枚）、三雲南小路遺跡1号甕棺（31枚）・同2号甕棺（22枚）、立岩遺跡10号甕棺（6枚）などの事例を考えると、漢王朝への朝貢の証として十分な気がします。

　一方、前漢が朝鮮半島の支配を広げる紀元前108年以前にも、文献史料としての記述はありませんが、考古資料から外来系文物の流入を窺うことができます。福岡県横隈遺跡の朝鮮系無文土器や佐賀県菜畑遺跡の朝鮮系磨製石器などです。これら日常的な道具以外にも、福岡県吉武高木遺跡3号木棺墓などで確認された朝鮮系の青銅器類の存在も忘れることはできません。主な青銅製品には、鏡・剣・戈・鉾があります。こうした物の動きが、朝鮮半島とわが国との、いかなる交渉関係の下になされたかは想像するしかありませんが、少なくとも漢の朝鮮支配により、朝貢という形で捉えられる交渉関係とは異なる、原始的というべきか、物々交換的な交流があった可能性は高いと考えられます。

3　長野県の弥生時代を考える

　さて、倭国が百余国に分かれ、北部九州に所在する幾つかの国々が漢王朝に朝貢していた紀元前後、考古学で扱う弥生時代中期のころ、ここ信州の地ではどんな弥生社会が展開していたのでしょう。歴史教科書的に話しますと、「本格的な米づくりが導入されたばかりで、古い伝統的な文化（縄文文化）を継承している社会」、もちろん「王などの支配階級はなく、身分差の現れていない社会、国としての政治的なまとまりに欠ける原始的な社会」となるわけです。つまり初現的な国家形成にも及ばない、「倭国の中の東夷」とでも呼ぶべき世界として描かれてしまうわけです。果たして、そうなのでしょうか。

　考古資料が増大している今日であっても、こうした歴史的な解釈を変更するまでの革新的な事実や学説が発表されているわけではありません。しかしながら、毎日行われている発掘調査、次から次へと出土する膨大な資料を前に、一足飛びに歴史的な解釈を左右するまでには至らなくとも、考古学的な検討を積み重ねることで、歴史叙述は見直され、歴史は書き換えられていくものと考えます。今日は、考古学の一次的な発掘資料を題材に、考古学の研究の第一歩、検討の"きっかけ"を話したいと思います。考古学の醍醐味は、『真実は誰にも分からない。しかし、真実を求めて奔走し、誰もが自由に考えを述べ、またそれが平等に尊重される学問であること』と私は思っています。これから話します私論、賛同できたり、疑問に感じたり、いろいろな意見が生まれてほしいと期待しています。『資料も、考えも、意見も、すべてを共有し、育みながら伝えていくこと』が、まさに国民共有の財産としての文化財への価値づけであると思います。

4　石器から弥生社会をみる

　弥生文化を探る考古資料として、鏡や貨幣、あるいは剣や戈のあることを述べました。信州の弥生時代を探る場合にも、当然、これらの外来系の文物は重要な資料となります。しかし残念ながら、あまりにも資料が少ない。近年の発

掘調査でさえ、追加できない状況にあります。それでは、話は始まらないかというと、そうでもない。手前味噌ながら、私は弥生文化を語る材料として、石器を選びたいと思います。もちろん石器から、すべてが語れるなどとは考えてもおりません。総合的な研究の材料"きっかけ"なのです。

石器研究は、考古学の中にあって、花火のような華々しさはないけれど、草の根的な強さのある分野です。ほかの考古資料と比べて、腐らないし破損する割合も少ないので、過去の人々が使用した石の道具そのものが、ほぼ等量で遺跡に残る唯一の資料です。石を打ち割って作る際の材料や石屑さえもが遺跡に残っている。こんな研究材料はなかなかない。

では、信州の弥生石器とはどんなものか。弥生石器のすべてを、ここで話すにはとても時間が足りません。縄文石器と弥生石器では、形は似ていても、作るときの約束事（作法）や使われ方に違いがあります。石器からみた文化の比較、石器の弥生化と石器文化の終焉については、また別の機会に話したいと思います。石の道具の大まかな種類等については、2000年3月に刊行した長野市の松原遺跡の発掘調査報告書に、いろいろな石器（弥生時代中期後半の石器）が掲載してありますので（写真1）[1]、参考にしてください。現在の報告例としては、日本列島でも屈指の出土量があり、なんと6,000点を超える数量を持っています。数だけの話をすれば、通常、弥生遺跡では数百程度の出土量ですから、ひとつの遺跡で6,000も出土している点は、まさに驚きです。「古い伝統的な文化、すなわち縄文文化を継承しているから、石器が多いことになるではないか」との意見も然りです。縄文文化と比較した場合の弥生文化のひとつの指標が金属器にあるとすれば、石器の数量に反して、信州の金属器の出土量は少ないことになります。かつて群馬県の平野進一さんが、関東・中部地方の弥生時代の鉄器の出土量を調べたところ[2]、鉄の斧では群馬県1点、東京都2点、神奈川県6点、千葉県5点、長野県6点で、木などの材料を加工する小刀状の刀子や鏃の類は、群馬県1点、東京都3点、神奈川県2点、千葉県3点、埼玉県1点、長野県7点でありました。さて、この結果をどうみるか。出土遺物の所属時期はもちろん、発掘調査した遺跡の面積や件数など、考古資料を評価する際のフィルターの種類や枚数によって、導き出される解答には違いが現れてくるでしょう。しかし、どのような解答も研究の"きっかけ"のひとつになります。

4　石器から弥生社会をみる　85

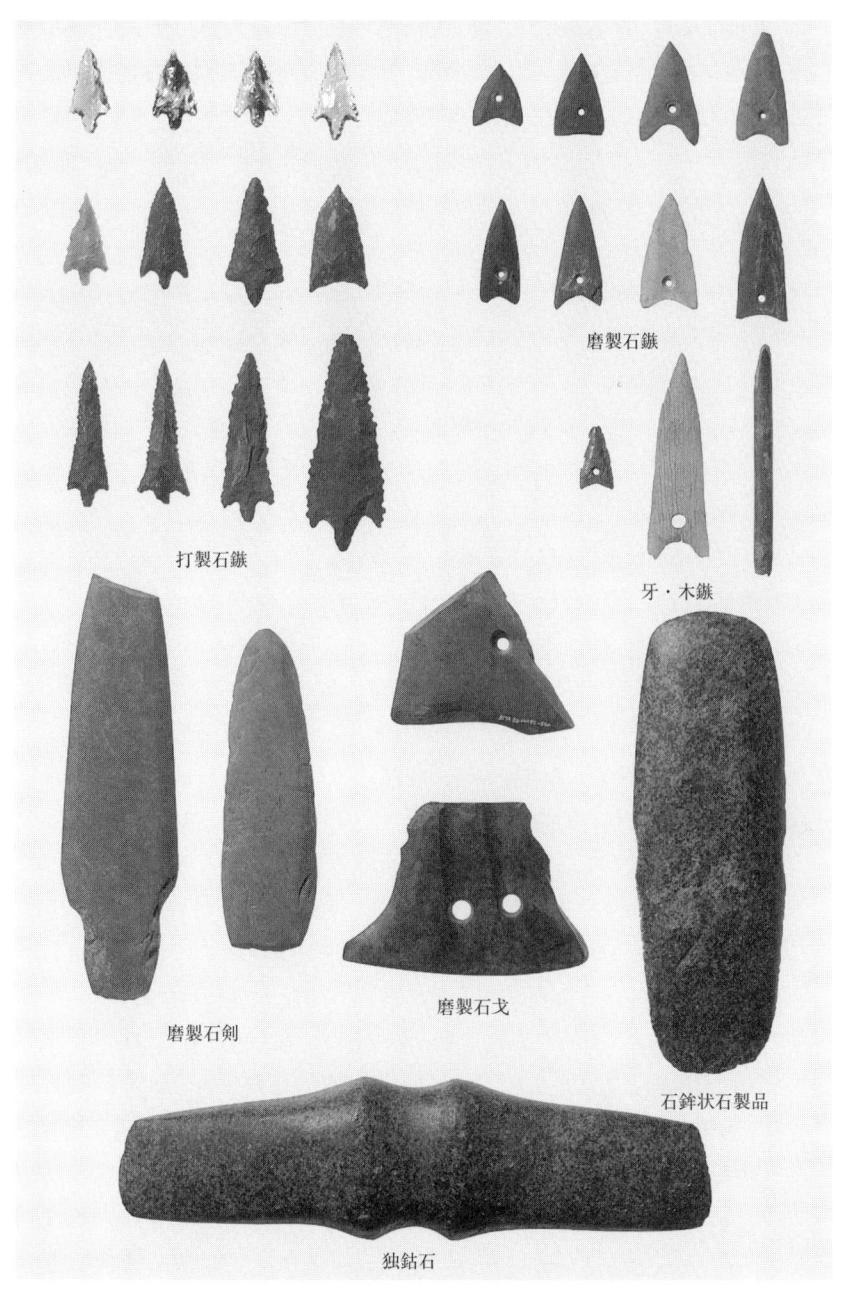

磨製石鏃

打製石鏃

牙・木鏃

磨製石剣　磨製石戈

石鉾状石製品

独鈷石

写真1　長野市松原遺跡出土の弥生石器（註(1)より）

『考古資料は事実そのものです。とにかく自由に考えることを始めましょう』。信州の弥生石器の数量は膨大であるがゆえに、裏返せば研究材料が豊富だということをお伝えして、本題に入りたいと思います。

5　稀少なる品々と弥生社会

　信州において弥生時代の「クニ」を考えるにあたり、取り上げる石器（石製品と呼ぶのが適切か）は、豊富な弥生石器の中でも、極めて珍しい、あまり目にすることのない遺物です。ちょうど5年程前になりますが、長野市若穂郷土史会主催の研究会で「長野県の弥生時代」について発表する機会をいただきました。その折に、出土例の稀少な珍しい考古資料を取りまとめて、「稀少なる品々」と呼んで考えを述べました[3]。稀少なる品々のうちで、いくつかの石器は長野市若穂の榎田遺跡や東寺尾の松原遺跡から出土しています。弥生時代の中期後半に所属する石器が主体で、信州では栗林（中野市栗林遺跡出土の土器の名前をとって栗林式土器の時期とした）と呼ばれる時期にあたります。石器のもつ機能や用途の推定から、大まかに《武器型》と《装身具型》に呼び分けて考えました。武器型の石器には磨製石戈（図1-2）や磨製石剣（図1-3〜5）、磨製石鏃（図1-9〜14）などがあり（写真1）、装身具型の石器には石製指輪（図3-1）やペン先状石製品、勾玉（図3-2〜4）や管玉（図3-5〜7）などが当てはまります（写真2）。どこかで聞いた組み合わせです。武器型の戈や剣、勾玉に管玉といった装身具、それらは弥生文化を探る考古資料として、さき程話した朝鮮半島由来の外来系文物と同じ種類の道具なのです。ただし、武器型の材質は金属と石でまったく違っています。道具にとって材質は命です。その材質を違えてもあえて作る行為にこそ、形や存在に備わった道具の意味が映しだされているものと考えます。これらの道具の出土遺跡や出土状況を検討し、使われ方を探ることができたなら、そこに弥生社会の特質を読み取ることもできるのではないかと思っています。

　(1) 武器型

　武器型の石器が、青銅や鉄といった金属の武器（図1-15〜25）をモデルとし

5 稀少なる品々と弥生社会　87

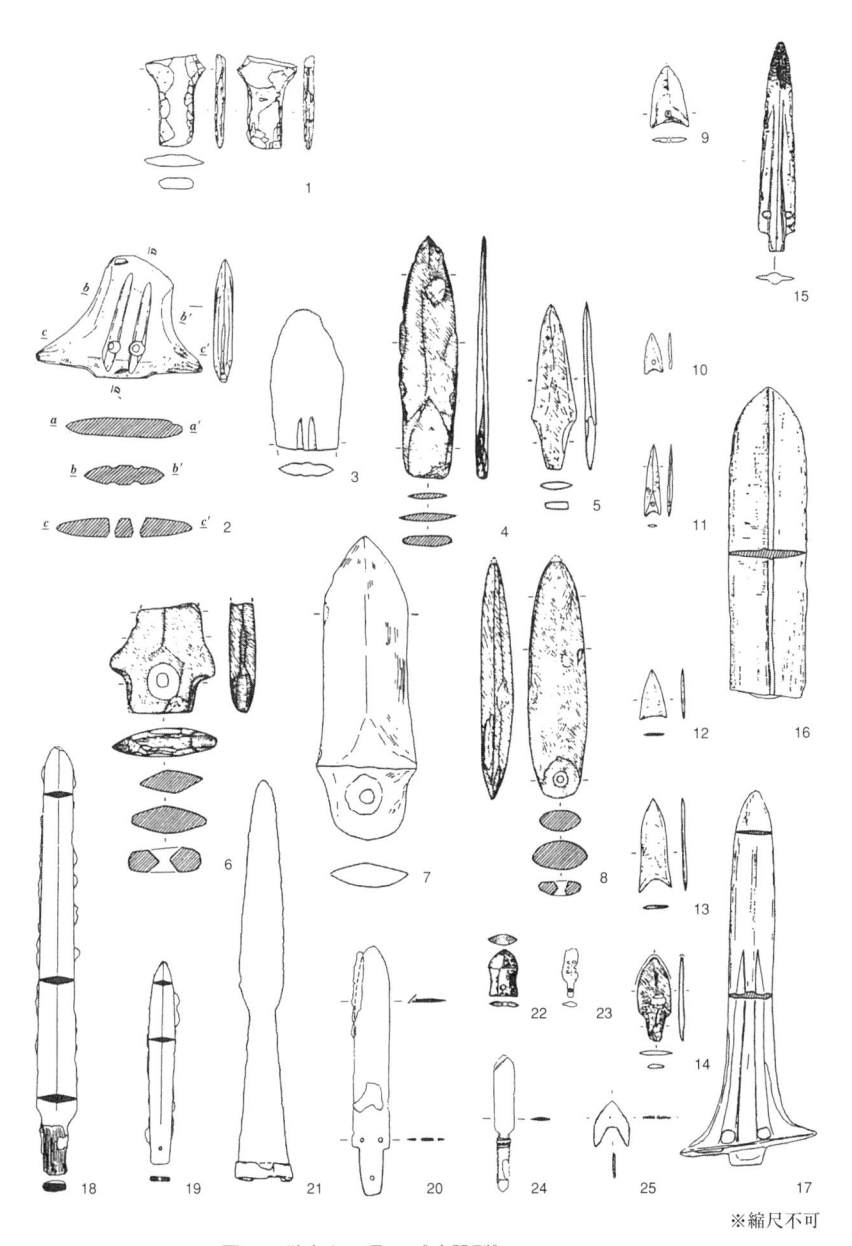

図1　稀少なる品々《武器型》　(註(3)より)

※縮尺不可

た石製品であるとすれば、その稀少さから特別な道具として考えるべきです。稀少さの度合いから考えますと、磨製石戈が最も少なく、次いで磨製石剣、最後に出土数が多い磨製石鏃となります。磨製の石戈は愛媛大学の下條信行さんによると、北部九州を中心に西日本にも分布する石器で、大まかに九州型と近畿型に分れるといいます。信州の石戈は近畿型に属しますが、丈が短いことから近畿型の退行した型式と考えられているようです[4]。近畿地方を含め13例程度しか出土例がありませんが、今のところ数だけを考えますと、長野県を中心とした中部地方のほうが、近畿地方よりもずっと多い。まして長野市松原遺跡では4例もの石戈が出土し、ひとつの遺跡での保有数は群を抜いています。つまり、信州の栗林式の文化と磨製石戈の関係は非常に深いといえるのです。

そこで近畿型の退行型式とされた石戈を「中部高地型石戈」あるいは「栗林式石戈」と呼んで特徴づけてみようと思いました。長野県内での分布は図2に示しましたが、中野市栗林遺跡、長野市松原遺跡、松本市平畑(ひらばた)遺跡など、北信や中信地域を代表する栗林文化の核となるような大規模集落から出土しています。完成された優美な品ばかりですが、破損して出土することが多く、松原遺跡4点のうち2点が河川跡からの出土です。松本市平畑遺跡の石戈を紹介した関沢聡さんは、石戈の出土状況に故意に割って捨てた可能性を考えています[5]。「栗林式石戈」は基部に2つの孔があり、血溝(ちみぞ)といわれる樋(ひ)が2本入ることが特徴で、そのモデルは大町市海の口の上諏訪神社に伝わる大阪湾型の銅戈（図1-17）であるといわれています。例外なく銅戈を忠実に模倣したあり様は、「栗林式石戈」が大阪湾型銅戈でなくてはならない条件と、それが栗林文化にとって欠くことのできない道具であったことを示しています。中野・長野・松本地区から出土しており、栗林文化を担う中核となる集落の、共同体の威信財であり儀礼具として用いられたのではないかと想像しています。威信財は栗林の社会を維持するために必要なシンボルであり、祭りや儀式を実行するための具体的な道具であったと考えます。目下、弥生中期後半の栗林式の中段階から新段階ころに用いられ、最終的には破壊して捨てられてしまう道具といえそうです。

磨製石剣には、①鉄剣型石剣（図1-4・5）、②銅剣型石剣（図1-3）、③有孔磨製石剣（変形鉄剣型石剣、図1-6〜8）の種類があります。①鉄剣型石

5　稀少なる品々と弥生社会　89

石戈・有孔石剣報告遺跡
1. 榎田遺跡
2. ヤスンバ遺跡
3. 堀の内遺跡
4. 北和栗遺跡
5. 笠倉遺跡
6. 栗林遺跡全地点
7. 中条下町遺跡
8. 平柴平遺跡
9. 松原遺跡全地点
10. 沢村遺跡
11. 宮渕本村遺跡
12. 平畑遺跡
13. 黒沢川右岸遺跡
14. 御社宮司平遺跡（普門寺遺跡）
15. 垣川遺跡群全地点

石戈・有孔石剣　凡例

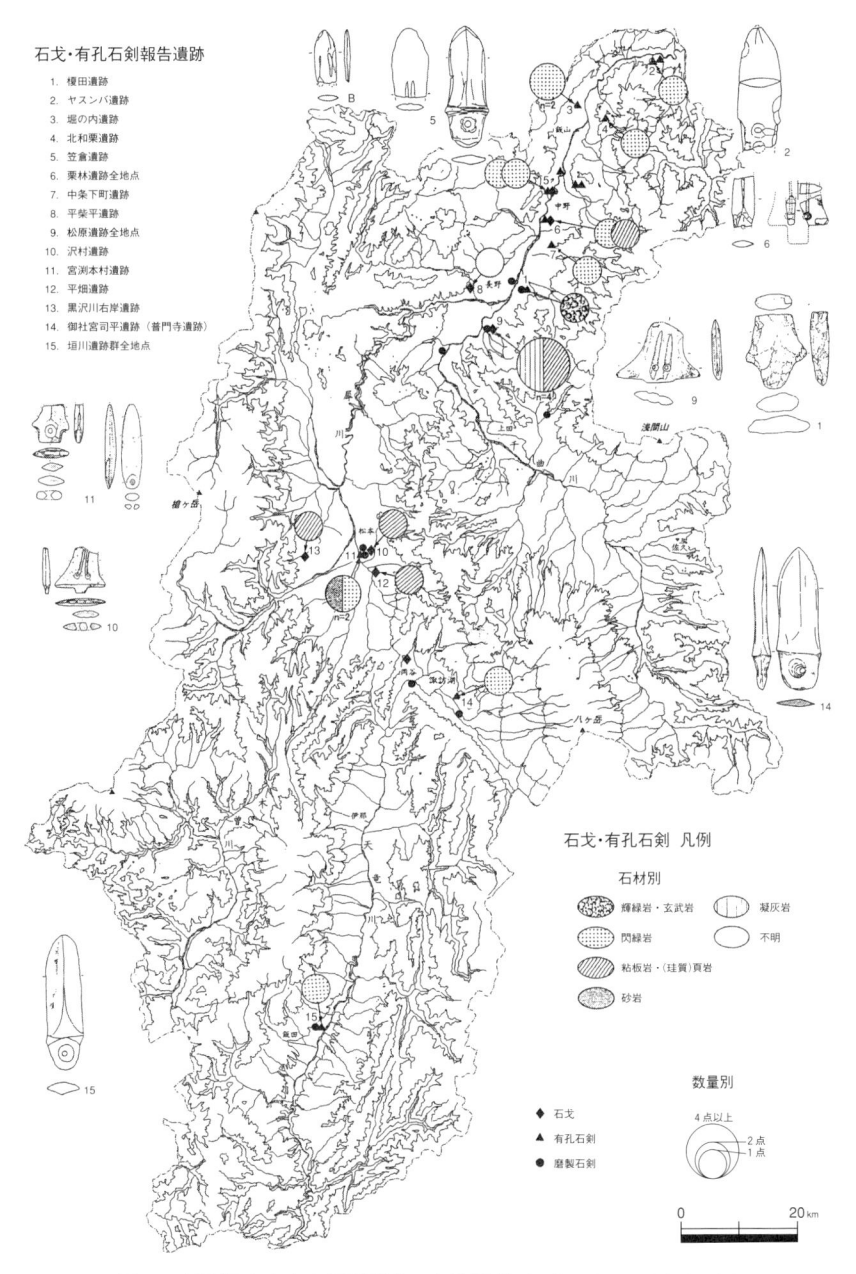

石材別
- 輝緑岩・玄武岩
- 閃緑岩
- 凝灰岩
- 不明
- 粘板岩・(珪質)頁岩
- 砂岩

数量別
- ◆ 石戈
- ▲ 有孔石剣
- ● 磨製石剣
- 4点以上 / 2点 / 1点

0　　20 km

図2　長野県内出土の磨製石戈・有孔石剣（石材別内訳　註(6)より）

剣は、中野市栗林遺跡、長野市松原遺跡と中俣遺跡、松本市蟻ケ崎遺跡と宮淵本村遺跡、飯田市恒川遺跡群などから出土し、県内の北から南まで、地域を担う比較的大きな集落から出土しています。「栗林式石戈」を持つ集落と、その周辺（距離して10km圏内程度か）の集落に存在するようですが、蟻ケ崎遺跡で3点、恒川遺跡群で約8点の出土があり、南信や中信地域に数が多いように思われます。製作は石戈に比べて非常に簡略で、材質も柔らかい石材を使用し、完形品に近い状態で出土することが多いです。磨製石鏃と同じ材質で簡略な作りであることから、それと同様に実用的な側面も考える必要がありますが、数が稀少で墓からの出土もないため、「栗林式石戈」同様に共同体が保有するものと考えておきたいと思います。県外に分布する型式との違いについては、現状では判りません。磨製石剣は、栗林式の新段階に盛行する武器型の威信財で、栗林文化を支える地域の大規模集落が保有した道具と考えておきます。

②銅剣型石剣の出土例はほとんどなく、中野市（旧豊田村）笠倉遺跡や長野市平柴平遺跡例が挙げられますが、「栗林式石戈」の破片との区別が不明瞭です。今のところ、北信地域の千曲川流域に限られています。銅剣型石剣は資料が少なく検討の余地が十分残りますが、存在が真だとすれば、そのモデルには千曲市（旧戸倉町）若宮箭塚の佐良志奈神社に伝わる中細型銅剣（図1-15）が充てられます。かりに「栗林式石戈」と同様に威信財であったとすれば、銅剣を忠実に模して、剣の関部（基部）付近に2つの穴が開けられていたと思われます。

③有孔磨製石剣は、飯山市堀之内遺跡、木島平村和栗遺跡、中野市笠倉遺跡に宮脇遺跡など、千曲川流域の奥信濃地域に比較的多く出ています。いずれも優美な完成品ばかりで、長野市榎田遺跡に変輝緑岩製の未完成品（製作途中の失敗品）があります[6]。桐原健さんや関沢聡さんは、この石器に対し石戈を祖形とする後出的な形態と考えていますが、「栗林式石戈」よりも新しいという指摘に関しては、私も賛成です。有孔磨製石剣は、北信地域の栗林文化に濃密に分布し、確証は乏しいが栗林式の新段階から終末にかけて、石戈が新たな文化的要素の影響を受けて変質した姿と考えています。「栗林式石戈」が青銅の戈をモデルとするのに対して、有孔磨製石剣は青銅器ではなく鉄器（鉄剣もしくは鉄戈）をモデルにしたと考えたい。だから剣には明瞭に鎬（稜のようなもの）

が作出され、樋はなく、関部に1穴のみを穿つのではないでしょうか。ただし材質は「栗林式石戈」と同様に、非常に硬く、重量感のある「緑色岩類」を用いることから、鉄剣型石剣とは違う役割を担ったものと判断できそうです。想像をたくましくして、栗林文化の最後の威信財・共同体祭器として位置づけ、最終的には集落外へ単独で埋納される石器と考えたいと思います。今後、発掘調査による確実な出土状況をつかむことが考古学上の急務です。

　最後に磨製石鏃ですが、これは信州の弥生石器にとって、欠かすことのできない石器のひとつです。まず第1に出土数がほかの県に比べて極端に多いこと。関東地方の弥生遺跡では1点や2点の出土でさえ稀れと聞きますので、信州の事例、例えば長野市中俣遺跡で4点、榎田遺跡では20点、松原遺跡では200点を上回る出土量は異常なぐらい多い。もちろん数量が多いばかりか、製作の痕跡が幾つもの遺跡で確認できていて、磨製石鏃を盛んに製作していたことが解ります。古くは高森町北原遺跡が著名ですが、飯田市恒川遺跡群、松本市県町(あがたまち)遺跡、長野市松原遺跡など、地域を担う大きな集落には例外なく製作関連資料が出土しています。第2に信州の磨製石鏃の型式は日本列島にある他の地域の型式と明瞭な違いがあり、考古学では「有孔式」または「単孔式」といいますが、ひとつ穴が開いている。この特徴は非常に厳密で、例外はほとんどない。ですから県外で「有孔磨製石鏃」を発見した場合には、信州との関連を追究するのが常識のようになっている。そこで、この特徴的な石鏃を「中部高地型磨製石鏃」あるいは「栗林式磨製石鏃」と呼びたいと考えました。課題は、この磨製石鏃が何に使われたのかということ。一説には縄文時代の骨角製漁労具との関連を追うべきとの指摘もありますが、そうであれば、なぜ長野県だけにあるのでしょう。やはり意見の多い金属製武器の模倣説が魅力的です。ただ県内の出土量は膨大であり、それほどの武器型の石鏃を、なぜ信州の栗林文化が持つ必要があったのか。山口県の土井ケ浜(どいがはま)遺跡では、石鏃が射込まれたと考えられる人物が埋葬されていました。そこには磨製石鏃も打製石鏃も両方が使用されていました。打製石鏃に対する磨製石鏃の割合は、ほかの県では4：1程度と算出されますが、信州では逆に2：3で磨製石鏃のほうが優位なのです。実に不思議です。信州の弥生石器研究の中で、今後、精力的に検討を進めていくべき"きっかけ"のひとつです。

弥生中期社会としての栗林文化には、武器に類する大陸系あるいは半島系の文物の流入がほとんど認められません。おそらく日本国内で生産された青銅製品の流入程度であり、武器としてではなく集落の威信財、儀礼具として利用されたものでしょう。特定の個人墓に副葬されることはなく、あくまでも共同体の所有物としての存在が予想されます。残念ながら栗林式成立期に該当する資料はなく、栗林式の中段階以降、青銅器に代わる石製品としての「栗林式石戈」の存在から想定するしかありません。「栗林式石戈」は栗林文化を支える中核的な集落が保有し、威信的行為に用いられた後に破壊された可能性があります。資料数が少なく不明瞭ですが、銅剣型石剣の存在が事実なら、同様な用いられ方が、もう一種類あったとも考えられます。つまり栗林文化は青銅器とそれを用いた祭式を取り入れた文化として成立し、文化的特徴である石器製作を背景に、青銅器に代わるものとして武器型石器を製作し活用した社会だったのではないでしょうか。その社会も栗林式の中段階以降に増大した鉄器の流入に伴い鉄剣形石剣の登場、「栗林式石戈」の消滅をへて、有孔磨製石剣の出現へとつながっていく。栗林文化の発展的な解体の陰に、威信財の質的な転換が図られ、集団表象具としての有孔磨製石剣の埋納が行われるのではないかと思います。

(2) 装身具型

装身具型は、武器型と違って墓から出土する例が中心のようです。栗林文化で特徴となる墓は、木棺墓（礫床の木棺墓）と呼ばれるタイプで、その中から勾玉や管玉が発見されるケースが多い。つまり玉類は特定の個人と結びつく可能性が高い。墓と玉類の関係を非常によく表現した例として、飯山市小泉遺跡の木棺墓群があります。ここではⅣ地区の調査事例を紹介したいと思います。栗林文化の墓は原則的に集団墓の形態をとりますが、調査の結果、おおよそ100基ほどの墓が見つかりました。面白いことに88基の墓には玉類が入っていませんでした。そして6基の墓には管玉が入っており、その内、1つの墓だけに半玦状勾玉が[7]入っていたのです。このことは集団墓に埋葬された人々の中に、玉を持つ者と持たない者があり、さらにはたった一人の者が勾玉を持っている。この事実は重要です。稀少さから判断すれば、勾玉と管玉には明らかに保有のランクがありそうです。そうした目でこの木棺墓群を整理しなおしてみ

5 稀少なる品々と弥生社会 93

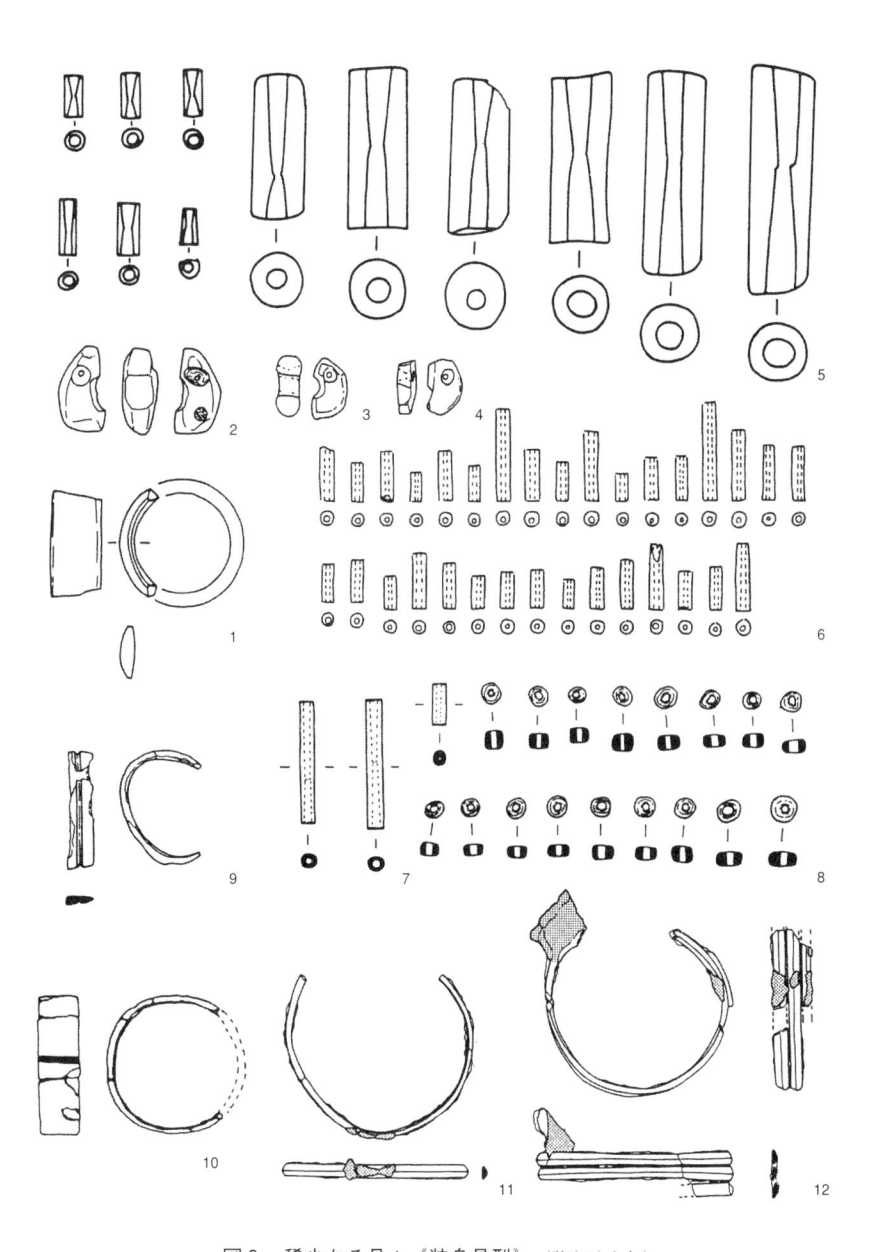

図3 稀少なる品々《装身具型》 (註(3)より)

ると、どうやら、そこには2基で一組のセット関係があって、墓域のほぼ中央部分に単独で1基の墓（69号墓）が存在していることがわかります。その墓こそが、唯一の勾玉を持つ墓であり、半玦状勾玉1点と管玉32点を保有している。この事実をもって、集団墓の中の特定個人墓の出現と呼ぶことはできますが、その意味をどのように捉えるかだと思います。果たして階級の現れなのか、それとも階層の差なのか。簡単にいえば、集落内の身分や地位のようなものなのか、それとも役割の違い（職能のようなもの）なのか。みなさんはどのように考えますでしょうか。

　ところで装身具類の中には、信州ならではの遺物が2種類あります。そのひとつが石製の指輪（図3-1）です。弥生時代の石製指輪は、5年前に発表した時よりも他県での資料が増えました。愛媛県では道後平野に数例が発見され、石川県でも1例が確認されたようです。以前は栗林文化にしか出土例がなかったので、それを「栗林式指環」と愛称をつけましたが、資料が増加した今日、再考が必要です。石川県の小松式土器に伴う事例は信州の栗林式との関連で考えてよいでしょう。道後平野のものは、滑石のように柔らかな素材と聞いていますので、山口県土井ケ浜遺跡にある貝製指輪との関係を、まずは整理すべきでしょう。ただし「栗林式指環」の登場、根源的には栗林文化以前にある新諏訪町式（中期前半）の成立において、響灘沿岸部との関連を詳しく追究すべき点はあると考えています。今回のテーマから外れますので、詳しく話すことはできませんが、土井ケ浜の弥生人とその文化内容について比較検討してみると面白い研究の"きっかけ"が見つかると思っています。

　「栗林式指環」は、蛇紋岩材（滑石の可能性もある）を用いるのが特徴です。これを出土した遺跡は長野市に限定され、松原遺跡に2例、榎田遺跡に1例、中俣遺跡1例があります。残念ながら、いずれの出土例も墓からではありません。人骨への装着例がない以上は「指輪状の石製品」と呼ぶべきでしょうが、非常に珍しい遺物で、たった3遺跡しかない。現状の考古学的事例からでは、性格についての判断がつかないというのが正直なところです。しかし、私は"きっかけ"を作るのが得意ですから、以前に考えたことを話したいと思います。

　思い出してほしいのは、後漢の光武帝は朝鮮半島の支配に「羈縻政策」を用い、土着の豪族たちに中国の官職（侯や邑君など）を与えました。官人となった

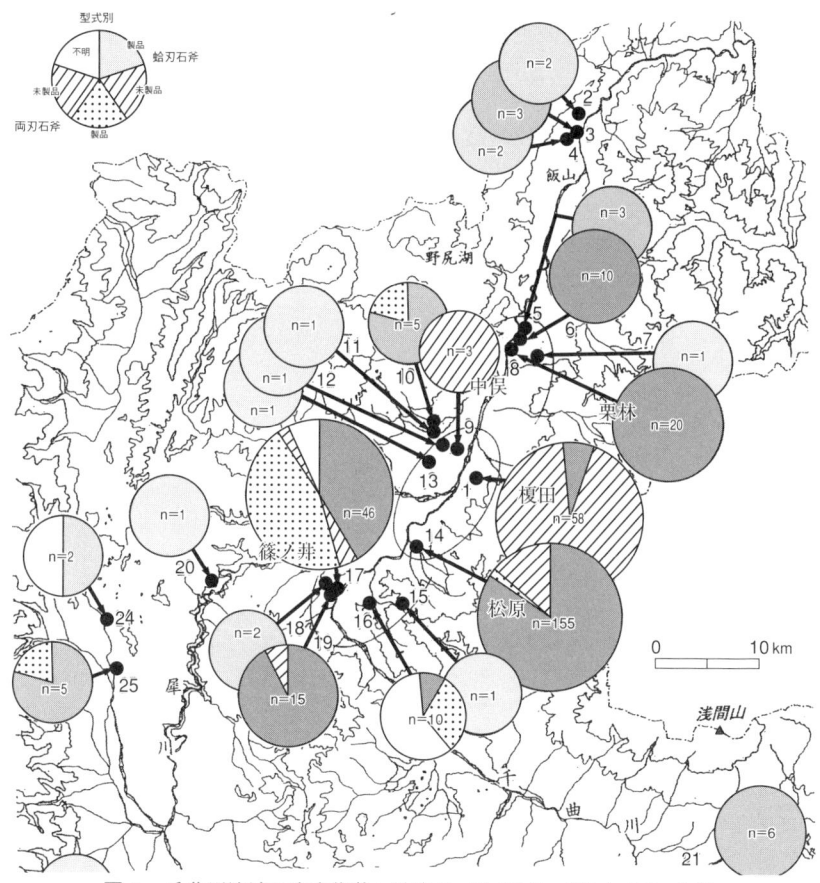

図4 千曲川流域の弥生集落と連合早（地点番号の遺跡名は図9参照）

豪族たちは、中国の習わしとともに文物を受け入れたと考えられ、男女の正装具の中には銀製の指輪もありました。わが国では弥生時代後期に金属製指輪が登場し、福岡県比恵遺跡や佐賀県惣座遺跡で銀製指輪が確認されています。ちなみに図2－9と10が長野県で出土した金属製指輪です。「栗林式指環」は非常に硬質な蛇紋岩材をあえて選択しており、この指輪へのこだわりは、装着の意図を半ば理解しているような気がしてなりません。少なくとも「栗林式指環」がランクの高い装身具であったことは間違いなさそうです。「栗林式指環」を出土した3つの遺跡を地図上に落とし、これらを線で結びますと、ちょうど三角形を描くことができます。この中に現在の犀川と千曲川の合流地点が入る

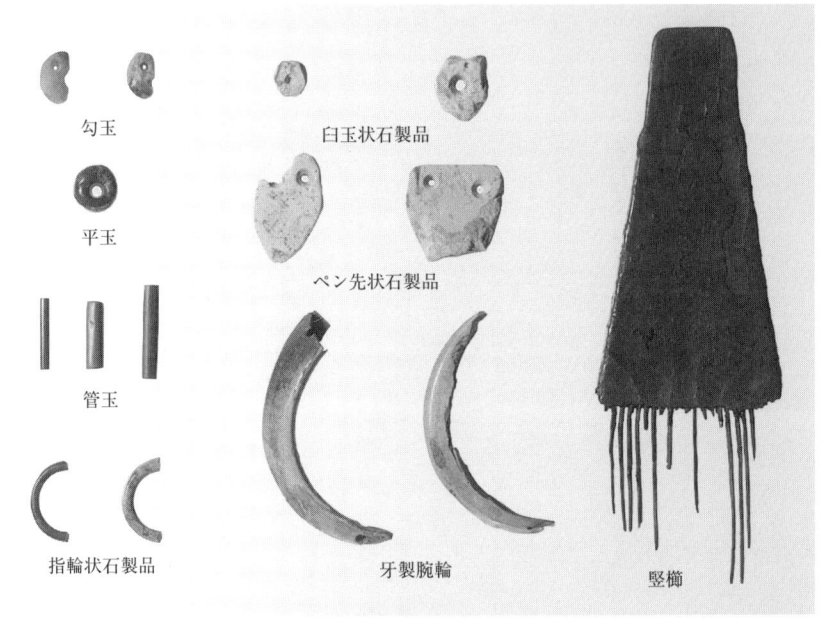

勾玉
白玉状石製品
平玉
ペン先状石製品
管玉
指輪状石製品
牙製腕輪
竪櫛

写真2　長野市松原遺跡出土の装身具 (註(1)より)

のです（図4）。なにやら怪しげな話ですが、これを「栗林文化の三角形」と呼んで、水田稲作における水利権の管理体制のネットワークとして想像してみたのです。「栗林式指環」を出土した松原、榎田、中俣の3遺跡（図4－14・1・9）は、栗林文化を担う中核の集落であり、以下に話します磨製石斧生産のネットワークを受け持つ遺跡でもあります。思いつきですが、これら「栗林文化の三角形」を形成する遺跡間の強い連合意識をあらわした道具が「栗林式指環」と考えてはどうでしょう。考古学者がよく使う集落間の結合組織（血縁的紐帯）を示す表象具として当てはめてみてはどうかと。

　もうひとつの石製品とは、松原遺跡で発見し「ペン先状石製品」と仮称した資料です（写真2）。松原遺跡では集中して製作されているようですが、ほかの遺跡での発見例はあまり聞きません。材質はセリサイト質変成岩というロウ石のような柔らかな石で作られています。また珪質岩製の例は長野市檀田遺跡や佐久市根々井芝宮遺跡で出土しているようです。この手の石器は、松原遺跡のように弥生単純層から出土しなければ、ややもすると古墳時代の石製模造品な

どと扱われてしまう可能性もあるので、今後注意が必要であるとともに、その分布範囲を検討しなくてはなりません。5年前の発表では、佐久市社宮司遺跡出土の多紐細文鏡を再加工した垂飾品（図5）[8]の存在から、外来系文物（朝鮮半島由来）の鏡の存在を想定しましたが、なんとこれこそが「ペン先状石製品」と同じ形態の垂飾品だったのです。極めて貴重な鏡片を利用した加工品であることを考えると、その垂飾品の重要性、ランクの高さが気になります。さきに述べました半珠状勾玉との違いはなにか。半珠状勾玉が朝鮮半島に祖形を求められる垂飾

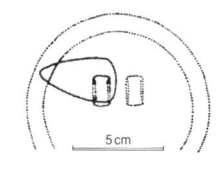

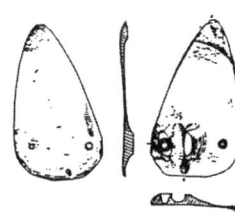

図5　鏡片利用の垂飾
（註(8)より）

品であり、日本列島内の他地域でも見られるのに対して、この「ペン先状石製品」は長野県の、おそらくは信州の栗林文化で生み出された垂飾品の可能性があります。そのモデルには縄文文化に一脈通じるサメの歯などが候補のひとつとなっています。今後、類例の増加と墓からの出土例に期待したいところですが、お得意の名前をつけて「栗林式ペンダント」と呼んで注意を喚起しておきたいと思います。

　栗林文化における装身具のセットは、中期後半の終わりころ、栗林式土器の新段階に終末を迎えます。その根拠を長野市光琳寺裏山遺跡（図6-1）、岡谷市天王垣外遺跡（図6-2）、佐久市社宮司遺跡に見られる玉類の一括埋納（表1）に求めたいと考えています。光琳寺裏山遺跡や社宮司遺跡では板状の鉄斧も出土しており、鉄器の普及に伴い威信財あるいは階層の秩序に転換が図られて、玉類を一括して埋納する行為が現れるのではないかと考えています。

　これまでの武器型及び装身具型を、稀少さの度合いから整理すると図7のようになります。これは北部九州地域で、特定個人墓に副葬された遺物のランクづけ、階級差あるいは階層差を表現した模式図に似せて作成したものです。信州の場合は墓への副葬が明確ではなく、あくまでも遺跡に存在した特殊遺物の数量的格差を表現したに過ぎません。あえて社会組織的な話にスライドさせると、武器型の場合、「栗林式石戈」が集団表象の最高位にある威信財であり、鉄剣型石剣が次位の威信財となる。そしてこの栗林文化の社会構造の一側面は、

98 石器に弥生の社会を読む

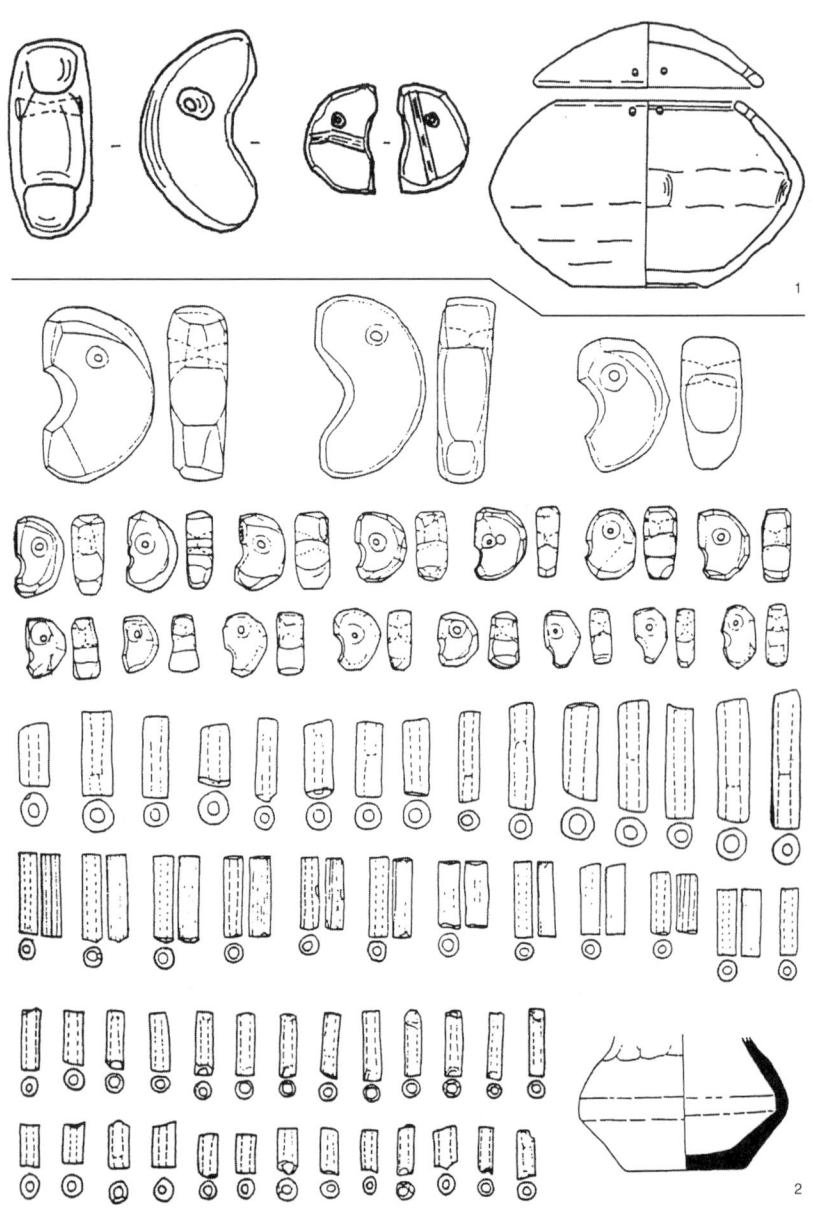

図6 装身具のセット
(1:長野市光琳寺裏山遺跡、2:岡谷市天王垣外遺跡 註(3)より)

※縮尺不可

表1　装身具の一括埋納例

遺跡						
光琳寺裏山遺跡						
蓋付椀・1	勾玉・2	管玉・105	鉄刀・1	鉄剣・1	鉄斧・5	
天王垣外遺跡						
土器・1	勾玉・66	管玉・296	cf砂焼壺の破片			
社宮司遺跡						
土器底部・1	勾玉・1	管玉・25	鉄斧・1			

青銅器から鉄器への流れの中で、有孔磨製石剣を生み出し、栗林文化の終息とともに埋納という清算行為によって祭式の終焉を迎えたと思われます。一方、装身具型の場合、稀少ランクの高い指環（指輪状の石製品）とペン先状の石製品に、今のところ栗林文化を担う集団表象としての威信財を充て、次位の半玦状勾玉と管玉に集団内の階層性を映した威信財としての位置づけ

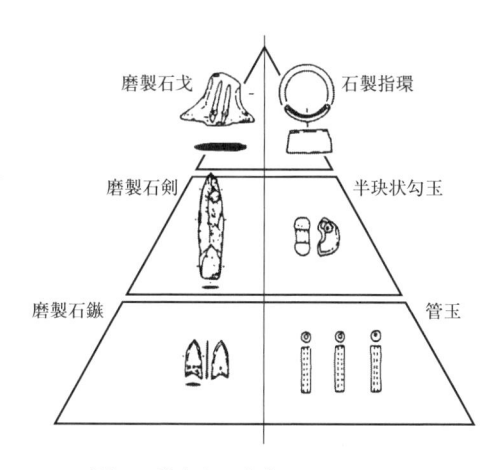

図7　稀少さの度合い（註（3）より）

を与えておきたい。ただし社宮司遺跡で出土した大形のヒスイ製勾玉を中期後半まで遡らせることができるなら、集団表象の威信財として、稀少ランクに再考が必要となってくる。半玦状勾玉と管玉の威信財は、栗林文化の終息とともに玉類一括埋納という清算行為により終焉を迎えたと考えておきたい。

6　生産的分業と弥生社会

　信州の弥生文化、ことに中期後半に位置づけられる栗林文化に「クニ」と呼べるようなまとまりがあったのだろうか。これまで話してきました特殊遺物、稀少なる品々から特定個人墓、とりわけ初現期の「王墓」を推定し、ある一定の社会的なまとまり、さらには「クニ」の存在にせまることは、考古学データの不足もあって、現状では少し難しいようです。しかしながら、まったく話に

ならないことではなくて、考古資料は少しずつ増えてきていますので、これから何年もかけて積み上げていって、やがて入り口は見えてくるものと考えます。
　外来系文物を多出する北部九州地域、すなわち福岡県を中心とする玄界灘周辺の地域であっても、弥生前期の末から中期初頭段階までは、いわゆる「王墓」の発見がまだありません。中期も前半に入り、外来系文物を副葬する特定の集団墓群が登場し、その中に特定の個人墓が確認できて、首長層の存在が検討できているに過ぎないのです。たとえば福岡県吉武高木遺跡3号墓では、銅剣・銅矛・銅戈といった青銅製の武器類と青銅鏡（多鈕細文鏡）、ヒスイ製の勾玉と碧玉製の管玉が副葬されており、初現期の「王墓」の威風にふさわしい内容を示しています。これも中期の後半段階にいたると、福岡県三雲南小路遺跡や須玖岡本遺跡などに「王墓」が推定できるようになる。しかしながら原初的な国家形成として、「国」の成り立ちを考えるには、「王墓」のような特定個人墓の存在ばかりでなく、それを生み出した社会的な組織や機構についての研究が不可欠です。こうした点について、経済的物流システムの構造、専業的石器製作者集団の存在を引き合いとして、集落間交流の実態を政治的な枠内で評価しようとした取り組みが北部九州地域にはあります。よく知られた福岡県立岩遺跡の磨製石庖丁の製作・流通のシステムと福岡県今山遺跡の太型蛤刃石斧の製作・流通のシステムです。立岩遺跡は13の集落遺跡から構成されており、笠置山周辺で産出される輝緑凝灰岩材を原料として、集中的に石庖丁製作を行った生産センターとして位置づけられています。この生産センターは、一定の広がりをもつ地域内において、集団ごとに依存しあう社会の経済的な役割分担の現れ、つまり生産物を分業して製作し、流通させる仕組みを現したものと考えられています。この分業は、いわゆる「社会的分業」であり、縄文社会に適用される自給自足の原則と物々交換の原理の上に成り立つ生産とは区別され、立岩を構成する集団群が生産した物資を、特定の集落が集めて地域内に分配する仕組み、制度として想定されたものです。ここに集落間の新しい統合体としての「クニ」の誕生を考え、その証として立岩の首長層は、中国鏡6面、銅矛1本、鉄剣1本ほかを持ち、福岡平野から、およそ25km以上を運んだと考えられる甕棺（立岩10号甕棺）に葬られたと解釈するのです。
　一方、玄界灘に面した今山遺跡は、太型蛤刃石斧の製作遺跡としての評価が

与えられています。今山での生産体制は、玄武岩材を用いた太型蛤刃石斧の集中的製作であり、主に磨き仕上げ前の半完成品を、福岡平野を中心とした北部九州地域の集落へ供給したと考えられています。石斧は、素材の獲得 → 大まかに打ち割って形をつくる（剥離成形段階）→ 全体を敲いて形をつくる（敲打整形段階）→ 全体を磨いて形を整える（研磨整形段階）の4つの段階をへて製作されます。今山遺跡では、3つ目の敲打整形段階までの資料が中心となりますが、断片的な遺跡の調査が多く、石斧搬出の実態はやや不鮮明です。太型蛤刃石斧の製作は、ほかの石器製作とは比べものにならないほど難しいものです。下條信行さんは、重い石材の運搬と失敗する確率の高さを考えれば、無駄な労働力をつぎ込むよりは、完成された石斧を手に入れるほうが賢明だと述べています[9]。磨製石庖丁の製作・流通とは根本的に違うシステムをもっていると予想されますが、現状では福岡平野を中心に90％以上の供給率を示すにもかかわらず、石斧を交易材とした場合の目に見える見返り品や「王墓」の存在は確認できていません。

　石器の生産と流通論を基礎とした経済的、社会的な解釈は、発掘資料の少なさと資料分析の限界性から、様々な課題を残し、現在もなお、研究過程にあります。その中のひとつとして、奈良大学の酒井龍一さんは近畿地方の石庖丁と北部九州地域の石庖丁の製作を比較しました[10]。近畿地方では材料となる石材を共有して使用し、製作は集落ごと個別に行っているが、北部九州地域では石材の獲得から仕上げまで、すべてを個別の集落が行っているというもの。そして北部九州地域は、集落ごとに製作手段が存在するにもかかわらず、立岩産と考えられる石庖丁が広域に分布している点を評価し、「交易品」の妥当性を説明しますが、その結果として立岩の集団内に富の蓄積がなされたとは、まだいえないとしています。また大阪大学の都出比呂志さんは、それら共同体間の分業と交易の存在を前提としたうえで、「政治組織のあり方」を検討する必要性を説いています[11]。政治組織とは、共同体社会における集団相互の均衡や調整（たとえば利害関係など）をはじめ、地域を越えた対外的な集団関係の維持を執り行う機構のことだと考えますが、「国」の成り立ちを追究する上には、やはり避けては通れない課題だと思います。

　では、信州の弥生文化、ことに栗林文化に特定の生産物を交易するような製

作・流通の仕組みがあったのだろうか。なんと、これがあったようなのです。1992年長野市若穂の榎田遺跡から、大陸系磨製石斧の製作関連資料が発掘されました。製作関連資料には、木を伐採する太型蛤刃石斧と木を加工する扁平片刃石斧がありました。太型蛤刃石斧には全部で54点の未完成品があり、完成品は4点(12)のみでした。未完成品は剥離によって石斧全体の形をつくる段階から敲打により形を整える段階までがあり、仕上げ段階として研磨の痕跡がまったく見られない特徴がありました。このことは、仕上げ段階の一歩前までの製作を行い、仕上げと完成は、どこか別の場所で行った可能性を示しています。未完成品の数に比べて、遺跡内の完成品が極端に少ないことを考えると、果たして榎田遺跡内で完成されたのか疑問が残りました。一方、扁平片刃石斧は全部で59点の未完成品があり、完成品は6点のみでした。未完成品は剥離成形から研磨による仕上げ段階までの資料で、仕上げ段階が半数を占める点、太型蛤刃石斧とは状況が異なっていました。遺跡からは、このほかに材料となる原石が18点、礫が46点出土し、製作時に飛び散った剥片が623点、小さな石屑が610点も出土しています。榎田遺跡は、これらの膨大な石斧製作関連資料がなければ、単に弥生中期の一集落として研究俎上にのせられてしまったかもしれません。『遺跡の調査は、地下に埋もれているだけに、偶然と幸運に支えられることが実に多い。同一の遺跡であっても、その場所を掘ったがために、歴史を動かすことさえあるのです』。これもまた、考古学の面白さのひとつです。

ところで、榎田遺跡の石斧の原料はどこにあるのか。石斧に用いられた岩石には大別して2種類、玄武岩（変質玄武岩・変質粗粒玄武岩）と輝緑岩（変輝緑岩）があり、総称して「緑色岩類」と呼ばれています。これらの岩石は、遺跡の背後にそびえる山塊の大部分（幅にして約3km）が、その露頭地（保科玄武岩類）であることから、そこで採取されたものと推定できます。遺跡から最短で500m、県天然記念物の枕状溶岩指定地は900mのところにあります。山を歩き回って石材を比較してみましたが、榎田遺跡の石材は、この最短の採取場所のものと判明しました(13)。まさに榎田遺跡は石材の原産地の直近に設営された集落であり、「原産地直下型の遺跡」といえます。さっそく、目当ての路頭地から石材を取ってきて磨いてみたところ、「全体が深い緑色で、粒状の黒い細かな斑点の特徴」があり、驚きました。これは長野県内で発見されている太型蛤刃石斧

(閃緑岩と報告されることが多い)と、表面的ではありますが、よく似た顔つきだったのです。榎田遺跡で大量に出土した製作関連資料、完成に至らない製作工程を考えると、流通を目的とした石斧生産の可能性が高いと判断できました。福岡県今山遺跡と類似した石斧生産の仕組みは、北部九州地域と比較可能な石斧生産センターが信州にもあったことを意味し、社会組織や社会機構の研究が、よりいっそう進展するものと思われます。

榎田遺跡の石斧生産の特徴をまとめてみますと、

① 特定石材に限定した製作が行われ、その石材の産出地が遺跡のすぐ背後にある。【火山岩と原産地直下の遺跡】
② 原材の獲得から、剥離成形、敲打整形段階までを行い、研磨整形以後、製品にいたるまでの資料は存在しない。【原材の獲得から半完成品までを製作】
③ 変哲のない集落に、流通を目的とした石斧生産が実施されている。【米づくりをしない特定専業集団とは断定できない】

では、榎田遺跡の半完成品の石斧は、いったいどこへいったのでしょうか。その疑問は、まもなく解消されました。1989年から1991年にかけて、東日本で最大の石器出土量を誇る長野市松原遺跡の発掘調査(－高速道地点－)で、その石器群中に榎田遺跡産とみられる太型蛤刃石斧の半完成品があったのです。出土した太型蛤刃石斧は132点あり、この内で榎田産を推定できる「緑色岩類」製の石斧が126点(95％)もありました。その中に半完成品は21点(17％)もあります(写真3)。半完成品は、すべて敲打整形段階以後の製作資料であり、それ以前の資料を一切含んでいません。敲打整形段階の資料が6点、研磨整形段階の資料が15点と、完成直前の製作資料が多くなっています。また遺跡からは、石斧用の砥石(石斧全体の研磨のみならず、刃部の研ぎ直し等も含む)が167点も出土し、さらに重要な発見として竪穴式住居跡の中に石斧の半完成品と石斧用砥石が共伴して出土した点です。住居内あるいはその周辺で石斧の研磨作業を実施していた結果と考えられます。このような状況から松原遺跡が榎田遺跡の石斧半完成品を搬入し、研磨して完成させていたことは、ほぼ間違いのないところです。

検討すべきは、松原遺跡が石斧の生産と流通を担う仲介的な集落であったの

写真3　長野市松原遺跡出土の大陸系磨製石斧（太型蛤刃石斧・扁平片刃石斧　註（1）より）

か、それとも自らの集落で石斧を使用しただけのことだったのか。松原遺跡の太型蛤刃石斧の規格値（基準の長さ）は、ばらつきが多く、刃部に認められた使用の損傷（欠損も含め）も約6割に及ぶことから、そこで石斧を使用していたことは間違いありません。しかしです、長野県内で発掘調査された弥生時代中期の遺跡を見回しても石斧の半完成品はどこからも出土していません。唯一、長野市中俣遺跡にそれがあるのみです。榎田遺跡から、周辺の集落に半完成の石斧が搬出されていたのであれば、ほかの遺跡からも未完成品が少なからず出土してもよいはずです。ましてや仕上げに用いた研磨用砥石の出土があってしかるべきです。それがないのです。現状で判断する限り、松原遺跡は榎田遺跡で製作した半完成品を仕上げる役目を担っていたと考えられそうです。つまり榎田遺跡の太型蛤刃石斧の生産は、松原遺跡を仲介して周辺集落に供給されて

いた可能性があるのです。ただし注意しておきたいのは、榎田遺跡と近い位置関係にある春山B遺跡で出土した石斧は、榎田と同じ岩石の種類でありながら顔つき（見た目）が少々違っていますので、今回発掘調査された榎田遺跡の高速道地点以外にも別の製作場（製作遺跡）が存在する可能性があります。榎田遺跡を囲む山塊は幅3㎞もあり、複数の集落が結合して大規模な榎田遺跡群を構成していることも想定しておくべきでしょう。今後の発見に大いに期待したいと思います。

榎田遺跡と松原遺跡を結ぶ石斧生産の特徴をまとめてみますと、
① 特定石材の産出地を、特定の大規模集落が専有し、石斧の半完成品を製作して、特定の大規模集落（松原遺跡は5つ以上の集落が結合して構成されている）へと搬出する仕組み。【太型蛤刃石斧生産における「生産的分業」体制】
② 半完成品を搬入した特定の大規模集落は、石斧を完成（機能的な価値づけ）させて、栗林文化を担う集落へと供給する。供給の範囲は100㎞を越える広域の流通網と考えられる。【太型蛤刃石斧のブランド化と広域流通網】

以上のことから、磨製石庖丁で研究されてきた製作と流通の仕組みが、栗林文化の太型蛤刃石斧には当てはまりそうにないことが予想できます。信州の栗林文化で想定できた蛤刃石斧の製作と供給の流れは、北部九州地域で不明瞭であった石斧の動きを明確に示せる点で、極めて重要な発見といえます。両地域を同一の土俵上で、そのまま比較はできないにしても、太型蛤刃石斧の生産と流通を考える大きな一歩であることには違いありません。

ところで、栗林文化における太型蛤刃石斧の生産を考えて、意外なことに気づきました。それは榎田遺跡の半完成品が出土している遺跡、半完成品を搬入して仕上げている遺跡はどこか、松原遺跡と中俣遺跡の2箇所ですが、どこかで聞いた組み合わせではありませんか。そうです、栗林文化の稀少なる品々で「栗林式指環」を保有している遺跡に当たります。再度、繰り返しになりますが、榎田遺跡を加えた3つの遺跡を地図上に落とすと「栗林文化の三角形」を描くことができ、犀川と千曲川の合流地点がその中に入ります（図4）。学問的な根拠はまったくありませんが、これを水田稲作における水利権の管理体制または河川交通を掌握するネットワークではないかと想像しました。太型蛤刃石

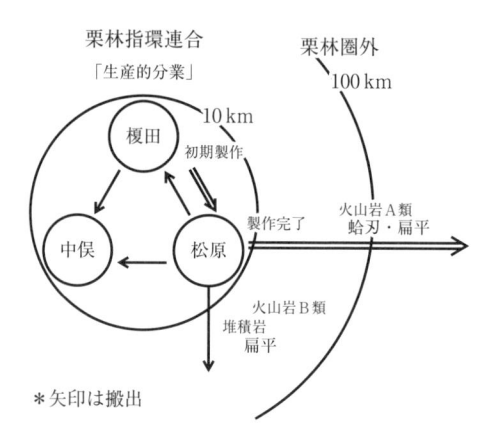

図8 「栗林指環連合」と石斧生産・搬出モデル
（註(14)より）

斧は榎田遺跡で半完成品が作られ、松原遺跡さらには中俣遺跡で完成されて、栗林文化の地域圏内へと供給されたと考えられます。つまり、この石斧の生産体制は「栗林文化の三角形」を核（コア）として進められている。想像は膨らみますが、その絆の証こそが、「栗林式指環」ではないかと。この石斧生産のネットワーク（図8）を受け持った3つの遺跡の関わり方を称して、「栗林指環連合」と仮想してみました[14]。

しかし、この仮想も太型蛤刃石斧以外の物の動きを整理するまでには至っていません。金属器や木製品の動きは、いまだ目に見えない。太型蛤刃石斧も所詮は斧の身である。柄がなければ使えません。石斧が集中的な製作であれば、斧柄もその可能性があります。どこで作られ、どんな流通の仕方をしていたのか。弥生時代の生産物に価値づけがあるなら、完成された石斧にこそ、使用価値があり、交換価値を見いだすのが道理です。敲打段階のみの石斧に、経済的な評価が与えられたのだとすれば、少なくとも労働力の不足分だけ交換比率は低いものとなる。しかし仮想「栗林指環連合」が栗林文化の中核を担う共同体の結合として存在し、完成された石斧を搬出していたとするならば、連合は交換価値の共同受益者となりうる。いや、むしろ栗林の地域圏内に対し、石斧を分配する仕組みの上に、連合が成り立っていたのだとすれば、これを担い支える諸集団の中に、共同体をまとめる首長層の存在も予想されてきます。これまで発掘された連合を構成する諸遺跡には、残念ながら、それは認められません。仮想が実態に近ければ、連合内の均衡を保ち利害を調整する機構や制度が機能していたものと考えられますが、今のところ皆目見当がつきません。連合を束ねる優位な集団があったと仮定するなら、千曲川の右岸域にある榎田遺跡とその周辺部（春山B遺跡など）、あるいは松原遺跡とその周辺の遺跡ではなく、左

6　生産的分業と弥生社会　107

太型蛤刃石斧発掘報告遺跡

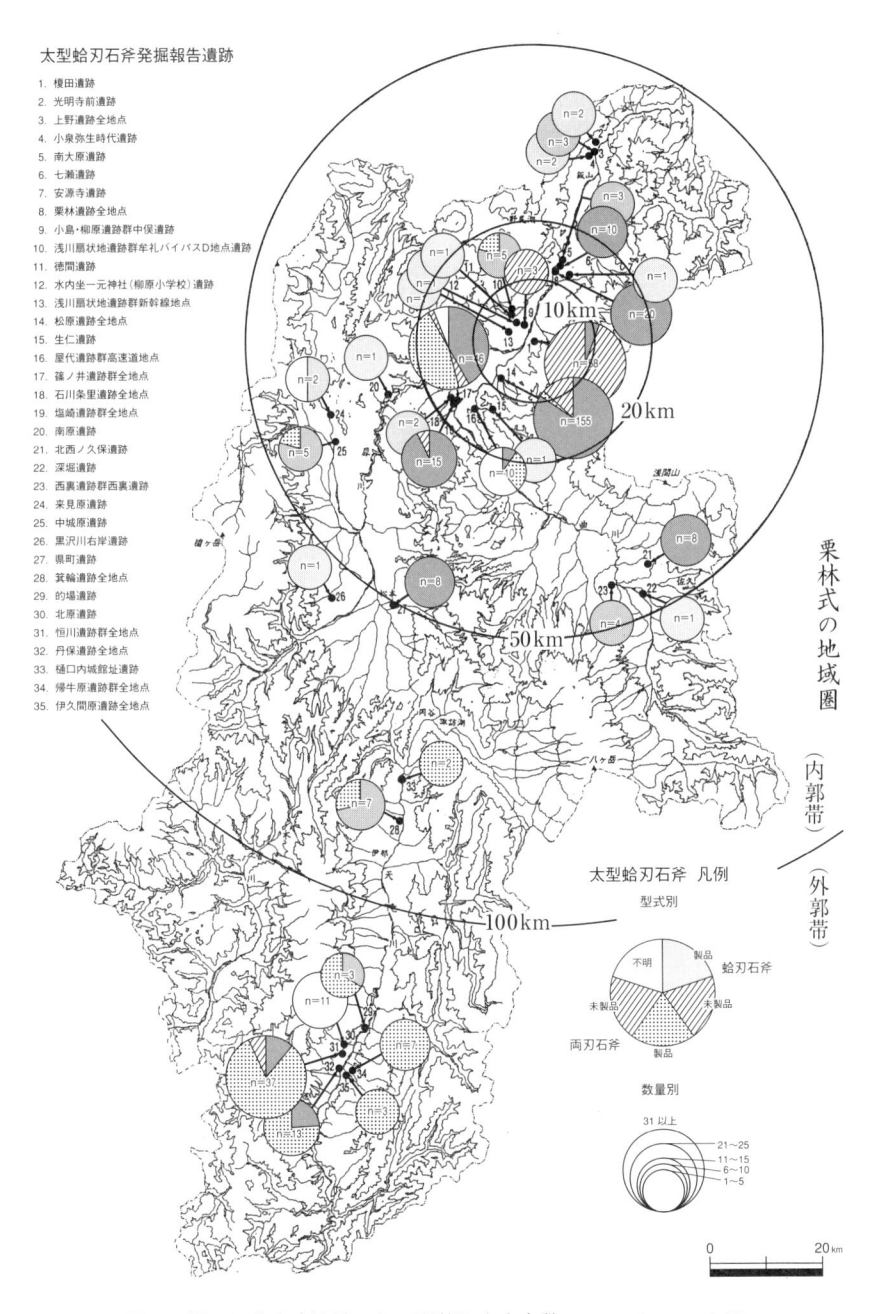

1. 榎田遺跡
2. 光明寺前遺跡
3. 上野遺跡全地点
4. 小泉弥生時代遺跡
5. 南大原遺跡
6. 七瀬遺跡
7. 安源寺遺跡
8. 栗林遺跡全地点
9. 小島・柳原遺跡群中俣遺跡
10. 浅川扇状地遺跡群牟礼バイパスD地点遺跡
11. 徳間遺跡
12. 水内坐一元神社(柳原小学校)遺跡
13. 浅川扇状地遺跡群新幹線地点
14. 松原遺跡全地点
15. 生仁遺跡
16. 屋代遺跡群高速道地点
17. 篠ノ井遺跡群全地点
18. 石川条里遺跡全地点
19. 塩崎遺跡群全地点
20. 南原遺跡
21. 北西ノ久保遺跡
22. 深堀遺跡
23. 西裏遺跡群西裏遺跡
24. 来見原遺跡
25. 中城原遺跡
26. 黒沢川右岸遺跡
27. 県町遺跡
28. 箕輪遺跡全地点
29. 的場遺跡
30. 北原遺跡
31. 恒川遺跡群全地点
32. 丹保遺跡全地点
33. 樋口内城館址遺跡
34. 帰牛原遺跡群全地点
35. 伊久間原遺跡全地点

栗林式の地域圏（内郭帯）（外郭帯）

太型蛤刃石斧 凡例
型式別
　蛤刃石斧
　両刃石斧
　製品／未製品／不明

数量別
　31以上
　21～25
　11～15
　6～10
　1～5

0　　20km

図9　榎田石斧生産遺跡からの距離と出土点数（註(6)第63図に加筆）

岸域に設営された中俣遺跡や水内巫一元神社遺跡等を含む小島・柳原遺跡群、または檀田遺跡を含む浅川扇状地遺跡群に求められるのかもしれません。栗林文化に「クニ」とは呼べないまでも強固なまとまりがあり、それを統率するリーダーが出現していたのだとすれば、彼の墓「栗林の王墓（オウボ）」は千曲川左岸域に眠っている可能性があるのかもしれません。

　仮想「栗林指環連合」は、「栗林文化の三角形」を核とする連合組織を仮定しています。栗林文化圏内の連合体は、中野・飯山地域、佐久地域、松本地域、諏訪・上伊那地域にも同様に存在したと考えられます。ちょうど「栗林文化の三角形」から50kmさらには100km四方に位置し、栗林文化を支える地域の核として、共同体の正統な威信財「栗林式石戈」を保持し、秩序づけられていたものと想像しています。榎田産太型蛤刃石斧の供給・分配の範囲にも相当しており、この勢力範囲を栗林文化圏の内郭帯と呼びたいと思います。飯田・下伊那の地域は、いわゆる「北原式土器」を持つ地域であり、「栗林文化の三角形」から100kmを超えた位置にあります。栗林文化を支えるというよりは、対等な社会として存在し、交渉関係を維持していたものと想像しています。いわば栗林文化周縁の接触地域としての位置づけであり、この範囲を栗林文化圏の外郭帯と呼びたいと思います（図9）。このように栗林文化は、内郭帯と外郭帯の重層した地域構造をもつ社会して位置づけられそうです。

　以上、信州の弥生文化、中期に相当する栗林文化について、現状の考古資料・石器から考えてみました。考古学というよりは、絵空事に近い話かもしれませんが、信濃の原始を探る"きっかけ"となれば幸いです。

付記
　本稿は、2001年3月18日長野市立博物館講演「長野に史書のクニを求めて─石器に弥生の社会を読む─」の内容を、博物館の許可を得て、講演原稿を編集し直したものです。小見出しについては本書用に変更したほか、本書に掲載した図・表・写真については下記註の文献より抜粋しました。

註
（1）　長野県埋蔵文化財センター　2000『上信越自動車道埋蔵文化財発掘調査報告5
　　─長野市内その3─　松原遺跡　弥生・総論5』。写真1〜3は報告書（巻首図版

1・3・4）より転載。
（2）　平野進一 1992「大陸系磨製石器類の終焉と鉄製品の普及」『第31回埋蔵文化財研究集会　弥生時代の石器―その始まりと終わり―』埋蔵文化財研究会
（3）　町田勝則 1997「稀少なる品々―信州弥生文化にみる特殊遺物の変遷―」『人間・遺跡・遺物3』
　　　町田勝則 1996「続・稀少なる品々―栗林文化―」『長野県考古学会誌』80号
（4）　下條信行 1982「武器形石製品の性格」『平安博物館研究紀要』第7輯
（5）　関沢　聡 1994「松本平東部における弥生時代の石製武器について」『中部高地の考古学Ⅳ』
（6）　長野県埋蔵文化財センター 1999『上信越自動車道埋蔵文化財発掘調査報告書12―長野市内その10―榎田遺跡』
（7）　半珙状勾玉は、韓国の勾玉をモデルに弥生人が生産したものだという。木下尚子 1987「3.垂飾」『弥生文化の研究8　祭りと墓と装い』
（8）　永峯光一 1966「鏡片の再加工と考えられる白銅板について」『信濃』第18巻4号
（9）　下條信行 1975「北九州における弥生時代の石器生産」『考古学研究』第22巻1号
（10）　酒井龍一 1974「石庖丁の生産と消費をめぐる二つのモデル」『考古学研究』第21巻2号
（11）　都出比呂志 1989「弥生時代における社会的分業における性格」『日本農耕社会の成立過程』
（12）　榎田遺跡出土の完成品4点は、石斧製作関連資料とは一括性を欠いている。除外して差し支えのない資料と考えるが、詳細は註（6）を参照のこと。
（13）　長野県埋蔵文化財センター2000『上信越自動車道埋蔵文化財発掘調査報告書5―長野市内その3―松原遺跡　弥生・総論7』
（14）　町田勝則 2001「弥生石斧の生産と流通に関するモデル試論―太型蛤刃と扁平片刃の経済的循環の違い―」『中部弥生時代研究会　生産と流通』

武器形石製品と弥生中期栗林式文化

馬場　伸一郎

1　研究史と問題の所在

(1) 研究史

　武器形石製品とは、銅剣・銅矛・銅戈、あるいは鉄剣を模倣した石製品の総称である[1]。その本格的な研究は大正時代にまで遡る。

　梅原末治は、武器形石製品を銅剣を模倣した第1類と「石槍形」の第2類にまず大別し、補記のなかで第1類をIからIVに細別した。そして、それぞれの淵源を、IIは「支那式銅剣」、IIIは「クリス形銅剣」、IVは「細形銅剣」であるとした（梅原 1922）。そして1923年、高橋健自は「銅剣銅鉾考」のなかで、梅原の分類を基本的に踏襲しつつ、武器形石製品を第1類：鉄剣形石剣、第2類：有柄式石剣、第3類：有樋式石剣、第4類：クリス形石剣に分類し、その出土地一覧表を示した。第1類には諏訪市ミシャグチ平[2]出土の「有孔石剣」（鳥居 1924・八幡 1933）が含まれ、第3類は後に佐原真のいう「銅剣形石剣」に相当する。第4類のクリス形は、下條信行のいう「九州型石戈」と呼ばれるタイプに相当する。「有孔石剣」など東日本に分布する武器形石製品はともかく、分類の大枠は梅原・高橋の研究でほぼ固まりつつあったとみてよい。梅原は1923年から1924年（梅原 1923-1924）と1927年（梅原・島田 1927）に続けて武器形石製品の分類に言及し、並びに出土地一覧・実測図・写真図版を完備した集成を行い、より一層の研究の基礎固めを実践した。

　さて、森本六爾は1929年に『日本青銅器時代地名表』で、高橋の4分類に「変形鉄剣式」と「有角式」を追加した（森本 1929）。ミシャグチ平出土の「有孔石剣」が豊田村笠倉出土品と共にここで「鉄剣形」から「変形鉄剣式」という新たなカテゴリーへ分類されたことに注目したい。

　森本は1930年、群馬県富岡市鏑川河底から発見された「クリス形石剣」[3]に注目し、同例が新潟県中頸城郡潟町にて出土していることを指摘した（森本 1930a）。それは九州北部のものに比べ幅広で厚さもあり、変形の度合は大きいと言及する。森本は関東・中部高地に「クリス剣式」が認められる意義を次のように考察した。すなわち、「クリス形石剣」の祖形である「クリス形銅剣」は東へ分布を広げるに従い幅広となり、そして内が短小化し、鋒が鈍くなる。

関東・中部高地出土の「クリス形石剣」が九州北部のそれに比べ一層変形しているのは、「クリス形銅剣」の変形と軌を一にしているからであるという。また後藤守一は、「クリス形石剣」は潟町例がむしろ古く、九州北部例が省略形であるという理解（後藤1930）を示したが、森本はそれを批判した。森本は、九州北部の「クリス形石剣」に、銅剣と同様、「狭鋒」と「広鋒」の二者があることを明示することで、「狭鋒」タイプのクリス形石剣がより古いタイプであることをまず指摘した。続いて九州北部のクリス形には鎬が明瞭であるいっぽう、関東・中部高地の諸例にそれが認められないことをもって、九州北部例がより古く、関東・中部高地例がより新しいという新旧関係を示した（森本1930a、1930b）。

　森本の研究は「クリス形石剣」にとどまらず、「有角石斧」にも及ぶ。中谷治宇二郎によりそれは下総・常陸・武蔵の関東の一部に出土が認められるものであり、閃緑岩質の石材を用いることが既に指摘されていた（中谷1924）。森本は「有角石斧」を、銅剣銅矛のなかでも特に平形銅剣等を模倣して現れた磨製石器と理解した。そのため「有角式石剣」という名称を付している（森本1930c）。また「有角式石剣」は「変形鉄剣式」同様に閃緑岩質の石材を用い、そして「変形鉄剣式」より東方に分布し、「一層石剣としては手法や形が変形している」（森本1930c：11頁）点を挙げる。その結果、「有角式石剣」が「変形鉄剣式」より後出する器種であるとした。これにより、近畿以西の「有柄式」・「クリス形式」・「鉄剣式」、中部高地・関東西部の「変形鉄剣式」、関東東部の「有角式」という武器形石製品の地域性、金属器との模倣関係、武器形石製品相互の時間的前後関係といったあり方が復元されることになる。

　その後、小林行雄は「クリス形石剣」を「石戈」と改め（小林1951）、有光教一は「有柄式石剣」を「無樋二段柄式」と「無樋一段柄式」に分け、「有樋式石剣」を「有樋有茎式石剣」とし（有光1959）、佐原真は「有樋式石剣」を「銅剣形石剣」に改めた（佐原1970）。1970年代までにおおよそ今日に引き続き使われる器種名が定まる。そうした器種名や分類のあり方の推移は種定淳介の論考に詳しい（種定1990a）。

　このように、森本までの研究により東日本を含めた武器形石製品の位置づけが定まりつつあった。さてその後、どのような研究へ展開したのか、（1）集

1 研究史と問題の所在

成・分類・分布、(2) 祭祀的意味を含む出土意義の検討の二つの側面から武器形石製品の研究史を整理しよう。

まず集成と分類では、広い地域を見渡した研究と、中部高地を中心に扱った研究の二種類がある。

全国的に石戈の集成を行った下條信行は、石戈の分類・変遷・分布を示し（下條 1976・1982）、無樋式の「九州型石戈」と有樋式の「近畿型石戈」を設定した。北部九州の「九州型石戈」は、唐津・福岡といった銅戈の出土量が多い地域では出土量が最低量に近く、銅戈の出土しない遠賀川流域・日田・宇佐などでは多く出土するという。これより、細形銅戈の代替品として石戈が創出されたと考える（下條 1982：10頁）。

また下條は、「近畿型石戈」には大阪・奈良・滋賀の合計4例のほか、長野の松本市沢村例、群馬の鏑川河底例、新潟の潟町例の合計3例が該当するとした。ただし、関東・中部高地に分布する3例は、大阪の東奈良例や奈良の鴨都波例（堤ほか 1973）に比べ、明らかに形態差があるとし、「ある時点で近畿型石戈の影響を受け、それらの地方で独自に創出されたものであろう」と指摘する（下條 1982：19頁）。

その後、長沼孝はこれまでの武器形石製品の分類をおおむね追認した分類を示した（長沼 1986）。種定は佐原の「銅剣形」をⅠ式（有脊式）・Ⅱ式（有樋式）・Ⅲ式（無樋式）・その他に分類する案を発表し（種定 1990a）、北陸出土の磨製石剣に「有柄式磨製短剣」の設定を試みる（種定 1990b）。

さて関東・中部高地の研究はどうか。森本の研究の延長線上で八幡一郎が「有孔石剣」（森本の「変形鉄剣形」）の集成を行い、8例の実測図および写真を提示した。そこでは「有孔石剣」の寸法・属性・石材のみならず、援と内の境に認められる「節状隆起」[4]の有無、鎬の有無、石材の違いを詳細に報告した（八幡 1933）。同年、両角守一は大町市海の口の諏訪社に神宝として伝わる銅戈（両角は銅剣と呼ぶ）に触れ、それが日本海沿岸から将来したものであることを証明するために、「変形鉄剣形」や「クリス形石剣」が長野北部に分布することを引き合いに出す（両角 1933）。また、藤森栄一は長野北部の飯山・中野の弥生石器を集成し、そこで八幡一郎の「有孔石剣」に触れている（藤森 1937）。

その後、桐原健は「石戈形石剣」・「鉄剣形石剣」・「変形鉄剣形石剣」を合計

12点集成し、出土地情報のほか、石材・遺物の残存状態・共伴遺物を詳細に報告した。桐原の研究の特色は共伴遺物による武器形石製品の時間的位置づけを行った点である。その結果、武器形石製品の時期を中期栗林式であるとした（桐原 1963：242-243頁）。同年、小林茂は秩父地方に有孔石剣が2例あることを報告する（小林 1963）。1980年には新田栄治が東日本の武器形石製品の分布と変遷を俯瞰し、有孔石剣と石戈が出土した長野と群馬西部・秩父は、土器型式上でも相互に関連の深さが確認できると指摘する（新田 1980）。難波洋三は1982年に、長野市平柴平遺跡出土の「有樋石戈」は、中期中葉以前に銅戈が長野盆地南部に将来された可能性を示すと指摘した。あわせて、「有樋石戈」で先端が両刃となる潟町例・鏑川河底例と、宮ノ台期から出土する弱い樋をもつ有角石斧[5]が相互に関連あるものとし、「有樋石戈」から有角石斧の成立へ言及した（難波 1986）。

そして1991年には、飯島哲也が長野市松原遺跡から出土した「有樋・短小式」の石戈を報告し、九州を除く各地方の石戈出土地の一覧表を示す（飯島 1991a）。石川日出志は国立スコットランド博物館所蔵のマンロー資料である茨城県出土の有孔石剣を報告し、有角石斧分布圏に有孔石剣が存在することを根拠に、「有孔石剣から有角石斧へ」という坪井清足の説（坪井 1960）を傍証できるとした。また、松本市宮渕本村出土の有孔石剣を介して、「石戈から有孔石剣」の変形の道筋を明らかにできること、そして栗林式土器分布圏内に石戈・有孔石剣が集中して分布していることに言及した（石川 1992）。春成秀爾も同年、「石戈から有孔石剣へ」を図示し、有角石器が中部高地の「変形石戈」に由来する点を指摘した（春成 1992）。続けて1997年にも武器形石製品の変遷図を示した（春成 1997）。

さて、関沢聡は松本市界隈で多数出土する武器形石製品について、石材・寸法のみならず形態・製作技術の特徴を再実測図とともに詳細に報告した（関沢 1994）。武器形石製品の製作技術的研究が少ないだけに、示唆に富む指摘が多い。

最近では桐原が2006年に上越・中部高地の武器形石製品を再度集成し、改めて栗林式土器分布圏に石戈と有孔石剣が濃密に分布していることを確認した。その上で、大町市海の口の「大阪湾型銅戈」が日本海沿岸から一端長野盆地南部に搬入され、長野北西部の大町へと運搬されたと推測した（桐原 2006）。

弥生中期以外の武器形石製品の報告例では、設楽博己が、縄文晩期末の氷Ⅰ式の遺跡である松本市石行遺跡に、朝鮮半島南部や北部九州の弥生前期に特徴的な、身部に木目状縞模様のある有柄式磨製石剣の鋒部があることを指摘し、それが西日本との相互交流のなかでもたらされたものであると推測した（設楽1995）。

　次に（2）の武器形石製品の出土意義について触れた研究史を整理する。小林行雄は「銅鉄製の剣鉾や磨製石剣などは、狩猟の用に供されたというよりも一般的な攻撃的武器と見るべきもの」と考えていた（小林 1951：110頁）。石戈については松尾禎作が実用武器説を唱え（松尾 1935）、児島隆人は石戈の一部に身部が短小となり、内が欠落するなど、実用として機能を果たすことができない要素があることに注目し、かならずしも実用武器とは限らないと考える（児島 1934・1940）。大場磐雄は、武器形石製品を「一種の宝器又は儀器」と考え、「青銅剣を入手し得ざる階級が之（筆者註：武器形石製品）を模作したものであろう」と推定した（大場 1948：54頁）。また、朝鮮半島の磨製石剣を出土の状況を含め広く集成した有光教一は、埋葬施設から副葬品として「有柄式」・「有樋有茎式」が出土することを指摘した。また朝鮮半島に分布しない石戈については、包含層のほか埋葬施設からの出土も確認できるため、やはり磨製石剣とともに副葬品としての性格を備えると考える（有光 1959）。坪井も1960年に東日本の有孔石剣を「宝器的な石剣」とし、実用品ではない点を示唆した（坪井 1960）。

　武器形石製品の意義を真正面から捉えたのは、石戈に限られているとはいえ、下條であろう。下條は石戈の形態からみた場合、より新しい形態ほど着柄機能が弱化する点を強調し、あわせて石戈自体の出土量の少なさを指摘する。その結果、「儀武器的用途」を推定した（下條 1976：245頁）。後年、下條は論をさらに発展させ、石戈に副葬品・祭祀具・埋納（デポ）の三側面があることを出土状況の点検から明らかにする（下條 1982）。そこでは特に山口県の宮ヶ久保遺跡（中村 1977）の、武器形の木戈・木剣と石戈が接する上下の層から出土した点に注目し、石戈と木戈・木剣が性格を共有する祭祀具であったと言及した。異なる材質の祭祀具を結びつけた初めての指摘である。

　さて、中村友博は、武器形石製品について特に言及してはいないが、大形の

武器形青銅器・銅鐸と武器形木製品の分布圏がほぼ一致する点を拠り所に、「祭祀の重層性」の存在を推定し、それは「夫婦・門戸・宗族」という『魏志倭人伝』に表記された社会の重層化の現れでもあるとした（中村 1987）。種定は銅剣形石剣と銅鐸出土地が近接して出土する例があることなど、事例を踏まえた見解を提示し、武器と鐸は青銅製であれ、それ以外の模倣品であれ、両者は祭祀具として併存していた可能性が高いと考える。そして青銅製とそれ以外は、材質の違いを起因とする格差が存在するため、非等質で、最終廃棄の場が異なったと推定した（種定 1990a）。また春成秀爾は、武器と武器形祭器を区別する特徴の一つに、材質が他の材質に変化する点を挙げ、「石戈」・「有孔石剣」・「有角石器」がそれに該当すると指摘する（春成 1999）。

ところで、吉田広は異なる材質の祭祀具に対し、これまでとはやや異なる意義を提示する。全国的視野から石製・木製・土製の武器形青銅器模倣品について、特に組成のあり方を点検した。その結果、石製模倣品の石材の相違は地域差に還元できること、そして模倣品の場合、一地域内での素材差による重層性もなく、一遺跡で素材を違えた模倣品が共存することもほとんどない。ここから、「模倣行為は、武器形青銅器を頂点とした多層構造を意識的に形成しようとはしていないらしい」（吉田 2004：56頁）と考える。

いっぽう、中部高地出土の武器形石製品の意義について触れた研究では、飯島は、鋒のない松原遺跡出土の石戈が、破損品・再生品・集落遺跡出土品が多い長野の青銅器の特徴（桐原 1966）に類似すると指摘した（飯島 1991a）。また関沢は、出土した武器形石製品に多くの人為的破壊例が認められ、また遺構に伴う事例が少ない点を根拠に、石戈・有孔石剣は「一定期間、祭器として使用・保管された後、祭祀が終了する時点で人為的に破壊され廃棄された」と推定した（関沢 1994：214頁）。町田勝則は集落規模と武器形石製品・玉類の出土状況に有意な関係があるとし、石製品の保有ランクを推定した（町田 1996・1997）。また小林青樹は銅戈・銅戈形石製品と山岳信仰の関連性を推測している（小林 2006）。

(2) 問題の所在

研究史を整理した結果、次の2つの研究課題が残されていると考える。

まず各種武器形石製品の集成が進められているが、特に中部高地で多数出土

1 研究史と問題の所在 119

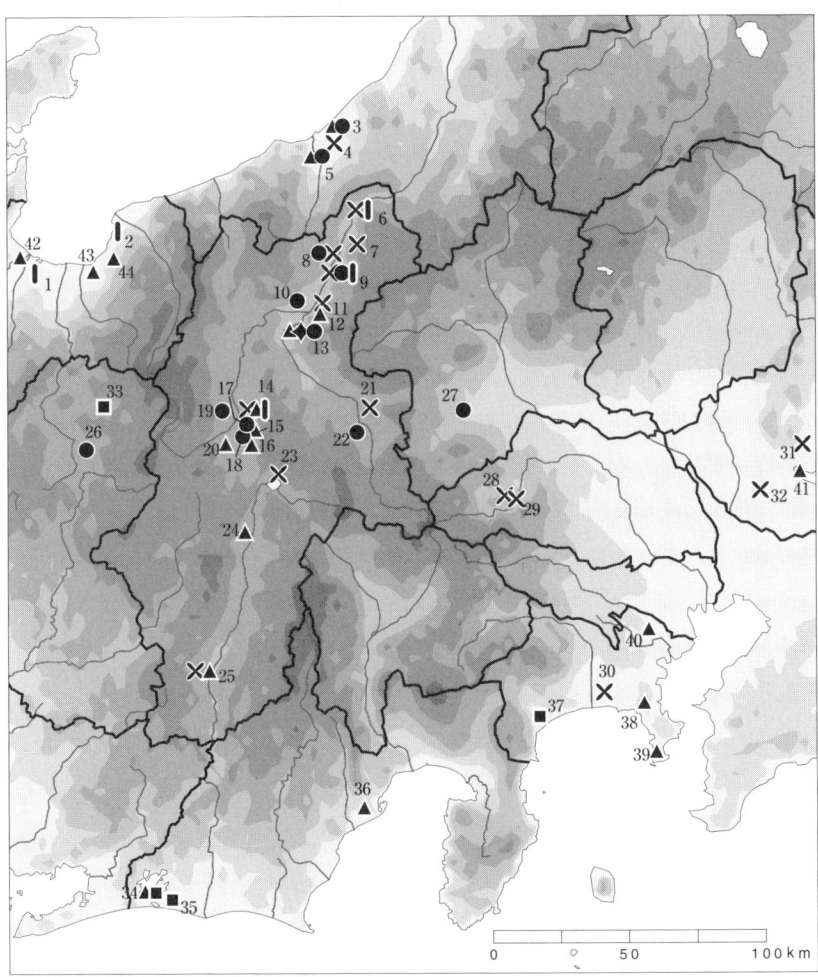

▲ 磨製石剣（含 有柄式磨製短剣）　● 銅戈形石製品・土製品　✕ 変形銅戈形石製品
❘ 有孔石製品・斧形石製品　◆ 独鈷石　■ サヌカイト製打製短剣

図1　武器形石製品および関連する石製品の分布図

1 作道　2 堀切　3 潟町　4 頸城郡　5 吹上　6 太田堀ノ内　7 北和栗　8 笠倉　9 栗林
10 平柴平　11 榎田　12 春山B　13 松原　14 宮渕本村　15 県町　16 石行　17 蟻ヶ崎　18 沢村
19 黒沢川右岸　20 境窪　21 西一本柳　22 北浦　23 ミシャグチ平　24 箕輪　25 恒川　26 畑館址
27 鏑川河底　28 小鹿野町　29 井上　30 杉久保　31 新池台　32 茨城出土（マンロー資料）　33 宮原
34 角江　35 梶子北　36 川合　37 中里　38 池子　39 赤坂　40 大塚　41 伝霞ヶ浦沿岸　42 新庄川
43 小出　44 大谷

(33～35は石黒 2002、37は川合 2000、42～44は種定1990bから引用)

する「石戈」・「有孔石剣」の型式学的検討が未着手で、石川・関沢により、「石戈から有孔石剣」という変形が指摘されるに留まっている。中部高地出土の武器形石製品は表採資料が多く、そのため型式学的研究を難しくしていたが、近年、発掘調査出土例が増えたため、時期を踏まえた検討が可能となりつつある。武器形石製品の型式学的変遷と共伴土器の関係を点検することで、各種武器形石製品の系統関係を明らかにしたい。それが明らかになれば、各種武器形石製品の時期差や、あるいはその併存状況を確認することができる。それは武器形石製品の意義に関する議論を一歩進めるための基礎的研究でもある。

次に、出土する武器形石製品の意義については、実用品説・非実用品説のほか、「祭祀の重層性」の存否、そして祭祀終了後の人為的な破壊による廃棄といった使用サイクルにまで議論が及んでいる。いっぽうで、集落遺跡出土品の場合、集落構成員と武器形石製品がどのような関係にあったのかという集団論へ議論を発展することが可能でもある。その点の研究も未着手である。

上記の大きく2つを本稿の問題とし、最終的に武器形石製品の研究から栗林式文化の、特に宗教的側面を考察したい。

2 武器形石製品および関連する石製品・土製品の特徴と時期

(1) 磨製石剣（図2・図3）

種定によれば、北陸地方の磨製石剣には近畿地方を主たる分布圏とする「銅剣形石剣」のほか、「有柄式磨製短剣」と「鉄剣形磨製石剣」があり、有柄式磨製短剣には把頭の確認できるA類と、その確認が困難なB類が存在するという（種定1990b）。これから説明する有柄式磨製短剣は全て種定のB類に該当する。

図2-1から3は上越の出土例で、1・2は吹上遺跡出土品である。1は残存長6.7cmで、全体形を窺い知ることができない。頁岩である。残存する幅を手掛かりにすれば、磨製石剣の可能性が高い。2は有柄式磨製短剣である。全長8.4cmで、頁岩である。表裏に研磨以前の剥離加工面を大きく残す。柄の部分の両側面は研磨による面取りで、刃潰しされる。そして関の張り出しがはっきりしている。1・2は遺構外出土品であるが、吹上遺跡の継続幅からして、

2 武器形石製品および関連する石製品・土製品の特徴と時期 121

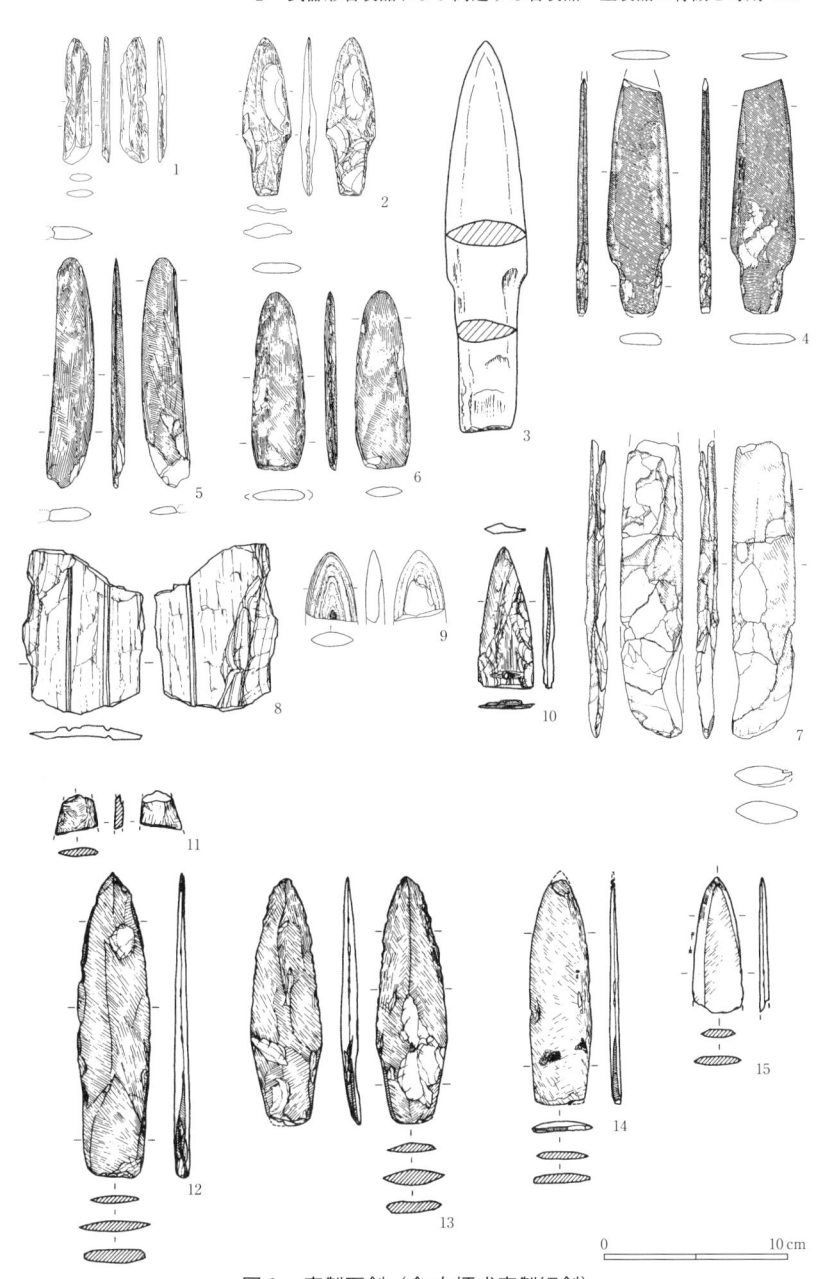

図2 磨製石剣(含 有柄式磨製短剣)
 1・2 吹上 3 潟町 4〜6 松原 7・8 春山B 9 石行 10 境窪 11 県町
 12 宮渕本村 13〜15 蟻ヶ崎

栗林1式から栗林2式新段階に併行する時期の石製品である。3は上越市の大潟町潟町吉崎新田出土で、有柄式磨製短剣である（後藤 1930）。後藤守一によれば、粘板岩製でるあという。全長20.8cmと最も長大で、関の張り出しが明瞭である。

4から8は長野盆地南部出土例である。そのうち4から6は松原遺跡出土品（町田 2000）である。4の有柄式磨製短剣は、推定全長15cm弱で表裏ともほぼ前面に研磨加工が施され、関の張り出しは明らかである。石材は珪質岩A[6]である。5は「石刀状石製品」と報告されたものである。長さ12.2cmで、表面左側辺の上下に施溝分割痕が確認できる。筆者は5を磨製石剣のブランクと考え、5の状態の後、研磨加工により鋒と基部側を作り出すと考える。石材は珪質岩Cである。6は長さ9.4cmの磨製石剣で、表裏とも研磨加工が施されるものの、表裏の研磨が不完全である点と、鋒の先端が鋭角にならず丸みをもっている点で未成品と考えられる。おそらく5のブランクから更に研磨加工が進んだ状態であろう。石材は珪質岩Aである。4から6の時期は、4がSB1106出土で栗林2式中段階ないし新段階に該当する。5・6は遺構外であるため時期を断定することはできないが、集落の時期幅を鑑み、栗林式の幅のなかに位置づけることはが可能である。

次に、春山B遺跡では磨製石剣の製作工程を把握できる重要資料が出土した（臼居・町田 1999）。7は栗林2式中段階の竪穴住居跡SB37から出土した磨製石剣未成品と考えられる石製品である。石材は珪質岩で、残存長は15.7cmあり、推定長は18cm程ある。表面には被熱痕が認められる。表面右側辺には刃縁が形成されるいっぽう、左側辺は研磨で面取りされている。左側辺は刃縁形成の途中であろう。8は栗林2式新段階の竪穴住居跡SB01から出土した。そこでは粘板岩製の板状剥片の表面に3条、裏面に1条の縦方向の施溝が認められる。長さ8.8cm・幅6.7cmの長方形状で、先端・末端を欠損する。当初磨製石鏃の素材分割前の状態とも考えたが、長さ5cm弱を通常とする磨製石鏃にしては分割剥片1つあたりのサイズが大きすぎる。そのため、5の施溝分割痕を有する未成品例と対応する、磨製石剣の素材分割ブランクと考えられる。

9から15は松本市界隈で出土した磨製石剣である。9の石行遺跡出土例は、設楽博己により木目状縞模様を特徴とする有柄式磨製石剣断片と報告され、冒

頭に触れたように縄文晩期末の氷Ⅰ式あるいはその直後の土器集中地点から出土した（設楽 1995）。10は弥生中期中葉の境窪遺跡4号住居跡出土の磨製石鏃である（竹原ほか 1998）。長さ7.4cmで粘板岩製である。子細に観察すると、節理面で折れた末端面を研磨で再加工した痕跡が認められる。また孔の付近に、穿孔直前に研磨にて浅く筋状に凹ませた痕跡をとどめ、その痕跡が周囲の剥離面などよりも後出することがわかった。したがって、磨製石剣の鋒の断片を磨製石鏃に転用したものであると考えられる。なお、表面右側辺は研磨による面取りで鋒付近まで刃潰しされており、実用品とは考えられない。11は県町遺跡16号住居跡出土の磨製石器断片である（直井・関沢 1990）。関沢聡は磨製石剣ないし銅戈形石製品の鋒の断片と考える（関沢 1994）。本例から器種を判定することは難しい。石材は粘板岩製である。

12は宮渕本村遺跡出土例で、そこでは中期後半から後期前半の竪穴住居跡が84軒検出された。松本盆地南部最大の集落遺跡と指摘される（関沢 1994）。本例は表採品であるため、出土地点情報は不明である。長さ16.2cmのチャート質の有柄式磨製短剣で、身と柄の存在が研磨による研ぎ出しにより明らかである。柄部表面の右側辺は研磨の面取りにより刃潰しされる。

13から15は蟻ヶ崎（城山腰）遺跡出土例である。過去に発掘調査はなされていないが、遺物散布地として知られる（関沢 1984）。資料は全て表採による寄贈資料であるため、時期など詳しいことは不明である。13は長さ12.9cmのほぼ完全な状態の有柄式磨製短剣で、石材は粘板岩製である。12の宮渕本村例と同様に、身と柄の境は明瞭で、表面は研磨の研ぎ出し面で、側辺は面取りによる刃潰し箇所の有無でその境を認識することができる。14は残存長11.8cmで石材は千枚岩と推定されている。平面形では身と柄の境が明らかではない。表面右側辺に研磨の面取りで刃潰しがなされる。15は磨製石剣の先端部断片で、粘板岩製である。関沢によれば、表面右側辺の研ぎ出し面は途中で消滅し、左側辺には研磨によって面取りされた箇所があるという（←→の部分）。それが刃部再生途中であったことを示す痕跡であるという関沢の見解を支持したい。

16は天竜川流域の上伊那郡箕輪遺跡出土の有柄式磨製短剣で、残存長は9.5cmである。復元長は15cm前後になろうか。石材は粘板岩である。関の突出はやや弱いが、身と柄の境は右側辺の面取り箇所の有無によりはっきりとしている。

17と18は信濃南部、飯田の恒川遺跡群新屋敷遺跡出土の有柄式磨製短剣である（佐々木ほか1986）。新屋敷遺跡では検出された弥生時代の竪穴住居跡11軒中9軒

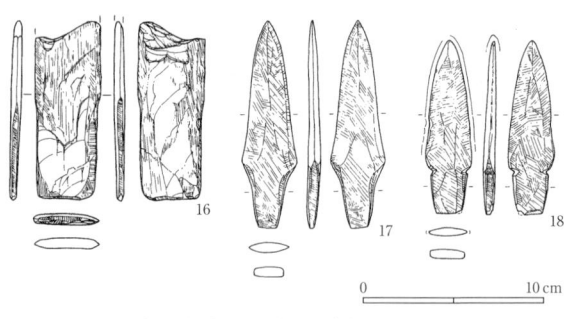

図3　磨製石剣（含 有柄式磨製短剣）　16 箕輪　17・18 恒川

が中期後半の北原期に該当する。したがって本例2点は遺構外出土であるが、北原期に伴う可能性が高い。17は長さ10.8cmで、関の張り出しが明瞭である。身と柄の境は極めて明瞭であり、それは表面の関の張り出しと柄側面の面取りにより容易に判断である。18は長さ9.2cmで、17と同様に身と柄の境がはっきりとしているが、その境となる部分に研磨でV字状に溝を入れることで境を作出する。その手法は中部高地内に類例を見つけることができない。また、鋒が鋭角とならずやや丸みを帯びていることから、鋒は再加工された可能性がある。17・18とも報告書によると珪質片岩とされる。

　これまで取り上げた各種磨製石剣は、松本盆地南部の石行遺跡出土例が縄文晩期末、同境窪遺跡例が弥生中期中葉であるほかは、全て弥生中期栗林式ないしその併行期に該当する事例である。以上、上越・中部高地には、合計18点の磨製石剣とその未成品、あるいは磨製石剣の可能性が考えられるものが出土している。

(2) 銅戈形石製品（石戈）・銅戈形土製品（図4）

　次に銅戈を模倣した石製品・土製品を点検しよう。なお、「銅戈形石製品」は「石戈」に相当する器種である[7]。

　図4-1は後藤守一が1930年に、上越市の大潟町潟町で学校生徒が採集したものと『考古学雑誌』に報告したものである（後藤 1930）。鋒については、「身の鋒は恐らく原形を存するものではなく、折れた為に、再び此を磨いて現形となしたものであろう」と指摘し、「青銅器文化の考察に一大寄輿をなすべきものというべきである」と考えている（後藤 1930：63頁）。先端の刃縁形は丸刃と

なっているのが特徴である。表裏に各2本ずつの樋が認められ、援表面と樋の境が明瞭な円弧を横断面形にみることができる。

　2は吹上遺跡出土の銅戈形土製品である。樋の部分に山形沈線文を有する本例を、吉田広は「近畿型銅戈を模した唯一の土製品」と評価する（吉田 2004）。本例は2号平地式建物から南東へ約3mの地点から出土した。時期は吹上1期（栗林1式併行、笹沢編 2006）である。

　3と4は長野盆地北部の出土例である。3は中野市栗林遺跡第8次調査出土の銅戈形石製品の断片で（檀原 1988）、残存長は4.3cm、石材は緑色の堆積岩である。張り出しのやや弱い胡の断片に相当する。表裏に樋が1本認められ、表裏とも丁寧な研磨で仕上げられている。樋の横断面形は、援表面と樋の境が明瞭なはっきりとした円弧である。樋の幅は4mmから5mmである。表面上端の折れ面（B面）には打点（▲印の箇所）が認められ、人為的に鋒を切断したことがわかる。おそらく表面左端の折れ面（A面）も同様に人為的に切断されたものであろう。切断面の前後関係から「A面の形成→B面の形成」という順序が考えられる。4は下水内郡豊田村笠倉採集の銅戈形石製品である（桐原 1963）。『信濃考古総覧』（大場磐雄監修 1956）の写真をみるかぎり、変質輝緑岩と思われる。実測図の表面には2本の樋が確認できる。なお、神田五六が報告した同地点出土土器（神田 1937）は、栗林2式中段階から新段階に特徴的に見られる縄文地文を伴う「コの字重ね文」甕である。本例はその時期に比定できるかもしれない。

　5から10は長野盆地南部出土品である。5の長野市平柴平遺跡出土品の実測図には、2本の樋と共に、2箇所の穿の存在を示す補助線が記入されている。栗林1式の土器を出土した5号土壙から出土した（笹沢 1982）。石材は不明である。

　6から10は長野市松原遺跡出土の銅戈形石製品である。過去の発掘調査により合計5点出土し（飯島 1991a、飯島 1991b、飯島・寺島 1993、町田 2000）、1遺跡の出土数としては最も多い。6は欠損部のない例で、石材は珪質凝灰岩と報告され、色調は茶褐色である。全長8.2cm、幅11.5cmである。表裏各2本の樋が明瞭で、その横断面形には援表面と樋の境がはっきりした円弧が認められる（写真1）。樋の幅は8mmから9mmである。

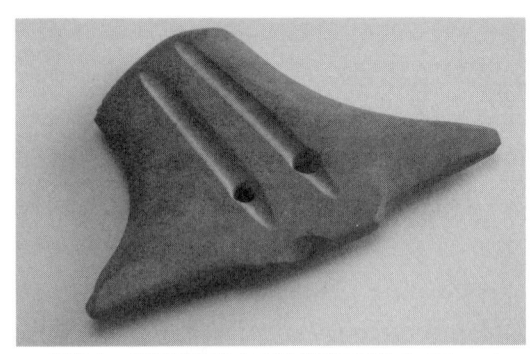

写真1　松原遺跡出土の銅戈形石製品1　(図4-6)

写真2　松原遺跡出土の銅戈形石製品2　(図4-7)

そして、援の中軸線と内の中心軸が成す角度は172度である[8]。双方の軸が一直線にならず傾きをもつことが、銅戈の模倣であることを示す重要な一要素である。本稿では以下、その角度を「援と内の中軸線が成す角度」と呼ぶことにする。

また、6の先端は両刃に研磨されている。石川が指摘するように(石川2005)、特に両刃の平面形が丸刃となり、まるで斧様の刃(斧刃)になっているのが特徴的である。そして胡の張り出しは強い。いっぽう、内の突出は弱く、援から内の方向へ縦断面形はゆるやかに厚みを減ずる。表面は援と内の境で研磨の研ぎ出しによる稜線が形成されるが、裏面ではそれは不明瞭である。また穿には紐擦れなどの痕跡は認められなかった。出土した第1次調査の竪穴住居跡SB25は栗林2式古段階の土器が多く、時期的に下がっても栗林2式中段階の範囲に石製品の時期を限定することができる。

7は残存長5.1cmで、石材は頁岩Dである。表裏に各2本の樋が認められるが、その横断面形では援表面と樋の境が弛緩し、また樋の凹みも6に比べ浅い(写真2)。樋の幅は8mmから9mmである。胡の張り出しは6に比べ若干弱く、内が認められない。裏側右端と上端の剥離面には打点が認められる。その前後関係に従えば、裏面右端がまず①の方向から切断され、①で形成された切断面を打面として②の方向から切断されたことがわかる。高速道調査地点のSD100から出土し、栗林2式新段階の時期に該当する。8は7と同様に石材は頁岩Dで、

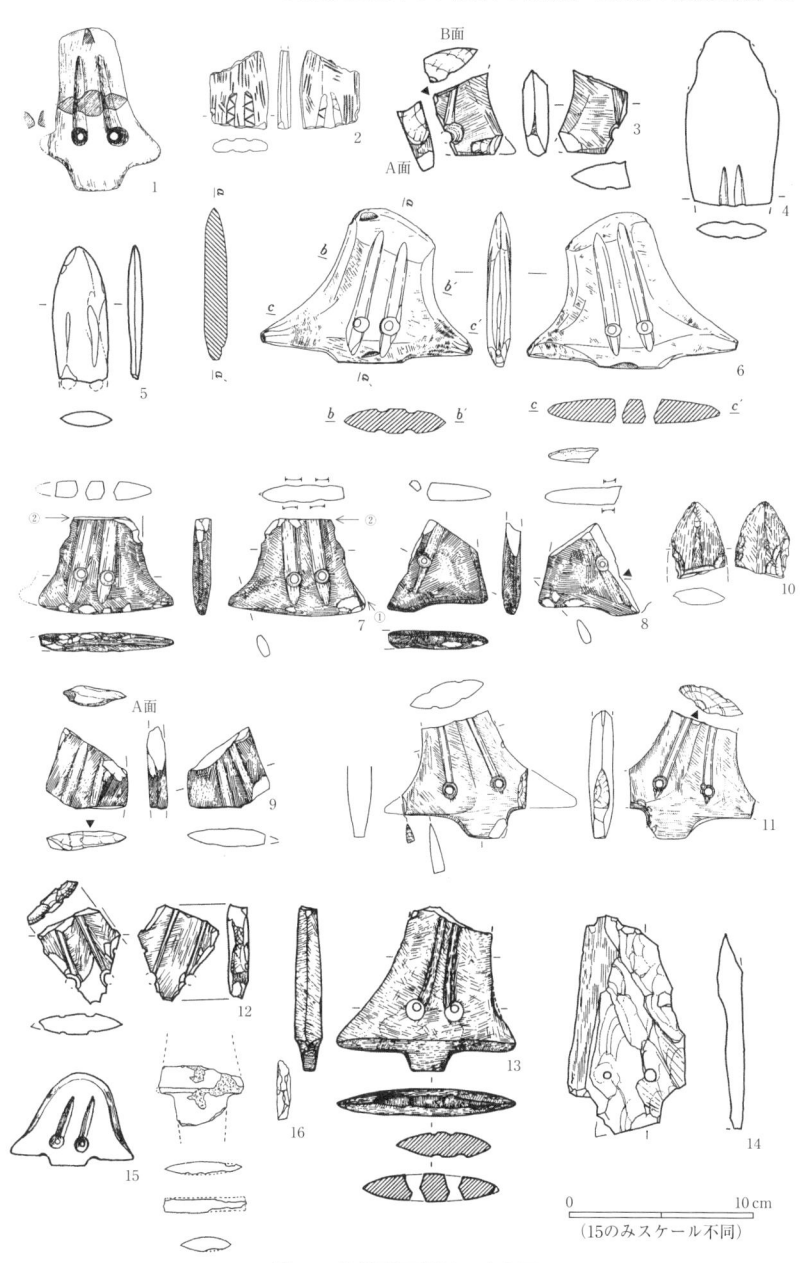

2 武器形石製品および関連する石製品・土製品の特徴と時期 127

図4 銅戈形石製品・土製品
1 潟町　2 吹上　3 栗林　4 笠倉　5 平柴平　6～10 松原　11 北裏
12 平畑　13 沢村　14 黒沢川右岸　15 鏑川河底　16 畑館址

弛緩した樋が表裏に各1本確認できる。樋の幅は4mmから8mmである。胡の張り出しは6・7に比べ弱い。また裏面右端の▲印の箇所に打撃痕が確認できるため、人為的に切断されていることがわかる。7と同様、SD100から出土した。

写真3　北裏遺跡出土の銅戈形石製品に認められる鎬と樋（図4-11）

9は援の断片で、表裏の樋とも凹みが浅く、援表面と樋の境は不明瞭で樋の幅は最大8mmである。石材は頁岩Dで、上端は曲げ折り、下端は▲印の箇所に打撃痕が認められる。少なくとも下端は人為的な切断である。注目したいのは表面上端切断面（A面）の研磨痕である。切断後、再加工を行った結果であろう。高速道調査地点西地区の遺構外出土のため、栗林式という時期以上に絞り込みはできない。10は久保勝正が「石戈の鋒」と報告したものである（久保1993）。石材は珪質頁岩かあるいは珪質粘板岩と報告される。断片には剥離で再加工が施されている。銅戈形石製品の鋒の確実な出土例はいままでになく、久保の指摘するとおり「石戈の鋒」とするとその初例となる。しかし、10の状態からでは積極的に銅戈形石製品の鋒と言及することも難しく、磨製石剣の鋒とも考えられる。ここでは判断を保留する。栗林2式新段階の土器の出土が目立つ竪穴住居跡SA110からの出土である。

11は佐久市北裏遺跡出土品(9)で、石材は輝緑岩(10)である。残存長6.8cmで上端と関の右部分を欠損する。その2箇所の折れ面には打点が明瞭であるため、人為的な切断とわかる。表裏各2本の樋の横断面形は、援表面と樋の境がはっきりとした円弧形である。樋の幅は4mmから5mmである。

形態については、まず内の突出が明らかであり、胡の張り出しは強い。援と内の中軸線が成す角度は162度であり、銅戈形のなかでは内に対する援の傾きが最も大きい。また、身部から内の方向へゆるやかに厚さを減じていく。身部と内の境付近にははっきりと稜線を形成してはいない。

表1　北裏遺跡出土の銅戈形石製品に共伴した栗林式土器の属性

	装飾帯構成			口縁形態			
壺	2+4·5	2·3·4·5	2·0·0·0	a	b	c	d
	4	4	1	3	1	1	2

	胴部文様				胴部の張り		
甕	縦羽状	横羽状	横羽状+列点	波状文+垂下文	a	b	c
			1	2		2	2

単位：点数

　本例の重要な特徴は、穿の付近にまで延びる鎬の存在である（写真3）。本例以外の銅戈形には鎬は認められない。また、本例の裏面右側の穿には、穿孔位置を決めるための目印の跡が残る。実際の穿孔は数mmずれた位置に施される。通常の製作手順としては、樋を形成した後、穿の穿孔という順序になるが、本例の裏面右側の樋と穿の場合、その前後関係を詳細に観察すると、穿の下方に飛び出した長さ3mm程度の樋は、穿の穿孔の後に付け足された樋であった。

　さて本例は溝跡からの出土で、表1のように共伴した栗林式土器の特徴を整理した。壺の装飾帯構成（石川 2002）は［2+4·5］・［2·3·4·5］・［2·0·0·0］の3種に限られ、3装飾帯に特有の舌状文には、幅狭で単位数が7つと多いものが含まれる。壺の器形では、口縁外反の度合の弱いもの（口縁形態 a類）が多数派であり、口縁先端部が水平になるもの（口縁形態 c類）はわずか1点である。そして受口状口縁は屈曲部から垂直に直立する（口縁形態 b類）。甕の場合、縦羽状文は認められず、横羽状文とそれに列点が付加される文様と、波状文と垂下文を組み合わせた文様に限られる。口縁形態 d類や胴部の張り c類のように新しい土器を若干含むものの、主たる土器の時期は少なくとも時期的に栗林2式中段階・新段階までは下がらず、栗林1式新段階（馬場 2006の佐久1期）を中心に、栗林2式古段階（佐久2期）までの範疇である。

　12から14は松本市界隈の出土例で、12は松本市平畑遺跡出土品である。遺跡の詳細は不明であるが、関沢によると弥生中期から後期の土器が出土するという（関沢 1994）。出土は遺構検出面からで、石材は頁岩である。表裏に各2本の樋が認められ、その横断面形は援表面と樋の境が明らかな円弧形である。樋の幅は3mmから5mmである。援の四方が全て欠損する。折れ面を観察すると、

その全ての面が「曲げ折り」という、打点の認められない特徴をもっている。先例と同様に恐らく人為的な切断によるものであろう。13は沢村遺跡出土品である（関沢 1994）。残存長8.7cmで、石材は頁岩あるいは粘板岩と推定される。鋒が欠損した状態で、表裏に各2本の樋が認められる。樋の横断面形には円弧形が明瞭で、樋の幅は4mmから5mmである。上端の折れ面の状態は観察することができなかった。胡の張り出しは明瞭で、なおかつ内の突出も明らかである。援と内の中軸線が成す角度は167度で、内に対する援の傾きが明瞭である。そして研磨方向が変わる身部と内の境付近にはっきりとした稜線を形成するため、援と内の境は11の北裏例よりも明瞭である。採集品のため時期は不明である。14は安曇野市（旧三郷村）出土の黒沢川右岸遺跡出土品である（百瀬 1988）。実見できなかったため、石材など詳細は不明である。実測図をみる限り、表面は大きく剥脱する。出土した遺構の情報が不明であるが、遺跡では栗林式直前段階から栗林2式にかけての土器が出土しており、本例もそのいずれの時期に該当するものと考えられる。

次に長野以外の事例を点検する。15は群馬県富岡市鏑川河底出土と森本六爾により報告された資料である（森本 1930a）。先端が「斧刃」で表面に2本の樋が確認できる。提示された実測図以外の詳細は不明である。16は、飛騨の高山市畑館址遺跡（畑殿屋敷）出土品である（吉朝 1992）。実見はしていないが、残存長5.6cmで、表面上部と下部の内の一部が欠損する。実測図をみる限り樋・穿は確認できない。援と内の中軸線が成す角度は178度から179度の範囲であり、1度から2度の角度で援の中軸線が傾く。そのため内の突出が明瞭な銅戈形とも考えられるが、断定は避けたい[11]。

以上、銅戈形石製品と同土製品は、2例の判断保留資料を除き、14例確認できる。全てにおいて共通するのは、鋒がない状態で出土する点である。それは桐原が1963年に指摘して以来（桐原 1963）、資料が増加した今日においても変わらない（関沢 1994）。

さて、銅戈形の形態的な特徴では、畑館址遺跡例と黒沢川右岸例の2点を除き、全てに樋が認められた。また内の部分は、11・13・14のように内の突出が明らかな一群と、6・8・15のように内の突出が弱い一群、そして7のように内が消滅してしまっているものと、大きく三群に分けることが可能である。

郵便はがき

料金受取人払郵便

麹町支店承認

8246

差出人有効期間
平成21年12月
09日まで

1028790

108

東京都千代田区富士見
二―六―九

株式会社 雄山閣
愛読者カード係 行

ご購読ありがとうございました。　是非ご意見をお聞かせください。

ご購入の書名をご記入下さい。

書名

のご感想および小社の刊行物についてご意見をお聞かせください。

雄山閣購読申込書

◇お近くの書店にご注文下さい。

書　　名	冊数

ご指定書店名	取次店・番線印	(この欄は小社で記入致します。)

◇お近くに書店がない場合は、このはがきを小社刊行図書のご注文にご利用下さい
郵便振込み用紙を同封させていただきます。
その際、送料380円ご負担となりますので、ご了承下さい。

ふりがな お名前		性別		生年月日　　年　月
ご住所	〒 お電話番号　　　（　　）			
ご職業 勤務先		所属研究 団体名		

■アンケートにご協力下さい。

〇本書をどこでご購入されましたか？
1.書店 2.生協 3.古本屋 5.インターネット 7.弊社直接販売 8.その他（

〇本書を何でお知りになりましたか？（複数回答可）
1.書店でみて 2.新聞・雑誌（　　　　　）の広告で 3.人にすすめられて
4.書評・紹介記事をみて 5.図書目録（内容見本等）をみて 6.その他（

〇本書への感想をお聞かせ下さい。
内容1.満足 2.普通 3.不満（理由
分量1.満足 2.普通 3.不満（理由
価格1.満足 2.普通 3.不満（理由

〇弊社図書目録を希望しますか？　〇新刊案内等の発送を希望しますか？
1.はい 2.いいえ　　　　　　　1.はい 2.いいえ

■ご記入いただきました個人情報は、弊社からの各種ご案内（刊行物の案内等）以外の目的には利用いたし

ここで内のあり方を手掛かりに、銅戈形石製品の型式学的変遷を考えてみよう。11の北裏例は内の突出が明瞭な上に、穿の付近にまで鎬がはっきりと確認できる。援と内の中軸線が成す角度は162度と銅戈形のなかで最も小さい角度である。そして援と内の境付近で研磨方向が変わり、緩やかに内の方向へ厚みが減少する。また樋は深く、その横断面形は、援と樋の境がはっきりとした円弧を呈する。そして樋の幅は最大5mmの範囲に収まる。13の沢村例には鎬は認められないが、援と樋の境が明瞭な上、樋の凹みが深く、その横断面形には円弧形が明瞭である。樋の幅は北裏例と共通する。研磨方向が変わる援と内の境付近には稜線が形成され、それにより援と内の境は明らかである。援と内のなす角度は167度と北裏例に次ぐ小ささである。また11・13の2例とも胡の張り出しの度合が強い。したがって、11・13は銅戈形のなかで最も古いタイプとして位置づけることが可能である。

　いっぽう、内が消滅した7の例では鎬を確認することはできず、また樋が浅く、樋の横断面形は援表面と樋の境が弛緩したため明瞭な円弧を形成しない。また樋の幅が最大9mmまで広がる。そうした諸々の特徴は内の突出が弱い8や、さらに9でも認められる。また、8の胡の張り出しは、11・13に比べ弱い。このように7を代表とする一群は銅戈形のなかでもより新しいタイプに位置づけられる。

　さて6の場合、内の突出は弱く、援と内の厚さの差は11・13に比べ緩慢となり、鎬は認められない。また樋の幅は最大9mmと広い。いっぽうで樋は深く、その横断面形には円弧がはっきりと確認でき、胡の張り出しは11・13に劣らない。援と内の中軸線が成す角度は172度と、北裏・沢村各例の角度より若干大きい。3の栗林例は断片資料のため位置づけが難しいが、樋が深く、また樋の幅は11・13と共通し、樋の横断面形は円弧を呈する。いっぽう、11・13に比べ胡の張り出しは弱い。12の平畑例の樋の状態は3と同内容である。6を代表とする一群は、先の古いタイプと新しいタイプとした中間の要素をもつ。

　このように内の突出の度合を手掛かりにした型式組列は、鎬の有無、樋の幅と深さ、樋の横断面形にみられる円弧の形態、胡の張り出しの度合の序列と矛盾がない。

　したがって、銅戈形石製品の型式組列を提示すると、[11・13]→[3・6]

→7となる。これまでのところ栗林1式あるいは栗林2式古段階の土器と共伴する銅戈形石製品・土製品は2の吹上と11の北裏の2例であり、北裏例は型式学的に古いタイプとして位置づけた資料である。また、中間タイプの6の松原例は栗林2式古段階から栗林2式中段階に、新しいタイプの7・8の松原例は栗林2式新段階の土器と共伴した。すなわち、銅戈形石製品の型式組列は共伴土器の時期とも矛盾しない。

なお、14の黒沢川右岸例は、栗林2式新段階の可能性も完全には拭い去れないが、いっぽうで栗林式直前段階にまで遡る可能性もある。そうだとすれば、松本市界隈には有柄式磨製石剣（設楽 1995）と共に銅戈形石製品にも栗林式以前の例が存在することになる。松本は内陸に存在する西日本世界との交流の窓口なのであろうか。

ところで、銅戈形の石材は、4の笠倉例以外、頁岩など堆積岩である。また、奈良県鴨都波遺跡出土品は身部が短小な上、先端が鋒状になっているが（堤ほか 1973）、1・6・15のように先端を「斧刃」にする手法は、西日本の銅戈形石製品には認められない手法である。そのため、中部高地在地の手法として注目できる。その「斧刃」の淵源については改めて後述したい。

(3) 変形銅戈形石製品（有孔石剣）と有孔石製品（図5・6）

次に変形銅戈形石製品の説明に移ろう。該当するのは「変形鉄剣形（式）石剣」（森本 1929、桐原 2006）、「有孔石剣」（鳥居 1924、八幡 1933）、「変形単孔石戈」（石川 2005）と呼ばれるもので、内(12)の部分に直径5㎜前後の円形の穿孔が施されたことを特徴とする石製品である。現在もなお名称に統一性がない。石川日出志は「有孔石剣が石戈から遊離して石剣の役割を果たしたことか明確でない限り、原形を重視した「変形石戈」、あるいは戈形が失われて剣形となったことを加味した「剣形石戈」などの名称がより適切」という（石川 1992：120頁）。

本例に該当する石製品が、銅戈形石製品からの変形であるという説は、桐原の指摘以降（桐原 1963、51頁）、増田（増田 1968）、石川（石川 1992）・関沢（関沢 1994）が指摘しており、筆者もそれを支持する。本稿では「有孔石剣」が銅戈形石製品に由来するという研究史の指摘を重視し、「変形銅戈形石製品」と呼ぶことにする。ただし、後述するように変形銅戈形には、銅戈形により近い

2 武器形石製品および関連する石製品・土製品の特徴と時期 133

ものと、逆に銅戈形からかなり変形が進んだものの二者を含むため、形態に幅があることに注意しておきたい。

　また、変形銅戈形石製品の時期について、桐原は、変形銅戈形に中期後半の栗林式土器が共伴する例が多いこと、そして変形銅戈形と同石材（閃緑岩）を用いる大陸系磨製石斧が変形銅戈形に伴うことが多いことから、中期後半に位置づける見解を以前示した（桐原 1963）。

　では、資料を点検しよう。1 は江戸時代の好事家による『神宝集』に掲載された変形銅戈形である（関 1986）。詳細は不明であるが上越の頸城郡出土と記され、これまでのところ日本海沿岸の唯一の例である。

　2 から 4 は飯山市界隈の出土例であり、うち 2 と 3 は飯山の太田堀ノ内出土品である（八幡 1933、藤森 1937）[13]。2 の厚さは 2 cm 程度あり、磨製石剣とは異質な厚さである。石材は閃緑岩と八幡・藤森は報告する。先端が左にやや湾曲するため、変形鉄剣形の鋒部分とみてよいであろう。3 は援下方から内にかけての断片であり、八幡・藤森によれば本例も閃緑岩であるという。厚さ 2 cm 弱で、内の穿孔径は 1 cm 弱と非常に大形である。4 は木島平村北和栗採集の、残存長約 8 cm、内の長さ[14] 3.8 cm の変形銅戈形断片である（八幡 1933）。八幡によれば援表面に微弱ながら鎬が認められるという。援と内の境付近が最も厚く、そこには「節状隆起」が認められる。また、援と内の中心軸が成す角度は 172 度である。一直線になった場合である 180 度より角度が小さいという点は銅戈形と共通する特徴である。

　5 から 7 は長野盆地北部の中野市界隈出土品である。5 は豊田村笠倉出土の変形銅戈形で、石材は閃緑岩製と報告される（八幡 1933）。完形で、長さ 16 cm 程度、内の長さは 5.1 cm である。援と内の境に、明瞭な段差をもち、明瞭な「節状隆起」が認められる。援と内の中軸線が成す角度は 177 度である。また「節状隆起」部分の張り出しが明瞭である。また写真（八幡 1933）を見る限り、内の穿孔部分には敲打加工により擂り鉢状に凹ませたあと、両側穿孔がなされている。図 4-4 の銅戈形と同一の遺跡で、先述と同様、栗林 2 式中段階から新段階の時期の可能性がある。

　6 から 7 は栗林遺跡出土品である。6・7 が出土した発掘調査区の栗林式土器は、栗林 1 式から 2 式新段階と幅広い。6 は 1994 年の発掘調査出土品で（檀

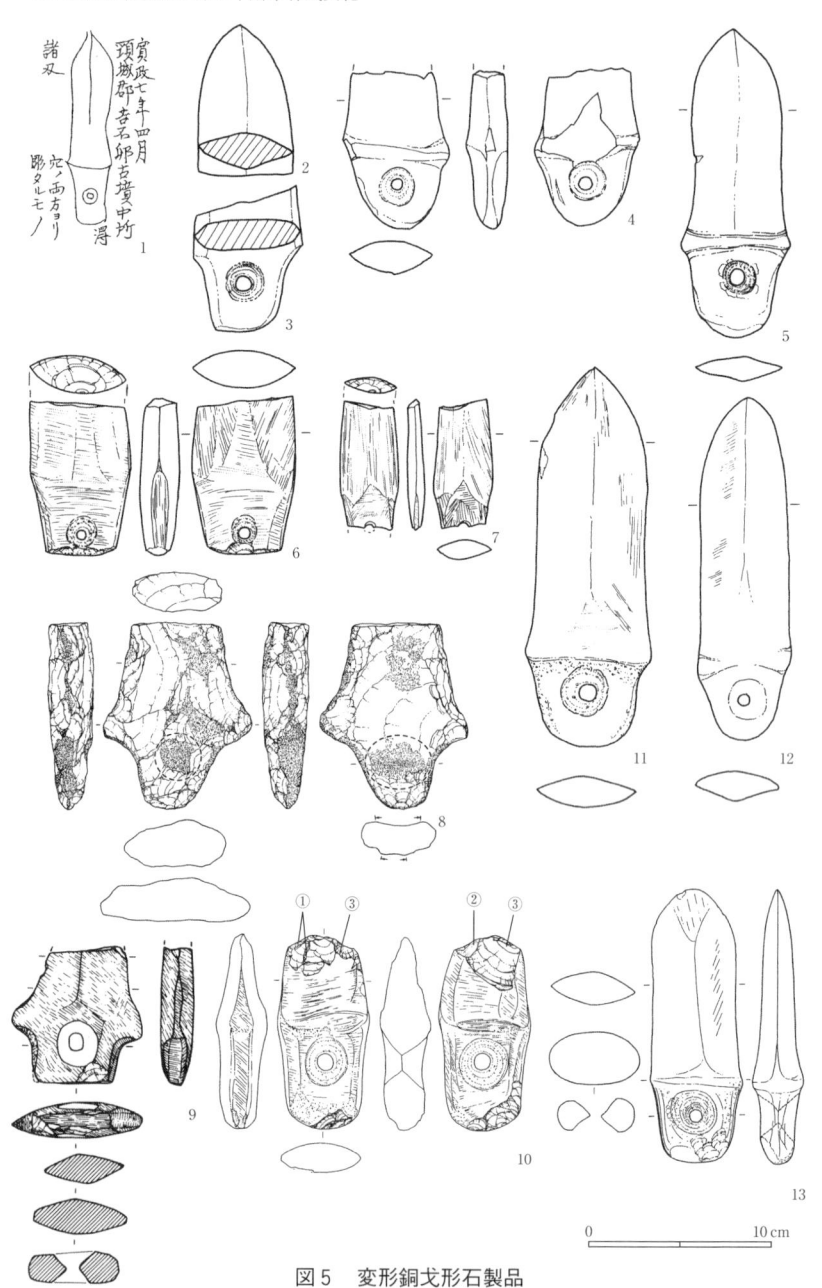

図5　変形銅戈形石製品
1 頸城郡内　2・3 太田堀ノ内　4 北和栗　5 笠倉　6・7 栗林　8 榎田　9 宮渕本村
10 西一本柳　11 ミシャグチ平　12 恒川　13 小鹿野町内

原 1995)、石材は変質輝緑岩である。鋒を欠損する例で、残存長8.2cm、内の長さは3.8cmである。援と内の中軸線がなす角度は177度である。胡に相当する部位の張り出しは弱い。また、援から内にかけての縦断面形には段差は認められず、ゆるやかに湾曲する。そして、援と内の境付近では研磨方向の違いが明瞭である。表面上端の折れ面には打点（▲印の箇所）がはっきりと認められるため、人為的な打撃による切断と判断できる。穿孔径は約6cmで、敲打ではじめ擂り鉢状に凹みを形成し、その後、両側穿孔を行う。7はこれまでの例とは石材が異質で、粘板岩製である（檀原 1992）。残存長は6.8cmで、厚さは1cm弱と閃緑岩製や変質輝緑岩製の約二分の一の厚さである。援と内の中軸線がなす角度は177度である。そして胡に相当する部位の張り出しは弱い。なお、閃緑岩製や変質輝緑岩製の例では、穿孔部付近に敲打痕が認められるが、本例にはそれがない。表面上端の折れ面には打点（▲印の箇所）が確認できるため、人為的な打撃による切断と判断できる。

　8は榎田遺跡出土の変形銅戈形未成品である。変形銅戈形の未成品出土例はこれまでのところ本例に限られる。栗林2式新段階の竪穴住居跡SB1482から出土した。石材は「榎田型磨製石斧」と同様に変質輝緑岩製が用いられる（馬場 2004)。表面上部が加工時の事故により欠損し、残存長は9.8cmで、内の長さは4.4cmである。元々、全長15cm前後であった推定される。裏面には主要剥離面を大きく残し、表面は粗く成形加工を施した痕跡と、縁辺には形態を整形したときの剥離痕が認められる。両側辺には剥離痕と複合して敲打痕が認められ、それは剥離時に形成される潰れと思われる。また、表裏の点線円部には円形状に浅い凹みをもつ敲打痕があり、それはこれまでの変形銅戈形完成品の穿孔部に認められた、穿孔前の擂り鉢状の敲打痕と対応する。援と内の中軸線が成す角度は172度である。その上、胡の突出が明瞭である。完成時の形態は次に説明する宮渕本村出土品と対応すると考えられる。

　9の宮渕本村遺跡出土品は変質輝緑岩製で残存長は7.2cm、内の長さは3.5cmである。採集品だが、発掘調査で確認された時期と照らし合わせれば、中期後半から後期前半の間のいずれかに該当するものと考えられる（関沢 1994）。援と内の中軸線が成す角度は168度である。また、胡の張り出しは8と同様に強い。また、これまでみた変形銅戈形の場合、援と内の境付近が最も厚みがあり、

写真4　西一本柳遺跡出土の変形銅戈形石製品の先端部に認められる研磨面（図5-10の②部分）

一部にはその箇所に「節状隆起」が認められた。しかし本例の場合は身部から内にかけての厚みがほぼ等しい。それは、援と内の中軸線が成す角度の小ささ、胡の強い張り出しと共に、変形銅戈形の中でもより銅戈形に近い型式であることを示す要素と考えられる。なお、援の表裏には鎬が認められ、また穿孔前段階に敲打で擂り鉢状の凹みを形成する。研究史で触れたように、石川（石川1992）・関沢（関沢1994）は本例を銅戈形と変形銅戈形をつなぐ資料として注目する。

10は佐久市西一本柳遺跡第3次・第4次調査出土の変形銅戈形で（小林1999）、栗林2式新段階のH44号竪穴住居跡から出土した。石材は変質輝緑岩で、残存長は7.8㎝、内の長さは6.0㎝で、復元全長は12㎝程度と推定される。胡に相当する部分の張り出しは弱く、援と内の境付近の「節状隆起」付近が最も厚い。援と内の中軸線が成す角度は175度である。

本例で注目したいのは、内と擂り鉢状の凹みの大形化、先端の折れ面に認められる研磨の存在、穿孔部にある装着痕の三点である。擂り鉢状の凹みの直径は約3㎝と大きく、また内はこれまでの例のなかで最も長大である。また先端部折れ面に研磨痕が認められ、それが「斧刃」再生の現れであることは既に石川が指摘している（石川2005）。その箇所では、剥離痕の稜線上には研磨がわずかながら認められ（①の部分）、先端が折れた後、新たに研磨で面を作り出す（②の部分、写真4）。そして①・②の部分より新しい剥離面（③の部分）が形成される。特に②の部分の研磨面は、松原例（図4-6）の銅戈形先端の「斧刃」と同様に、本来「斧刃」を形成する一部の面であった可能性が高い。したがって、「先端部の切断→「斧刃」の形成（①と②の痕跡から）→再度切断（③の痕跡から）」といった、切断と再生を繰り返す行為が本例から確認できる。

次に、穿孔部の装着痕とは、図示したように、表面の穿孔部上部にある上下

方向の筋状溝である。その装着痕が実際どのような装着により形成されたものであったのかをここで明確に示すことはできない。ただし、表裏の内の下方部に、研磨より新しい敲打痕と剥離痕が認められ、一見、再加工の痕跡とも思える。何らかの装着と対応する可能性のある痕跡として、今後追究したい。

11は諏訪市ミシャグチ平出土品である（鳥居1924・八幡1933）。長さ20.0cmと変形銅戈形のなかでは最も大きい。黒色系の石材を用いるが、鑑定が必要であり、現段階では同定を保留する。胡の張り出しは弱く、援と内の中軸線が成す角度は178度である。12の恒川遺跡出土品（桐原1956・桐原1963）は援と内の中軸線が成す角度は175度である。恒川遺跡例はこれまでのところ長野南部の伊那谷で唯一の出土例である。石材は『信濃考古総覧』の写真をみる限り変質輝緑岩と推定され、長さ17.8cmである。

13から17は上越・長野以外の事例である。これまでに5点が出土ないし採集された。13は秩父市小鹿野町出土の変形銅戈形である（小林1963・石川2007）。長さ14.5cmで、援と内の境付近に最も厚みがある。援と内の中心軸が成す角度は173度である。また、穿孔前に敲打で擂り鉢状の凹みを形成する。石材は不明である。14は同じく秩父市吉田町井上遺跡出土の変形鉄剣形で、小林茂は斑糲岩製と報告する（小林1963）。援と内の境に明確な「節状隆起」を認めることはできず、また穿孔部に敲打による擂り鉢状の凹みが認められない。援と内の中軸線が成す角度は175度で、左右非対称である点はこれまでと共通するが、これまでとやや異質な要素も伴う。

15は相模の平塚市杉久保遺跡で表採された変形銅戈形である。石材は変質輝緑岩製で、長さ13.7cmである（岡本1999）。最大厚の部位、穿孔部の特徴はこれまで中部高地で点検した資料と一致する。鎬が認められ、援は両側辺が平行にならない。援と内の中軸線が成す角度は177度である。

16と17は石川が報告した茨城出土の2例で（石川1992）、16は国立スコットランド博物館所蔵のマンロー資料、17は石岡市新池台遺跡出土品である（服部1931）。16は長さ14.1cmで、援と内の中軸線が成す角度は179度で、ほぼ一直線に限りなく近づいている点が特徴である。石材は輝緑岩であると石川は報告する。また、内の長さは5.3cmで大形化が顕著である。17については、石川はマンロー資料より型式学的に新しい要素を備える資料と指摘する。内の部分が

5.2cmと大形化し、なおかつ身部に鎬が確認できず、援と内の中軸線が成す角度は180度である。全てにおいて新しい要素を具有する資料である。また、後期初頭の土器が出土した遺跡である（石川 1992）。

では、変形銅戈形石製品を型式学的に分析した場合、どのような型式組列を組み立てることができるであろうか。まず最も銅戈形の原形を留めるものが古く、銅戈形から乖離したものが最も新しいという予測がつく。その場合、援と内の中軸線が成す角度が168度と変形銅戈形のなかで最も小さく、その上胡の張り出しが明瞭な9の宮渕本村例と、同角度172度でやはり胡の張り出しが明瞭な8の榎田例を変形銅戈形の中でも古い一群として位置づけることがでる。次に、胡に相当する部位の張り出しが弱く、援と内の中軸線が成す角度が180度に限りなく近い16のマンロー資料と、次いでマンロー資料よりさらに新しい要素をもつ17の新池台例という序列を設定できる。8・9・16・17の例では、前2例の内の大きさが2cmから3cmであるのに対し、後者は5cm程度と約2倍の長さになる。

そして8・9と16・17の中間には、胡の張り出しが弱く、援と内の境付近に最大厚があり、なおかつ「節状隆起」が認められ、援と内の中軸線の成す角度が175度±2度程度の一群を置くことができる。4・5・10・13が典型例であり、出土数が最も多い。そのうち、10は内の長さが6.0cmで穿孔部の擂り鉢状の凹みの直径と共に大形化しており、より16・17に近いタイプである。

したがって、［8・9］→［4・5・13］→10→16→17という型式組列を組み立てることができる。

型式組列の資料に共伴する土器の時期は、8の榎田例に中期後半の栗林2式新段階、10の西一本柳例に栗林2式新段階、17の新池台例に後期初頭の土器が共伴する。型式組列と共伴土器の時期の前後関係に矛盾はない。

したがって変形銅戈形の存続時期は、これまでのところ中期後半の栗林2式新段階から後期初頭の幅のなかに収まる。有樋の銅戈形が中期中葉の栗林1式から栗林2式古段階に出現するいっぽうで、変形銅戈形は銅戈形に比べ後出すると考えられる。

次に、18・19は変形銅戈形と同じく内に相当する部分に穿孔をもつ石製品であるが、変形銅戈形とするにはやや躊躇した一群である。18は小布施町中条下

2 武器形石製品および関連する石製品・土製品の特徴と時期 139

図6 変形銅戈形石製品・有孔石製品
14 井上 15 杉久保 16 茨城出土（マンロー資料） 17 新池台 18 中条下町
19 箕作ヤスンバ 20 栗林 21 太田堀ノ内 22 作道 23 堀切 24 宮渕本村

町採集品で、残存長13cm前後、石材は写真（長野県立歴史館 1998）でみる限り変質輝緑岩であるが、確認が必要である。欠損しているが、内に相当する部分に穿孔が認められる。ただし、変形銅戈形に比べ、穿孔前の敲打による擂り鉢状凹みの形成が認められず、また厚さが1.3cm前後とやや薄く、身部の鎬がはっきりしない。変形銅戈形とする確固たる証拠がないため、現段階では器種認定を保留する。19は下水内郡栄村の箕作ヤスンバ採集と報告された石製品である（八幡 1933、桐原 2006）。残存長15.2cmで、石材は粘板岩と報告されている（八幡 1933）。内に相当する部分に上下2箇所に穿孔があり、穿孔前の敲打加工は八幡の示した写真を見る限り存在する。ただし、変形銅戈形に特有であった胡の張り出し部分を実測図から確認することができない。本稿ではとりあえず2例を変形銅戈形の分類にはいれず、位置づけを保留したい。

　さて、20から22・24は、変形銅戈形と共通ないしは類似する手法で穿孔が施された石製品であるが、変形銅戈形とは異質な要素が多いため、「有孔石製品」として分類する。20は中野市栗林遺跡出土品で（中島 2001）、形態は左右対称形であり、関の張り出しが完全に消滅し、両側辺は刃縁を形成せず、研磨により面取りされている。刃縁を形成するのは下端部に限られている。また、身部やや上方で研磨方向が変わる箇所があり、その部分を境に上方側がより厚い。穿孔は両側穿孔で、敲打により最初擂り鉢状に凹みをつけ、穿孔するという手順・手法で穿孔される。それは変形銅戈形の穿孔手順・手法と変わらない。長さ20.3cmと長大で、石材は変質輝緑岩製である。栗林2式新段階の土器が出土した発掘調査区からの出土品である。20と同様な例は、21の飯山の太田堀ノ内例、22の富山県射水市（旧新湊市）作道遺跡出土の2例がある。太田堀ノ内出土品は長さ15.6cmで閃緑岩製と報告され（八幡 1933）、両側辺は研磨により面取りされ、刃縁の形成は先端部のみに限られる。作道例はSD06から出土し（金三津 2006）、そこでは八日市地方様相8期相当の小松式土器と栗林2式古段階の土器が出土した（馬場 n.d）。作道例は人為的な打撃により先端部を欠損する。その後、欠損部のV字形の先端部分に再び研磨が施される。石材は変質輝緑岩製である。また、太田堀ノ内・作道の2例とも内の穿孔は両側穿孔である。太田堀ノ内例は内穿孔前に敲打により擂り鉢状に凹ませる手法が採用される。作道例は太田堀ノ内例ほど広範囲にまた深く敲打で凹みを形成することはしない

が、穿孔前に浅く凹みを形成してから穿孔を行っている（写真5）。

なお、穿孔は認められないが、それ以外の要素で有孔石製品と共通する要素をもつ資料が23の富山県黒部市堀切遺跡出土の斧形石製品である（八尾編 2007）。包含層からの出土で、寸法は

写真5　作道遺跡出土の有孔石製品穿孔部付近の敲打痕
（図6-22）

長さ14.1㎝、幅4.5㎝、厚さ2.5㎝、石材は変質輝緑岩製である。包含層から出土した弥生土器は八日市地方様相8期相当の小松式土器であり、23はその時間幅に該当する石製品と考えられる。なお、資料の頭部付近には研磨後に敲打で一周する溝を形成する。石錘として使用されたのであろうか。また基部中央の横断面形は楕円形、基部下方の横断面形は定角状となる。母体となっているそのものは、やや幅広だが20・21と対比可能である。そのため「類有孔石製品」と考えてよいであろう。

24は宮渕本村出土品で、1986年の発掘調査において中期古墳の周溝覆土から出土した。周溝内からは弥生から古墳時代の土器が出土したという（関沢 1994）。残存長15.8㎝で、石材は砂岩であり、灰白色である。両側辺が同じ弧状を呈して尖頭部にて交わる。しかし磨製石剣のように鋒部両側辺に刃縁が形成されてはいない。また、穿孔部分をより薄く仕上げるために研磨加工が施され、その結果、身部と穿孔のある末端部の境がはっきりしている。両側穿孔ではあるが、穿孔前の敲打加工を伴わない。

これまでの例の時間的位置づけを整理すると、有孔石製品の存続時期は栗林式前半から栗林2式新段階までの間をとりあえず考えることができる。

（4）独鈷石（図7）

これまで磨製石剣・銅戈形石製品・変形銅戈形石製品など西日本系要素を多少なりとも含む武器形石製品を検討した。武器形石製品とは必ずしも言えない

までも、武器形石製品と関係が予測される独鈷石をここでは点検する。

1と2は松原遺跡から出土した独鈷石ないしは独鈷石系の石製品である。ともに変質輝緑岩製で、1は西地区遺構外からの出土、2は栗林2式新段階のSB287の床面から出土した。1は長さ17.5cm

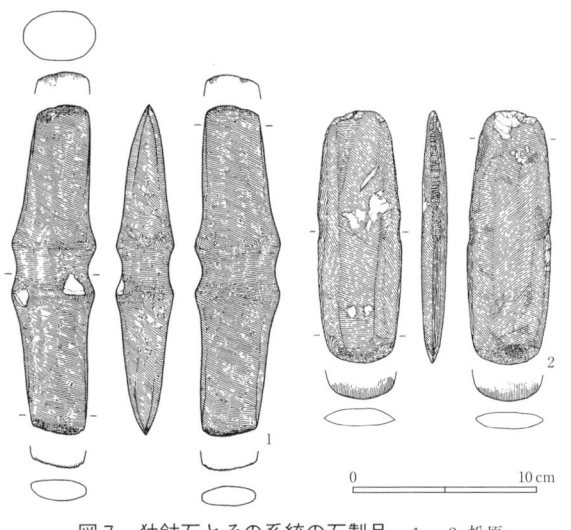

図7　独鈷石とその系統の石製品　1・2 松原

で、両端は両刃であり、中央部隆起には「リング」が明瞭である。表裏とも丁寧に研磨されいる。2は長さ13.3cmで、中央部両側辺に2mmから3mm程度の浅い抉りのある石製品である。両端は両刃で、上端刃縁には刃こぼれ、下端刃縁には線状痕と光沢痕が認められる。1・2とも両端が両刃である点で共通しており、仮に2の抉りを1の中央部隆起付近の痕跡とみなすことができれば、2は独鈷石系石製品として理解できる。ただ、1と2は型式学的にも開きがあり、系統関係を断定することはできない。

そもそも独鈷石は石冠と同じく中部高地と関東の縄文晩期を中心に出土することが多い石製品である（国立歴史民俗博物館編 1997）。また、吉朝則富による集成の結果、時期の特定は困難ではあるが飛騨にかなり濃密に分布することが判明している（吉朝 1987）。吉朝の集成に従うと、松原と同タイプの両端に両刃をもつ独鈷石は8点（16%）を占める。管見の限りでは、弥生時代に明確に伴う独鈷石は、弥生前期の群馬県藤岡市沖Ⅱ遺跡で9点（荒巻ほか 1986）、弥生中期の石川県小松市八日市地方遺跡で1点（福海・宮田 2003）と、松原の1点である。少なくとも長野・山梨では、弥生中期前半から中葉に伴う独鈷石は認められず、当地では系譜的に途中断絶するのではないか。とすれば、松原遺跡の独鈷石の系譜は濃密な分布域である飛騨を考慮する必要がある。ただ、飛騨

で中期後半に確実に伴う独鈷石がない現在、系譜問題は今後の課題である。

　以上、各種石製品の形態的・技術的特徴と時期について検討した。それを踏まえ、次に各器種の変遷・系統関係・分布の検討を行いたい。

3　武器形石製品の変遷・系統関係・分布

　まず磨製石剣で時期の判明する例から点検すると、図2-4の松原例が栗林2式中段階から新段階、7の春山未成品例が栗林2式中段階、8の春山素材分割ブランク例が栗林2式新段階に相当する。1と2の吹上遺跡遺構外出土例は、栗林1式かあるいは栗林2式新段階のいずれかの時期に該当する。

　型式学的には、2・3・4と17・18の関の張り出しが比較的明瞭な一群がより古く、12の宮渕本村例や13の蟻ヶ崎例のように関の張り出しがやや弱いものがより新しい一群であると考えられる。種定によれば、有柄式磨製短剣の分布は日本海側に顕著であるため、仮に吹上出土の2が栗林1式に該当するとなれば、長野出土の有柄式磨製短剣の系譜を日本海沿岸部に求めることが可能になる。

　ただし、17・18の恒川遺跡出土例は、中期後半の北原期に該当する可能性の高い有柄式磨製短剣ではあるが、関の張り出し部分の形態が2や4とは異なる。したがって長野出土の有柄式磨製短剣が全て日本海沿岸部の系譜にあるとはいえない。

　このように有柄式磨製短剣の場合、系譜問題を論じるにはやや材料不足である観が否めないが、長野盆地南部において栗林2式中段階から新段階に磨製石剣の製作が行われていることは確実である。

　さて、注目したいのが、銅戈形・変形銅戈形・有孔石製品・独鈷石の各石製品である。前3器種の型式学的変遷および系統関係と共伴する土器の時期を整理すると、図8のように示すことができる。

　栗林1式段階の土器を伴う銅戈形は、土製品が吹上遺跡にあり、石製品が佐久市北裏遺跡（図8-1）にある。北裏例に共伴する土器は栗林1式から栗林2式古段階とやや時間幅があるが、栗林2式中・新段階までは時期が下がらない。また、時期不詳の松本市沢村例は、型式学的には北裏例と同一であるため、北裏例と同様な時期が類推可能である。いずれも内の突出が明瞭で、なおかつ樋

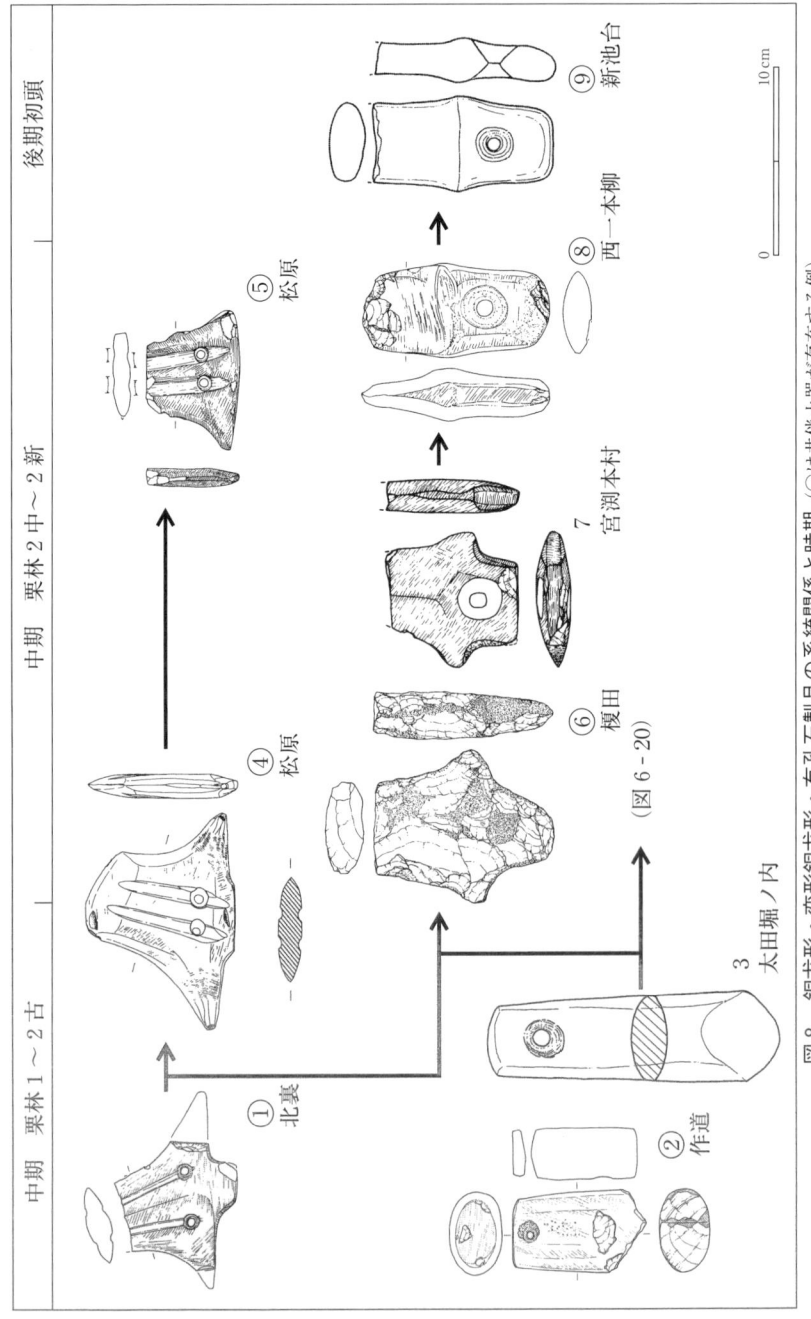

144 武器形石製品と弥生中期栗林式文化

図8 銅戈形・変形銅戈形・有孔石製品の系統関係と時期（○は共伴土器が存在する例）

の横断面形が明らかに円弧を呈し、援表面と樋の境も明瞭である。また樋の幅が狭い。したがって、より銅戈に近い古式の型式学的特徴をもつ。北裏例に穿の付近にまで鎬が認められることも型式学的に古い要素である[15]。また、図4-5の長野市平柴平例は、身部破片のため型式学的に位置づけは困難であるものの栗林1式の土器と共伴した貴重な事例である。したがって栗林1式から栗林2式古段階にかけての時期、銅戈形は日本海沿岸の上越から、長野・佐久・松本の長野県内各地方に広がりをみせる。

いっぽうで、有孔石製品にも栗林2式古段階以前の例が散見される。まず富山県作道例（図8-2）のほか、それに類する斧形石製品の富山県堀切例がある。また、有孔石製品には飯山の太田堀ノ内例、松本の宮渕本村例が認められるが、飯山の太田堀ノ内例は学校所蔵品であるため、出土地に確証がなく、時期について言及はできない。また宮渕本村例は栗林式という時期以上の絞り込みはできない。時期の判明する例が限られてはいるものの、少なくとも栗林2式古段階以前に、有孔石製品は日本海沿岸から最大で長野中部にまで分布していたと推測される。

このように、栗林1式から栗林2式古段階の間は、銅戈形石製品・土製品と有孔石製品の分布が認められる。ただ、変形銅戈形については、この時期に伴う確実な例が現在まで認められない。

では、栗林2式中段階から栗林2式新段階以降ではどうか。銅戈形については、図8-4の松原例は北裏例から型式変化が進んだ例であり、共伴土器は先述の通り栗林2式古段階から新しくても栗林2式中段階である。そして図8-5の松原例は、内の消滅、樋の弛緩樋の拡張といった変化がさらに明瞭となった例であり、共伴土器は栗林2式新段階である。図4-8・9は図8-5と型式学的特徴が共通する点が多く、図4-8は栗林2式新段階の土器と共伴した。そうした銅戈形の一群は栗林1式から栗林2式古段階のものにくらべ、新式の内容をもつ。そうした古式と新式の系統関係と共伴土器の時間的前後関係は矛盾がないことは先に指摘した。

ここで注目したいのは、変形銅戈形の確実な出現例が栗林2式新段階以降となる点である。図8-6の榎田未成品例のように胡の強い張り出しと、援と内の中軸線が成す角度が小さいこと、そして援から内にかけて厚さがほぼ均一であ

る点は、銅戈形と一致する特徴である。したがって榎田未成品例は変形銅戈形の古式に相当する。同類の型式には宮渕本村例を挙げることができる（図8-7）。

いっぽう、佐久の西一本柳例（図8-8）のように、榎田例やの宮渕本村例（図8-7）から型式変化が進行したものが出現する。そこでは胡が退化し、代わりに「節状隆起」が明瞭になると共に、内が大形化する。そうした型式組列は図6-16の茨城出土のマンロー資料を経て、後期初頭の17の新池台例へと連なる。

そうした変遷と時期の関係を根拠とした場合、中部高地から関東にかけて広く分布する変形銅戈形は、栗林2式新段階の時期に飯山・長野北部・長野南部・飯田・秩父・相模の各方面へ分布を広げたと考えることができる（図1）。折しも栗林2式新段階の時期は、栗林式系土器の分布域が最も拡大する時期であり（図9、馬場 n.d）、それと変形銅戈形の分布の広がりは連動したものであるといえる。

また、変形銅戈形について別途注目したいのは、変質輝緑岩・閃緑岩・斑糲岩といった緑色系深成岩・半深成岩が石材として圧倒的に用いられる点である。筆者が全て実見した限りでは、これまで閃緑岩・斑糲岩と報告されていたものは全て「変質輝緑岩」に該当するものであったため、実見が済んでいない資料もそれに該当する可能性が高い。榎田遺跡で変質輝緑岩製の変形銅戈形未成品が出土し、その上変質輝緑岩の産出が榎田遺跡一帯に限られる今日、変形銅戈形は一元的に榎田遺跡で製作されていたという仮説が成り立つ。とすれば、変質輝緑岩製を主体とする両刃石斧が、榎田遺跡において原料の獲得から研磨直前段階まで一元的に製作されるあり方（町田 2001、馬場 2004）と、変形銅戈形の製作のあり方は類似することになる。栗林式系土器の分布域が最も拡大する栗林2式新段階の時期、変質輝緑岩製磨製石斧の分布域は栗林式系土器の分布域とおおむね重なる（図9）。

すなわち、栗林式系土器分布圏の拡大および、変質輝緑岩製磨製石斧と変形銅戈形石製品の分布域の拡大は、実は全て連動する現象であったといえよう。また、松原遺跡で出土した独鈷石および独鈷石系石製品も変質輝緑岩製であり、榎田遺跡で製作された可能性が高い。

このように、古式の銅戈形石製品が栗林1式から栗林2式古段階に、新式の

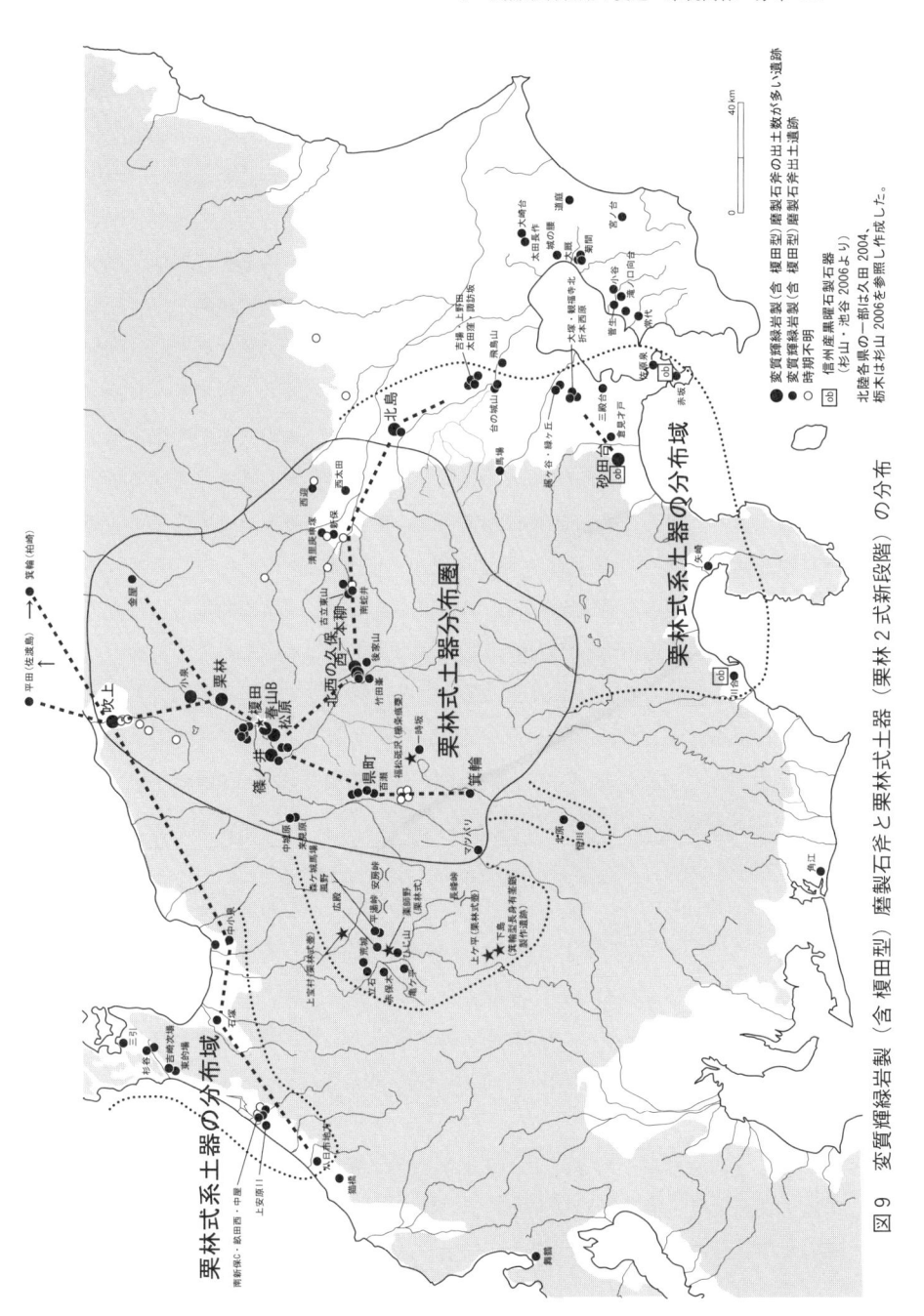

3 武器形石製品の変遷・系統関係・分布 147

図9 変質輝緑岩製（含榎田型）磨製石斧と栗林式土器（栗林2式新段階）の分布

銅戈形石製品が栗林2式新段階以降に存在すること、そして変形銅戈形は栗林2式新段階以降に出現し、栗林式系土器・変質輝緑岩製磨製石斧と共に連動して分布域を拡大するという状況を復元することができた。また古式の銅戈形が分布する時期、おおむねそれと同じ分布域をもつ有孔石製品が認められ、新式の銅戈形が出現する時期には、引き続き有孔石製品が認められるほか、独鈷石や独鈷石系石製品が存在した。栗林2式新段階を境に、銅戈形が形態的に顕著な弛緩を見せるいっぽう、変形銅戈形や独鈷石、有柄式磨製短剣といった新たな祭祀具が製作され分布することは興味深い現象である。

　では、変形銅戈形石製品成立の系譜はどのように整理できるであろうか。過去の研究で明らかにさているように、それが銅戈形に由来する器種であることは確かである。しかし、直径5㎜以上の大きな穿孔を内の部分に有すること自体を銅戈形の「穿」に系譜を求めることは、穿孔部位の違いや大きさの差違もあり難しい。

　そこで筆者は、変形銅戈形石製品が出現する栗林2式新段階以前に存在する有孔石製品に、変形銅戈形の内の穿孔の系譜を求めることが可能ではないかと考える。先述の通り、広狭と深度に違いはあったとしても、変形銅戈形石製品と有孔石製品は穿孔前に敲打で凹みを形成し、その後に両側穿孔するという手法を採用する。また、図8-8の西一本柳例で推定された「斧刃」の存在と、図8-4の松原例における銅戈形先端の「斧刃」は、図6-20・21（図8-3）の有孔石製品先端部の刃縁形が「斧刃」であることと共通する。

　さらに、時期的に古い作道例（図8-2）の折れ面先端部の研磨再加工を、「斧刃」と同質の手法と考えるならば、有孔石製品の「斧刃」が銅戈形・変形銅戈形に影響を及ぼした可能性も考慮しなくてはならない。すなわち、各石製品相互に系統関係が全くないとは言い切れない[16]。そうであるならば、変形銅戈形の鎬の淵源とは、時期的に古い北裏例の銅戈形石製品（図8-1）であるとも説明が可能になる。

　このように変形銅戈形は従来、銅戈形との系統関係のみが指摘されいたが、実は有孔石製品・銅戈形の双方の要素が含まれる器種であるという可能性が高まった。

　さて、有孔石製品それ自体の系譜をはっきりと示すことが現段階ではできな

い。言及できるのは、有孔石製品が銅戈を模した石製品ではないという点である。それは銅戈形・変形銅戈形と違い、出現当初から完全に左右対称形であることからわかる。いっぽうで、石材が磨製石斧と同石材の変質輝緑岩製に統一されていることは特徴的である。榎田遺跡で変質輝緑岩を用いた磨製石斧製作が開始される栗林2式新段階以前から有孔石製品は主に分布するため、最大2型式の時間的なズレがある。ただし、榎田遺跡の南西約2km付近の春山B遺跡では、原料の獲得など一部の工程が欠落するものの、栗林2式新段階を遡る栗林2式古段階の変質輝緑岩製両刃・片刃石斧未成品が出土した（馬場2004）。ということは、有孔石製品自体の製作が榎田遺跡の変質輝緑岩製磨製石斧製作以前に遡っても大きく問題にはならない。変質輝緑岩を用いた磨製石斧・石製品製作が榎田遺跡近辺の別な遺跡で行われていた可能性が考えられる。

　以上のように変形銅戈形石製品の系譜を整理できるとすれば、変形銅戈形とは、長野北部において製作された有孔石製品を母体に、古式の銅戈形の要素が組み込まれた栗林式文化独自の祭祀具であるといえる。

　では、こうした栗林式土器が使用された時代の祭祀具は、集落構成員とどのように関連していたのであろうか。長野最大の居住面積をもつ中野市栗林遺跡と長野市松原遺跡を材料に次節で論じよう。

4　遺跡内出土分布にみる祭祀と集団の関係

　これまでみた武器形石製品を含む各種石製品は、その出土遺跡が限られる上に、出土したとしても1遺跡からの出土点数が数点に留まる。打製石鏃・磨製石鏃の出土点数に比べれば、その出土数の落差は歴然としている。そのため、各種石製品が非実用品であるという点はまず肯定できよう。小林青樹は東アジア的視点から戈を検討した結果、中国中原地域から伝播する武器文化の影響が相当強い故に、戈が武器としてのみならず象徴性・具有する意味・使用法等とまとまって日本列島を含む中国外郭地域圏に伝播したと指摘する（小林2006）。とすれば、中部高地に多数分布する銅戈形・変形銅戈形にも中国中原に淵源をもつ「戈の祭祀[17]」を考慮する必要がでてくる。そして、各種石製品ごとに異なる祭祀内容をもつことが予測される。ここでは非実用品である武器形石製品

表2 栗林遺跡の発掘調査地点と出土した栗林式土器の時期

	地点番号	栗林1	栗林2古	栗林2中	栗林2新	栗林3	遺構	武器形石製品等	文献
東のムラ	1	○	●		○	○	竪穴住・土坑		土屋他 1994
	2				●		竪穴住・掘立・土坑		土屋他 1994
	3				○		平地住		林・金井・桐原 1966
	4		○	○	○			変形銅戈形石製品	檀原 1995
	5	○	○						檀原・池田・田川他 1983
	6								未報告
中のムラ	7		○	○					神田 1936
	8		○		○		竪穴住		坪井 1953
	9			詳細不明					高丘小・中学校 1950
	10	○	○	○	○				中島 1993
	11	○	○	○	○		環濠?	変形銅戈形石製品	檀原 1992
	12	○							檀原・池田・田川他 1983
	13				○				金井 1981
	14	○					(試掘坑による調査)	銅戈形石製品	檀原 1988
西のムラ	15				●		竪穴住・平地住		中島 1997
	16				●		竪穴住・掘立・木棺墓	有孔石製品	中島 2001
	17			栗林式出土なし					中島 1996

●:特に出土が多い型式

等が各々シンボリックな意味を具有する祭祀具であると考えることにしたい。

さて、武器形石製品の祭祀具としての使用方法を復元することは困難である。しかし、その祭祀具が集落構成員とどのような関係にあったのかについては一定の前提を設ければ推し量ることが可能となる。各種武器形石製品が出土した地点と、それを用いた集団が極めて近接するという前提を設定し、以下、議論を進めよう。

栗林遺跡は過去15回にわたる発掘調査が実施された。各調査地点（図10）と出土した栗林式土器の対応を示すと表2のようになる。まず栗林遺跡は居住範囲は広いが、各調査地点の時期を点検する限り、全ての地点が等しく同じ時期に継続しているわけではない。集落形成当時の栗林1式の段階には、地点番号1のほか、地点番号5・10・11・12・14の範囲にのみ集落が形成される。そして栗林2式新段階には多くの地点でその土器の出土が確認できるようになり、その時期、新たに「西のムラ」が地点番号15・16一帯に出現する。

先述した各種石製品の型式学的変遷に照らし合わせると、「中のムラ」から出土した銅戈形（図4-3）が新式の銅戈形のなかでもやや古手に位置づけられ、型式学的特徴から栗林2式古段階から中段階に類推できる。同様に図5-7の変形銅戈形は栗林2式新段階に類推でき、図6-20の有孔石製品は栗林2式新段階の土器と共伴する。したがって、図4-3の銅戈形が出土した石製品のなかで若干古い例に該当する。

ということは、栗林集落が出現した当初、「中のムラ」の一部区域でまず銅

4 遺跡内出土分布にみる祭祀と集団の関係 151

図10 栗林遺跡の発掘調査地点と各種石製品出土地点

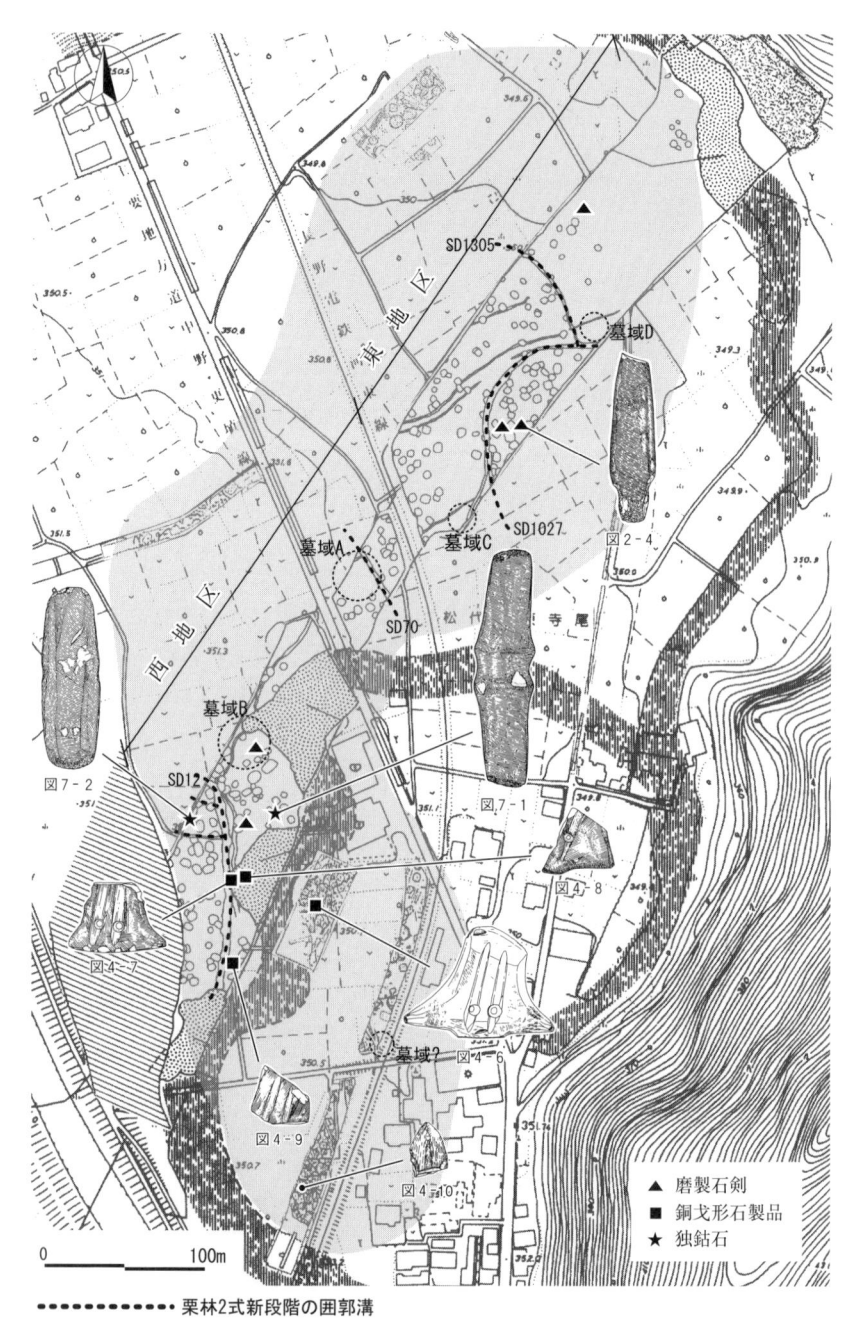

図11 松原遺跡と各種石製品出土地点

━━━━━━ 栗林2式新段階の囲郭溝

▲ 磨製石剣
■ 銅戈形石製品
★ 独鈷石

戈形が保有され、時期が新しくなるにつれて「中のムラ」内部のみならず「西のムラ」にまで武器形石製品を含む各種石製品は広がったと推定できる。ここに、異種の武器形石製品を介した祭祀行為が、栗林集落の拡大とともに集落構成員の多くに共有されたことが窺える。また、「中のムラ」に武器形石製品がやや偏在していることも読み取れなくもない。祭祀を主体的に執行する集団が「中のムラ」に居住していたのかもしれない。

　そうした異種の武器形石製品の分布と居住域の関係は、松原遺跡においてより鮮明に認められる。過去6回の発掘調査で出土した各種石製品の出土地点を図11に示した。図4-6の銅戈形を除き、その他銅戈形と独鈷石およびその系統の石製品の多くは栗林2式新段階の土器と共伴する。東地区に分布する磨製石剣3点は、東地区自体が栗林2式中段階以降に形成される居住域であるため、栗林2式中段階から新段階の間の時期を与えることができる。松原遺跡の分布からは、西地区に銅戈形と独鈷石ないしその系統の石製品が集中し、東地区には磨製石剣が集中するという傾向が読み取れる。ほぼ同時期の居住空間内に異種の武器形石製品が場をやや違えるということから、各種石製品がある一定の集団単位を結びついていることを推定することができる。そうであるならば、松原集落の規模が最大化する栗林2式新段階の時期、松原集落内では異種の祭祀具を用いた祭祀が併存し、執行されていたと考えることができよう。

5　武器形石製品からみた栗林式文化の一側面

　前節までの分析で明らかにしたことは次の4点に要約できる。
　まず①各種石製品の存続時期には差違がある。銅戈形石製品の古式は栗林1式から栗林2式古段階、同新式は栗林2式中段階から新段階という時期が与えられ、変形銅戈形は栗林2式新段階から後期初頭にかけて、有孔石製品は栗林1式から2式新段階にかけて存続する。有柄式磨製短剣を含む磨製石剣は栗林2式中段階から新段階には確実に存在し、栗林1式にまで出現は遡る可能性がある。また独鈷石およびその系統の石製品の存在は栗林2式の段階に限られた。
　次に、②栗林2式新段階の時期は、銅戈形の多くの要素が弛緩するいっぽう、変形銅戈形・独鈷石・有柄式磨製短剣といった新たな武器形石製品が出現する

時期である。そして変形銅戈形は、在地製作品の有孔石製品を母体に、銅戈形の要素を取り入れた栗林式文化独自の石製品である。栗林2式新段階は石製品組成の画期とみることが可能である。

そして③変形銅戈形の石材は変質輝緑岩など緑色系深成岩・半深成岩に限られる。榎田遺跡では変質輝緑岩製磨製石斧の製作工程前半段階の各種未成品と変形銅戈形の未成品が出土するため、変質輝緑岩製磨製石斧と変形銅戈形は半ば榎田遺跡で一元的に製作され、連動して「流通」したと思われる。折しもその製作の時期である栗林2式新段階は、栗林式土器およびその系統の土器の分布が最も拡大する時期に相当する。

また、④栗林遺跡では集落域の拡大と同時に、武器形石製品を含む各種石製品が同様に広がりをみせ、集落構成員の多くに祭祀行為が共有されていく展開が考えられる。そして松原遺跡では、栗林2式新段階という最も広大に居住域を形成する時期に、各種石製品を用いる祭祀が一定の集団単位と結びつきつつ併存して執行されていたと推定した。

このように、武器形石製品の型式変化、およびその組成の変化が看取できること、また栗林2式新段階には独自に変形銅戈形石製品を生み出し、そうした祭祀具を「流通」させていること、そして松原遺跡で顕著であったように、異種の武器形石製品を用いた祭祀の併存、その3点は栗林式文化の宗教的側面を考察する大きな材料であると考える。

すなわち、武器形石製品の組成が大きく変化するとともに、異種の武器形石製品等が同一集落から出土する栗林2式新段階の時期、そこで執行された祭祀とは、西日本系・在来系といった武器形石製品の系統に象徴される異系統の祭祀ではなかっただろうか。そして異系統祭祀の併存とは、すなわち祭祀の「渾然一体化」を示すと考えられる。松原遺跡の居住域が最大化し、人口の集中が予測されるときにそうしたあり方が復元できることから、「渾然一体化」した祭祀は大集団を結合する役割を果たしたのであろう。

また、注目したいのは栗林2式新段階以降、銅戈形は元の「端正」な銅戈形ではなく、「弛緩」した銅戈形へと変形し、いっぽうで栗林式集団は変形銅戈形石製品を生み出し、それを「流通」させる点である。つまりそのあり方は、栗林式成立当初の、古式の「端正」な銅戈形に投影された祭祀行為から、栗林

2式新段階の「渾然一体化」した独自な祭祀行為への変化の現れとも解釈可能である。その独自な祭祀行為へ変化するとき、そこに大きく影響したのが栗林2式古段階以前から千曲川流域にて製作されていたと考えられる有孔石製品を用いた在来系の祭祀であったと推定する。

実はそうしたあり方の類例が寺前直人の石棒研究によって示されている。寺前によれば近畿では弥生前期後半の段階、近畿の大阪平野・奈良盆地では、愛知県下に淵源をもつ「小型精製石棒」が、徳島平野を基点とする「大型粗製石棒」と入れ替わり出現し、その後中期前半まで存続するという（寺前 2005）。新来の冶金技術を用いて製作され銅鐸と、それとは全く別系統であり、なおかつ近畿以外の地方の縄文晩期に淵源をもつ「小型精製石棒」が併存するという寺前の示すあり方に、筆者は新来の祭祀と従来の祭祀の伴存を読み取れるのではないかと考える。

また、祭祀行為の広がりという側面では、栗林2式新段階に新たに登場した変形銅戈形石製品は、長野北部の千曲川流域と長野中部の松本盆地南部を主たる分布域とする。まさに変質輝緑岩製磨製石斧の濃密な分布域（図9）と一致するその範囲は、ものの製作から「流通」という経済的側面の共有性のみならず、祭祀行為という宗教的側面の共有性・共通性をも示す範囲と推測する。

弥生中期の栗林式文化は、中部高地に初めて登場した水田稲作文化であり、また磨製石庖丁など大陸系磨製石器が多数出土する。確かに水田稲作の導入というのは水田の造成や道具の製作面で多くの労働力を必要とするため、その結果、集落構造の変化や集団組織のあり方に大きく影響を及ぼすことが予測される。千曲川流域に、水田の出現と同時期かあるいはそれから大きく隔たることなく環濠の掘削が認められることも、社会構造の変化を示す一側面であろう。そうした変化は栗林2式中段階から新段階にかけて顕在化する。

ただ、水田稲作導入により文化的、社会的に大きく変化する側面が存在するいっぽうで、武器形石製品の分析から読み取ることができたように、変化が再度変化を呼ぶ側面も存在した。新来の武器形石製品を導入して後、独自な武器形石製品と祭祀行為を創出すると共に、異種の武器形石製品を用いる祭祀を執行した栗林式土器集団に、独特の祭祀世界観を読み取ることが可能である。

なお、祭祀行為の具体化については、かつて関沢が指摘したように銅戈形と

変形銅戈形石製品に人為的な切断が多いこと（関沢 1994）、そして西一本柳例のような切断と「斧刃」再生を繰り返す行為が手掛かりとなろう。あわせて、各種武器形石製品の装着痕跡などからその装着・使用方法を復元し、祭祀行為の具体化を図ることが今後の課題である[18]。

付記

筆者が武器形石製品に関心を持ち始めたのは2006年10月5日に佐久市北裏遺跡の発掘現場と出土した特色ある銅戈形石製品を実見した時であった。その後、2007年10月23日、中日新聞に「中野市柳沢遺跡で銅戈出土」という新発見が報道されたことにより、中部高地の武器形石製品への眼差しは大きく変わりつつある。

しかしいっぽうで武器形石製品の研究史を振り返ると、型式学的研究は未着手ではあったものの、出土時期の究明など肝要な指摘が実に数多く示されている。先行研究がこれから生きてくることを改めて実感した次第である。これまでの研究史を示すことができただけでも、本稿の目的は達成できたと考えている。

本稿をまとめるにあたり、次の諸氏にご教示を賜り、また便宜をはかっていただいた。深く感謝の意を表したい。石川日出志・大竹憲昭・風間栄一・金三津英則・小林眞寿・小林青樹・笹沢正史・関沢聡・田中総・千野浩・中島庄一・中島透・春成秀爾・久田正弘・平林彰・藤尾慎一郎・藤田慎一・森泉かよ子・八尾隆夫・吉朝則富（五十音順）。

補遺

石川日出志 2005 文献に、変形銅戈形石製品として「妙高山下」例が図示されている。出土地点・文献を明らかにすることができなかった。また、石川日出志 2003「第1編第2章　遺物」『長野市誌第12巻　資料編』に長野市松節遺跡出土の「石製模造鉾」が図示されている。長さ19.5cm、幅3.3cm、厚さ2.0cmで、掲載された実測図手前側（刃部の反対側）の両側辺はわずかに内湾し、さらにその部分の両側面は研磨で面取りされている。その部分は「柄」に該当しよう。ただし、厚さが5mmから6mm程度の「有柄式磨製短剣」とは明らかに型式が異なる磨製石剣である。富山県高岡市石塚遺跡では復元長10cm程度の有柄式磨製

短剣が1点出土している（高岡市教育委員会 1999『石塚遺跡調査概報Ⅴ』）。

註
（1） 考古学では慣用的に、実用品に対しては「石器」を、非実用品ないしは用途不明品には「石製品」を用いる傾向がある。武器形青銅器の模倣品は非実用的な側面が強いことが研究史において指摘されているため、「石製品」を用いた。ただ「石器」・「石製品」の区分は必ずしも明確ではない（大塚初重・戸沢充則編 1996『最新日本考古学用語辞典』柏書房）。
　　　また本稿では武器形石製品の部分名称を右図のように青銅器の名称（岩永 1997）と同一とした。 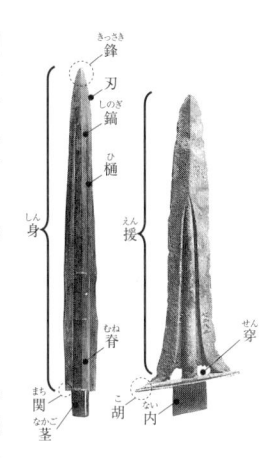
（2） 鳥居龍蔵（鳥居 1924）・八幡一郎（八幡 1933）はそれぞれの著作のなかで、「諏訪郡四賀村普門寺御曽衣（ミソギ）平」出土と表記する。本稿では諏訪市の「周知の埋蔵文化財包蔵地」に登録された名称を用いる。
（3） 1929年の『日本青銅器時代地名表』では「クリス剣式」と表記されている。
（4） 援と内の境に形成された、植物の「節」のようにゆるやかに隆起する箇所を指す。それを八幡一郎は「節状隆起」と呼んだ（八幡 1933）。
（5） 何れの有角石斧であるのか、明らかにすることができなかった。
（6） 松原遺跡の石材名は町田 2000 の報告に従った。
（7） 模倣品全てを同列に取り扱う必要性があるため、吉田広 2004 が用いた分類名称を採用した。無論、「石戈」・「銅剣形石剣」といった名称を否定するつもりはない。
（8） 計測位置は右図の通りである。測定対象は実見したものに極力絞ったが、比較データの母数を増やすため、実見が完了していない資料についても、やむをえなく実測図から測定を行った。 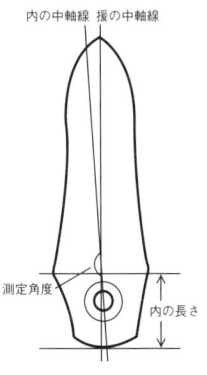
（9） 佐久市教育委員会より発掘調査報告書が近々刊行される（小林眞寿 2008.3『北畑遺跡Ⅰ・Ⅱ　北裏遺跡Ⅰ』佐久市教育委員会）。本稿掲載をご快諾下さった小林眞寿氏に厚く御礼申し上げる。
（10） 榎田遺跡の両刃石斧・片刃石斧の製作に用いられる「変質輝緑岩」（町田 2000）とは異なる。詳しい岩石鑑定が必要となろう。
（11） 吉朝則富氏の記述によれば、本例を銅戈形石製品であることを指摘したのは石川日出志氏であるという（吉朝則富 1991「飛騨の弥生時代石器（7）」『どっこいし』第37号 6頁の「追記」参照）。

(12) 穿孔が行われる箇所を「内」と呼ぶのか「茎」と呼ぶのか、難しいところだが、本石製品が銅戈形石製品の変形であることを踏まえ、銅戈と同様に「内」と呼ぶことにする。
(13) 藤森栄一 1937 文献では「大田村長峰北小学校敷地」と表記されている。八幡一郎 1933 文献では「太田小学校敷地」出土と記しており、双方の表記が一致しない。だが、提示する実測図が同一であるため、ここでは先行する八幡の出土地名に従った。
(14) 「内の長さ」の計測位置は註（8）の図を参照のこと
(15) 銅戈において鎬が脊上まで通じる型式は細形銅戈Ⅰ式（岩永 1980、吉田 2001）に限られる。いっぽう銅戈形石製品では、下條信行の「九州型石戈」（下條 1982）が穿付近まで鎬を有する型式である。ただし「九州型石戈」に樋はない。
(16) 先端を両刃にするという点では独鈷石・独鈷石系石製品も共通する。
(17) ここでいう祭祀とは、小林青樹が定義した「神や霊あるいは祖先を祀ることであり、広義には宗教的な儀礼一般」のことである。続けて小林は、祭祀とは「儀礼的複合や個々の儀礼が連なったものの総称」でもあり、「儀礼において表現される個々の事物や道具、振る舞いや発せられる祈りなどは、「象徴（シンボル）」であり、祭祀具は、まさにこの象徴に相当する」という（小林 2004：99頁）。
(18) 2008年1月26日考古学研究会東京例会にて発表を行った小林青樹氏は「武器形青銅器の使用痕から実際の装着を復元し、祭祀行為を考察する観点が必要」と言及した。賛同したい。

引用文献・参考文献

青木一男・贄田明 2000『松原遺跡　弥生中期　土器本文・土器図版』長野県埋蔵文化財センター
荒巻実ほか 1986『C11　沖Ⅱ遺跡』藤岡市教育委員会
有光教一 1959『朝鮮磨製石剣の研究』京都大学文学部考古学叢書
飯島哲也 1991a「長野市松原遺跡出土の石戈について」『長野県考古学会誌』63号 45-55頁
飯島哲也 1991b『松原遺跡』長野市教育委員会
飯島哲也・寺島孝典 1993『松原遺跡Ⅲ』長野市教育委員会
石川日出志 1992「N.G.マンロー資料中の「有孔石剣」と「石包丁」」『考古学雑誌』第78巻第1号　118-125頁
石川日出志 2002「栗林式土器の形成過程」『長野県考古学会誌』99号・100号　54-80頁
石川日出志 2005「東日本弥生文化研究の諸問題」『法政考古学会発表資料　2005年6月18日』
石川日出志 2007「弥生時代中期後半の関東地方西部域」『埼玉の弥生時代』226-248頁　六一書房
石黒立人 2002「生産と流通からみた伊勢湾地方の弥生集落」『日本考古学協会2002年度橿原大会研究発表資料集』217-226頁
市川隆之編 2005『箕輪遺跡』長野県埋蔵文化財センター

岩永省三 1980「弥生時代青銅器型式分類編年再考―銅矛戈を中心として―」『九州考古学』第55号　1-22頁
岩永省三 1997『金属器誕生』歴史発掘7　講談社
臼居直之・町田勝則 1999『春山遺跡・春山B遺跡』長野県埋蔵文化財センター
梅原末治 1922『鳥取縣下における有史以前の遺跡』鳥取縣史跡勝地調査報告1
梅原末治 1923-1924「銅剣銅鉾に就いて（1）～（7）」『史林』第8巻第1号～第4号・第9巻第1号・第2号・第4号
梅原末治・島田貞彦 1927「日本発見磨製石鏃及石剣聚成表」『出雲上代玉作遺物の研究』京都帝国大学文学部考古学研究報告第10冊　103-114頁
大場磐雄 1948『日本考古学新講』あしかび書房
大場磐雄監修 1956『信濃考古総覧』（『信濃史料』第1巻上・下）
岡本孝之 1999「第4章平塚の弥生時代　第2節社会と文化」『平塚市史』第11巻上　別編　考古（1）330-349頁
金井汲次 1980『栗林遺跡確認緊急調査報告書』　中野市教育委員会
金井汲次 1981「栗林遺跡第4次発掘調査」『高井』第56号　1-11頁
金三津英則 2006『作道遺跡発掘調査報告書』射水市教育委員会
川合英夫 2000「小田原市中里遺跡」『公開セミナー　弥生時代の幕開け―縄文から弥生への移行期の様相を探る―』かながわ考古財団他　14-19頁
神田五六 1935「信濃栗林の弥生式石器」『考古学』第6巻第10号　457-465頁
神田五六 1936「北信濃栗林の弥生式土器」『考古学』第7巻第7号　325-330頁
神田五六 1937「北信濃笠倉の弥生式土器資料」『考古学』第8巻第8号　385頁
桐原　健 1956「弥生式文化」『信濃考古総覧』下　信濃史料刊行会　96-146頁
桐原　健 1959「石器よりみた信濃弥生式文化の一様相―「信濃考古資料総覧」所収遺跡地名表に基づく試論―」『信濃』第11巻第12号　57-65頁
桐原　健 1963「信濃出土の磨製石剣について」『信濃』第15巻第4号　45-51頁
桐原　健 1966「信濃国出土青銅器の性格について」『信濃』第18巻第4号　20-28頁
桐原　健 2006「海の口銅戈の将来経路」『長野県考古学会誌』118号　194-201頁
久保勝正・久保邦江 1993「松原遺跡出土の石器・石製品の内容」『松原遺跡Ⅲ』長野市教育委員会　236-269頁
甲元真之 1972「朝鮮半島の有柄式磨製石剣」『古代文化』第24号第9巻　253-257頁
甲元真之 1973「東北アジアの磨製石剣」『古代文化』第25巻第4号　140-149頁
国立歴史民俗博物館編 1997『農耕開始期の石器組成』国立歴史民俗博物館資料調査報告書7
児島隆人 1934「遠賀川上流の弥生式遺跡地に就て」『上代文化』第11号・第12号　69-82頁
児島隆人 1940「遠賀川流域に於ける青銅器文化―特に石剣・石鎌の示現する文化相に就いて―」『考古学』第11巻第11号　611-629頁
後藤守一 1930「上古に於ける上越地方（一）」『考古学雑誌』第20巻第9号　53-69頁
後藤守一 1943「クリス形銅戈」『古代文化』第40巻第6号　1-15頁
小林　茂 1963「秩父出土の有孔石剣」『埼玉考古』復刊第1号　34-35頁
小林眞寿 1999『西一本柳遺跡Ⅲ・Ⅳ』佐久市教育委員会

小林青樹 2004「縄文・弥生移行期の祭祀」『文化の多様性と比較考古学』考古学研究会50周年記念論文集　93-100頁
小林青樹 2006「弥生祭祀における戈とその源流」『栃木史学』第20号　87-107頁　國學院大學栃木短期大学史学会
小林行雄 1951『日本考古学概説』東京創元社
小山岳夫 1998「大集落の出現―中部高地の弥生中期・栗林式期に何が起こったのか―」『長野県考古学会誌』86号　50-62頁
佐々木嘉和・山下誠一・桜井弘人 1986『恒川遺跡群』飯田市教育委員会
笹沢　浩 1982「平柴平遺跡」『長野県史考古資料編』全1巻（2）主要遺跡（北・東信）　242-248頁
笹沢正史編 2006『吹上遺跡―主要地方道上越新井線関係発掘調査報告書Ⅰ―』上越市教育委員会
佐原　眞 1970「大和川と淀川」『古代の日本5』近畿　24-43頁　角川書店
設楽博己 1995「木目状縞文様のある磨製石剣」『信濃』第47巻第4号　1-19頁
下條信行 1976「石戈論」『史淵』第113輯　211-253頁
下條信行 1982「武器形石製品の性格―石戈再論」『平安博物館研究紀要』第7輯　1-1-33頁
杉山浩平 2006「栃木県下の太形蛤刃石斧」『唐沢考古』第25号　51-57頁
杉山浩平・池谷信之 2006『縄文／弥生文化移行期の黒曜石研究』Ⅰ
関　雅之 1986「弥生時代の概観」『新潟県史』通史編1　193-203頁
関沢　聡 1994「松本平東部における弥生時代の石製武器について」『中部高地の考古学』Ⅳ　長野県考古学会　201-217頁
高橋健自 1923「銅剣銅鉾考」『考古学雑誌』第30巻第6号　20-39頁
高橋健自 1925『銅剣銅鉾の研究』聚精堂書店
高丘小・中学校 1950『第2次栗林遺跡発掘』
竹原学・直井雅尚・太田圭郁 1998『境窪遺跡・川西開田遺跡Ⅰ・Ⅱ緊急発掘調査報告書』松本市教育委員会
谷川磐雄 1925「有角石斧に就て」『人類学雑誌』第40巻第2号　67-72頁
種定淳介 1990a「銅剣形石剣試論（上）（下）」『考古学研究』第36巻第4号・第37巻第1号　21-52頁・29-56頁
種定淳介 1990b「北陸の磨製石剣」『福井県考古学会会誌』第8号　7-26頁
檀原長則・池田実男・田川幸一ほか 1981「栗林遺跡第5次・6次発掘調査」『高井』第64号　16-22頁
檀原長則 1988『栗林Ⅷ・浜津ケ池遺跡』中野市教育委員会
檀原長則 1992『栗林遺跡第Ⅸ次発掘調査報告書』中野市教育委員会
檀原長則 1995『栗林遺跡発掘調査報告書』中野市教育委員会
堤賢昭・菅谷文則・吉村雅博・吉田二良 1973「奈良県御所市鴨都波遺跡出土の石戈」『考古学雑誌』第59巻第3号　70-73頁
土屋積ほか 1994『栗林遺跡・七瀬遺跡』長野県埋蔵文化財センター
坪井清足 1953「高丘村弥生式遺跡調査」『下高井』長野県文化財保護協会
坪井清足 1960「宝器的な石剣」「角の生えた石斧」『図説　世界文化史大系』第20巻

　　　　日本Ⅰ　155頁　角川書店
寺前直人 2005「弥生時代における石棒の継続と変質」『待兼山考古学論集』　129-148
　　　頁　大阪大学文学部考古学研究室
鳥居龍蔵 1924『諏訪史』第 1 巻
直井雅尚・関沢聡 1990『県町遺跡』松本市教育委員会
中島英子 1993『栗林遺跡第Ⅹ次発掘調査報告書』中野市教育委員会
中島庄一 1996『栗林遺跡（平成 7 年次中野市西部畑地総合開発に伴う調査）』中野市
　　　教育委員会
中島庄一 1997『栗林遺跡発掘調査報告書』中野市教育委員会
中島庄一 2001『栗林遺跡発掘調査報告書』中野市教育委員会
長沼　孝 1986「石の武器」『弥生文化の研究』第 9 巻　45-51頁　雄山閣
永峯光一・宮下健司 1988「弥生時代の信仰と葬制」『長野県史』考古資料編　全 1 巻
　　　（4）　遺構・遺物　856-883頁
長野県立歴史館 1998『古代シナノの武器と馬具』平成10年度夏季企画展図録
中村徹也 1977「宮ヶ久保遺跡出土の木製武器形祭器」『考古学雑誌』第63巻第 2 号
　　　70-75頁
中村友博 1987「武器形祭器」『弥生文化の研究』第 8 巻　23-32頁
中谷治宇二郎 1924「東大人類学倉庫跡より発見されし二個の石器に就て」『人類学雑
　　　誌』第39号第 7 号～第 9 号　232-242頁
中谷治宇二郎 1925「谷川君へ（有角石斧に就て）」『人類学雑誌』第40巻第 3 号
　　　123-124頁
難波洋三 1986「戈形祭器」『弥生文化の研究』第 6 巻　119-122頁　雄山閣
贄田明・青木一男・市川桂子 1999-2000『松原遺跡　弥生中期　遺構本文・遺構図版』
　　　長野県埋蔵文化財センター
新田栄治 1980「東日本の武器形石製品」『鹿児島大学史学科報告』第29号　41-66頁
服部清五郎 1931「所謂有角石器余韻」『史前学雑誌』第 3 巻第 4 号　26-30頁
馬場伸一郎 2004「弥生時代長野盆地における榎田型磨製石斧の生産と流通」『駿台史
　　　学』120号　1-47頁
馬場伸一郎 2006「佐久盆地における栗林式土器の編年と弥生中期集落」『長野県考古
　　　学会誌』112号　33-55頁
馬場伸一郎 2007a「弥生時代の物流とその背景—弥生Ⅲ期後半～Ⅳ期の北陸・信濃北
　　　部・関東を事例に—」『中部弥生時代研究会大会　発表要旨』
馬場伸一郎 2007b「大規模集落と手工業生産にみる弥生中期後葉の長野盆地南部」
　　　『考古学研究』第54巻第 1 号　47-67頁
馬場伸一郎 2007c「弥生時代中部高地の黒曜石石材流通の復元」『日本考古学』第24
　　　号　51-73頁
馬場伸一郎 n.d「弥生中期栗林式土器編年の再構築と分布論的研究」
馬場伸一郎 n.d「磨製石斧の「流通」と「交易」—栗林式土器文化を考える材料—」
林茂樹・金井汲次・桐原健 1966「長野県中野市栗林遺跡第三次調査概報」『信濃』第
　　　18巻第 4 号　102-112頁
春成秀爾 1992「祭祀 8 石戈から有角石器へ」『図解・日本の人類遺跡』東京大学出

版会　143頁
春成秀爾 1997「祭りからみた弥生時代の東西」『歴史街道』1997年10月号　132-135頁
春成秀爾 1999「武器から祭器へ」『人類にとって戦いとは』1　戦いの深化と国家の生成　121-160頁　東洋書林
東奈良遺跡調査会 1977「東奈良遺跡出土の石戈について」『考古学雑誌』第63巻第2号　85-88頁
久田正弘 2004「南加賀地方における弥生時代の一様相」『石川県埋蔵文化財情報』第11号　石川県埋蔵文化財センター　52-61頁
広田和穂・贄田明・町田勝則 1999『榎田遺跡』長野県埋蔵文化財センター
福海貴子・宮田明 2003『八日市地方Ⅰ』小松市教育委員会
藤森栄一 1937「千曲川下流長峰・高丘の弥生式石器―弥生式聚成図録解説―」『考古学』第8巻第8号　376-384頁
増田精一 1968「分布と文化系統」『新版日本考古学講座　第1巻　通論（上）』　233-248頁　雄山閣
町田勝則 1996「弥生中期の石器からみた社会　続・稀少なる品々―栗林式文化―」『長野県考古学会誌』80号　33-43頁
町田勝則 1997「稀少なる品々―信州弥生文化にみる特殊遺物の変遷―」『人間・遺跡・遺物3』発掘者談話会　370-392頁
町田勝則 2000『松原遺跡　弥生中期・石器本文　石器図版』長野県埋蔵文化財センター
町田勝則 2001「弥生石斧の生産と流通に関するモデル試論―太型蛤刃と扁平片刃の経済的循環のちがい―」『第三回中部弥生時代研究会発表要旨集―生産と流通―』34-35頁
松尾禎作 1935『東肥前の先史遺跡』
百瀬新治 1988『黒沢川右岸遺跡』三郷村教育委員会
森貞次郎 1942「古期弥生式文化に於ける立岩文化期の意義」『古代文化』第13巻第7号　1-39頁
森本六爾 1929『日本青銅器時代地名表』
森本六爾 1930a「関東発見のクリス形石剣」『武蔵野』第16巻第2号（森本六爾 1943『日本考古学研究』桑名文星堂　に採録）
森本六爾 1930b「北九州のクリス形石剣と東国のクリス形石剣―型式分類上の一問題として―」『福岡』第45号（森本六爾 1943『日本考古学研究』桑名文星堂に採録）
森本六爾 1930c「関東有角石斧の考古学的位置」『考古学』第1巻第1号　202-224頁
森本六爾 1943「信濃若宮銅剣の考察」『日本考古学研究』226-235頁　桑名文星堂
両角守一 1933「北安曇郡平村諏訪社の銅剣」『信濃』第1巻第2号　7-11頁
八尾隆夫編 2007『堀切遺跡G区発掘調査報告書』黒部市教育委員会
八幡一郎 1932「信濃の青銅器文化」『信濃』Ⅰ　78-79頁
八幡一郎 1933「有孔石剣の新資料」『考古学雑誌』第23巻第1号　17-26頁
吉朝則富 1987「独鈷石集成」『飛騨の考古学遺物集成』Ⅱ　高山考古学研究会
吉朝則富 1992「飛騨の弥生時代石器」『飛騨春秋』376号　2-16頁

吉田　広 2001『弥生時代の武器形青銅器』平成12年度文部科学省科学技術研究費補助金特定研究A（１）「日本人および日本文化の起源に関する学際的研究」（研究代表者　春成秀爾）考古学資料集21

吉田　広 2004「武器形青銅器の祭祀」『季刊考古学』第86号　54-58頁

図版出典

図1　筆者作図。

図2～図3　１・２は笹沢編 2006、３は後藤 1930、４から６は町田 2000、７は臼居・町田 1999、８・10は筆者実測・トレース、９は設楽 1995、11から15は関沢 1994、16は市川編 2005、17・18は佐々木・山下・桜井 1986。

図4　１は後藤 1930、２は笹沢編 2006、３・11・12は筆者実測・トレース、４・５・14は永峯・宮下 1988 を筆者再トレース、６は飯島 1991a、７から９は町田 2000、10は久保 1993、13は関沢 1994、15は森本 1930a、16は吉朝 1992。

図5～図6　１は関 1986、２・３は藤森 1937 を筆者再トレース、４・５・11・12・18・19は永峯・宮下 1988 を筆者再トレース、６・７・10・15・22・23は筆者実測・トレース、８は広田・贄田・町田 1999、９は関沢 1994、13・14は石川 2007、16・17は石川 1992、21は藤森 1937 を筆者再トレース、24は関沢 1994。

図7　１・２は町田 2000。

図8　筆者作成。

図9　各実測図を元に筆者作成。

図10　中島 1996 を下図として筆者作成。

図11　贄田・青木・市川 1999・2000 を下図として筆者作成。

写真１～５は筆者撮影（写真１の資料は長野市教育委員会所蔵、２は長野県立歴史館所蔵、３・４は佐久市教育委員会所蔵、５は射水市教育委員会所蔵）。

写真　註(1)　細形銅戈：佐賀県安永田遺跡出土　東京国立博物館蔵　Image：TNM Image Archives、細形銅剣：佐賀県宇木汲田遺跡出土　佐賀県立博物館蔵

中部高地における中期から後期の地域的動向

小山　岳夫

1　巨大集落の出現—中部高地の弥生中期後半栗林式期における集落の大規模化とその背景—

はじめに

　近年、ヒノキ・スギ・コウヤマキ材の年輪の成長パターンから実年代を読み取る年輪年代学の進歩により、昨今ではヒノキで紀元前912年、スギで紀元前1313年、コウヤマキで紀元後22年までの年代の判定が可能となっている（光谷1995）。この研究の近年の大きな研究成果は、畿内第Ⅳ様式後半に比定される大阪府の池上曽根遺跡の大型堀立柱建物址や、やはり同様式の滋賀県のニノ畦・横枕遺跡の井戸址2基などに使用されたヒノキ・スギ材が紀元前50年から100年に切り出されたものであることが判明した点にある。すなわち、従来の考え方では紀元50年頃と考えられていた畿内第Ⅳ様式の実年代が、一挙に100年余りもさかのぼり、紀元前1世紀にその時代の中心のあったことが確実視されるようになったのである。筆者は年輪年代を指示する立場から、その研究成果を尊重し、弥生時代の年代を図1のように推定する。

　長野県では、畿内第Ⅲ様式新段階～Ⅳ様式に並行すると考えられる時期の土器に「栗林式土器」があり、県域が本格的稲作農耕社会に移行するにあたり重要な役割を果たした土器と評価されている。この土器の編年については、多くの研究者が編年を試み（笹沢 1971 など）、私自身も佐久平の栗林式土器の分析を行ってきた（小山岳夫 1999）。近年、良好な資料が続出し、型式的な変遷が連続的に捉えられる状況になってきた。その成果は石川日出志氏（2002）、馬場伸一郎氏（2006）らによってまとめられている。栗林式土器が成立して2型式ほど経過した時期は栗林式土器文化の最盛期で、集落が最も大規模化し、今回提起したい問題が内在している時期である。本節では長野市松原遺跡や佐久市北西ノ久保遺跡などで発見された弥生中期後半栗林式期の巨大な集落跡を概観した上で、栗林期の集落の変遷、出土人骨の形質的特徴、金属器の出土状況を分析し、最後に古代朝鮮・中国を中心とした東アジア的視野で栗林式土器文化の評価を行いたいと思う。

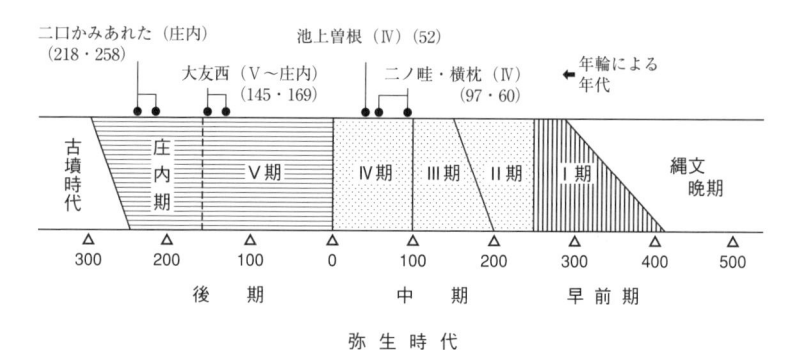

図1　年輪年代を参考にした弥生時代の年代

図2　栗林式土器（「中間期」）の基本セット（佐久市根々井芝宮遺跡Y-14・18住出土品。高坏は良好な資料がなかったため未掲載だが、ほとんどが小型品である。1：8）

(1) 松原遺跡と北西ノ久保遺跡

　まず、これまでの常識を覆す弥生中期後半の大規模集落が発見された長野市松原遺跡と佐久市北西ノ久保遺跡とその周辺の概要を記しておこう。当然のことながら両遺跡の当該期の集落跡から出土する土器はそのほとんどが「栗林式土器」で、他様式の土器の混入はほとんどみられない[1]。

① 松原遺跡
　長野市松代の千曲川右岸の氾濫原に所在する松原遺跡では、平成2～4年（1990～92）の各種発掘調査（長野県埋蔵文化財センター 1990, 1991）で発掘された

約5haは集落の中核部分と考えられ、栗林式期の竪穴住居址が密集して300軒、それに共存する平地住居址も100軒を超えている。未掘部分を含めた集落の総域は20haを超えると考えられ、中期後半段階に集積された竪穴住居址の総数は1000軒を超え

写真1　長野市松原遺跡遠景

る規模の集落であった可能性が高い。栗林式土器文化が150年位続き六世代の世代交代があったと仮定すると一時期平均で170軒の住居が建ち並んでいたことになる。しかし、松原遺跡の栗林式土器は出現段階と終焉段階が非常に少なく、中間期が多い状況を鑑みると170軒よりもさらに多くの住居が建ち並んでいた可能性が高い。規模の側面だけでなく、松原遺跡からは文化的拠点になるような大集落跡でしか発見されないという（町田 1996）稀少な有樋式短小石戈（飯島 1991）も発見された。以上を勘案すると松原遺跡は、善光寺平南部の弥生時代中期後半で中核的な役割を果たした最大級の集落であったことは疑いない。

②北西ノ久保遺跡

　佐久市岩村田の千曲川右岸の河岸段丘上に所在する。昭和57・60（1982・85）年に1万4千m²の台地ほぼ全面が発掘調査（佐久埋蔵文化財調査センター 1987、佐久市教育委員会 1984）された。検出された竪穴住居址の総数は92軒、当時栗林式最大の集落と言われた。昭和62年（1987）の報告では土器様相に大きく二時期の変遷があり、当時の集落は一時期40軒前後であろうと推測された。そしてこれが弥生中期後半の佐久地方で最大規模の集落と考えられてきた（小山岳夫 1992、1993、1994）。しかし、平成4・5年（1992・93）北西ノ久保遺跡東隣の西一本柳遺跡の発掘調査（佐久市教育委員会 1995）や西隣の鳴沢遺跡群五里田遺跡[2]で中期後半の竪穴住居が多数検出されたことで、この考えは覆された。中期後

写真2-1　佐久市根々井芝宮遺跡遠景

写真2-2　佐久市西一本柳遺跡遠景

半の集落は北西ノ久保遺跡の範囲に留まらず、その東西にも広がっていたのである。また、五里田遺跡では、詳細な時期判定はなされていないものの、当時稀少な鉄剣二振りや銅釧・鉄釧なども出土した。

このような状況から北西ノ久保遺跡とその周辺には、弥生中期後半に想像を超える大規模集落が存在していたことが判明し[3]、当時の文化的中心地であったことがほぼ確実になったのである。

③ 大規模集落出現の過程

過去に栗林式土器は在地の縄紋的要素を多分に残す土器と北陸の弥生中期櫛描紋土器様式の小松式と融合した結果北信濃で誕生し（最も古い栗林式土器は北信濃に集中する）、徐々に南下して分布圏を拡大し、長野・群馬・埼玉県北部や山梨県、新潟県内陸部等、中部日本の海に接しない地域に一大分布圏を形成したことを指摘した（小山岳夫 1991）。私はその成立事情から考えて東山道ルートで櫛描紋と接触し、栗林式土器が成立したとは思えず、やはり北信濃と北陸諸地域の接触の中で生成されたとするのが適当と考える。

前述の松原や北西ノ久保遺跡の状況から考察すると、徐々に南下して分布圏を広げていく段階で、進出の拠点となる地域には大規模集落を築いていった足

跡が認められる。「栗林式土器文化圏の拡大発展は大規模集落とともにあり」といった状況を呈している。では、微視的に見ればこういった大規模集落が形成されるのは、栗林式土器文化の中でもいつ頃であったのだろうか。そしてその背景には何があったのだろうか。

冒頭にも記したが、こういった大規模集落が営まれるのは決して栗林式土器の成立期ではない。成立期の集落の分布は、その規模も10軒に満たないような小集落であることが予想される。ところが成立から発展へと転じる時期になると、突如として巨大といっても過言でない松原遺跡や北西ノ久保遺跡周辺にみる一時期100軒を軽く超えるような大規模集落が登場する。松本市宮淵本村遺跡（松本市教育委員会 1986）等大規模であることが予想される栗林式土器文化の範疇に入る他地域の集落跡のほぼすべても、この時期にあたると考えられるのである。そして、栗林式土器の「終焉期」から後期様式の口火を切る「吉田式土器」の段階になると集落は再び10軒前後に縮小することが想定され、再成長が図られるのは「箱清水式土器」が成立・発展する時期なのである。

以上、長野県千曲川流域を中心とした栗林式土器文化圏の集落変遷をみると、そのピークは栗林式土器成立から数段階後にあり、急激な膨張を示していることがわかる。そしてその上昇曲線の描き方は生産力の安定による自然増と言えるような状況でなく、人の大量移動によって果たされる膨張現象と考えるのが適当であると考え、次では移住があったと考えられる状況証拠をいくつか挙げてみることにした。

(2) 栗林式期土器出現前夜の出土人骨

長野県長野市塩崎遺跡群では、弥生時代中期前半・畿内第Ⅰ～Ⅲ様式に並行すると考えられる24基の木棺墓と5基の土坑墓から30体近くの人骨が発見された（長野市教育委員会 1986）。出土人骨のうち23体を分析した京都大学の茂原信生氏によれば、「上顎切歯に顕著なシャベル型」「カラベリー結節」「歯の大きさ」などの形質から渡来系弥生人との直接的影響関係が予想できるという。また、木棺墓は縄紋習俗の伝統が強く残る長野県にしては、かなり早い段階に取り入れられたものである。先進的な棺を採用している反面、遺体を3体合葬したり、棺の中に多くの土器を副葬するなど西日本の弥生葬制ではあまりみられ

写真3　長野市塩崎遺跡群5号木棺墓
（3人の遺体が埋葬されていた）

ない縄紋時代の伝統も採用している（片岡正人 1996）。塩崎遺跡群では栗林式土器成立前段階でもはや渡来人が進出して居住を開始しており、葬制は地元の縄紋時代の伝統文化と融合する形式を選択していたことが窺える。

これに対し、若干時期がさかのぼった篠ノ井遺跡群の弥生中期初頭・畿内第Ⅱ様式並行期の礫床墓上の集骨は、同じ茂原信生氏の鑑定で「歯の大きさでは渡来系の弥生時代人に近く、一方、歯のプロポーション（形）では東日本の弥生時代人の多くと同じく縄文時代人の形質を強く残していると言うことができる」（茂原 1997）とされた。したがって、畿内第Ⅱ様式並行期には渡来系弥生人の子孫が長野県の縄紋時代の伝統を受け継ぐ人々と接触をもち始めたことが窺える。

長野県の弥生人骨の出土例が少ない段階で、早計な判断は慎むべきである。しかし、データが少ないにも関わらずこの二つの鑑定結果は、長野県の本格的弥生社会成立を理解するためにきわめて重要な意味をもつと思われる。なぜなら、栗林式土器成立の前段階、弥生時代中期初頭から中頃にかけて文化的要素を受容するばかりでなく、すでに渡来系の人々が長野県への移動を始めていたらしいことがわかり始めたからである。

なお、栗林式土器文化の時期の人骨は、松原遺跡で礫床墓が発掘される前までは、良好な墓跡の発見例さえも少ない状況にあったため、人骨資料自体が少なく、その形質的特徴は明らかでない。しかし、筆者は栗林式土器文化を担った集団のなかにも、前代から継続してかなり多くの渡来系の移住者が含まれていたと考えるのである。そうでなければ、栗林式土器「中間期」における集落の急激な大規模化は説明できないと考える。

(3) 中部高地を中心とした金属器の出土状況 (鉄器を中心として)

　日本に鉄器文化が流入し始めたのは縄紋時代晩期のことで、長崎県曲り田遺跡などで鉄鏃や板状小型鉄器片が出土している。弥生初期から前期になると20例以上の鉄器が認められ、さらに中期後半になると、素環頭刀・鉄剣・鉄戈・鉄矛などの輸入鉄製大型武器・儀器が北部九州を中心に認められる。また、板状鉄斧・袋状鉄斧・鉇などの国産鉄製工具は、九州を初め東日本にまで認められるようになった (川越 1993)。鉄製武器の日本への流入は、後述する中国の政治的動向と無関係ではなかった。

　一方、西日本を中心とした青銅器文化の流れも後述するが、簡単な流れは弥生時代前期末～中期前半にかけては朝鮮からの輸入品、細形銅剣・銅矛・銅戈や多鈕細紋鏡などが主体、中期中頃～末は前漢鏡、中国式銅剣などが主体である。

　これら弥生時代の金属器文化は、西日本、特に北部九州を中心として展開されたが、九州から遠く離れた長野県でも東日本の中では逸品の金属器が数多く出土している。

　まず、鉄器をみると長谷川福次氏の研究によれば、東日本の弥生鉄器の分布は石川・福井県を中心とする日本海沿岸、東京都・千葉県を中心とする東京湾、長野県の千曲川流域、群馬県の利根川・鏑川流域の4分布圏に大きく分けられ、群馬県以外の北関東では、栃木県で1例、茨城県で2例認められる程度であるという。そして長野県の鉄器出土量は、群馬県をはるかに凌ぐ多さであることを指摘している (長谷川 1997)。

　また、『長野県史』にまとめられた青銅器をみると、塩尻市柴宮の突線鈕3式 (三遠2式) 銅鐸、大町市海ノ口の大阪湾型または近畿型銅戈、長野市松節の銅剣、戸倉町箭塚の細形銅剣、武石村上平の巴形銅器 (全国12例)、佐久市野沢・社宮司の多鈕細紋鏡再加工ペンダントなど、日本列島でも主に九州から近畿地方に分布する稀少な青銅器が出土している (神村 1988)。

　最近の発掘調査では、木島平村根塚遺跡 (木島平村教育委員会 1997) から朝鮮半島南部伽耶地方 (後述する弁韓地域) からもたらされたとされる渦巻装飾付き鉄剣、上田市上田原遺跡では日本列島で10例目の出土となる鉄矛 (上田市教育

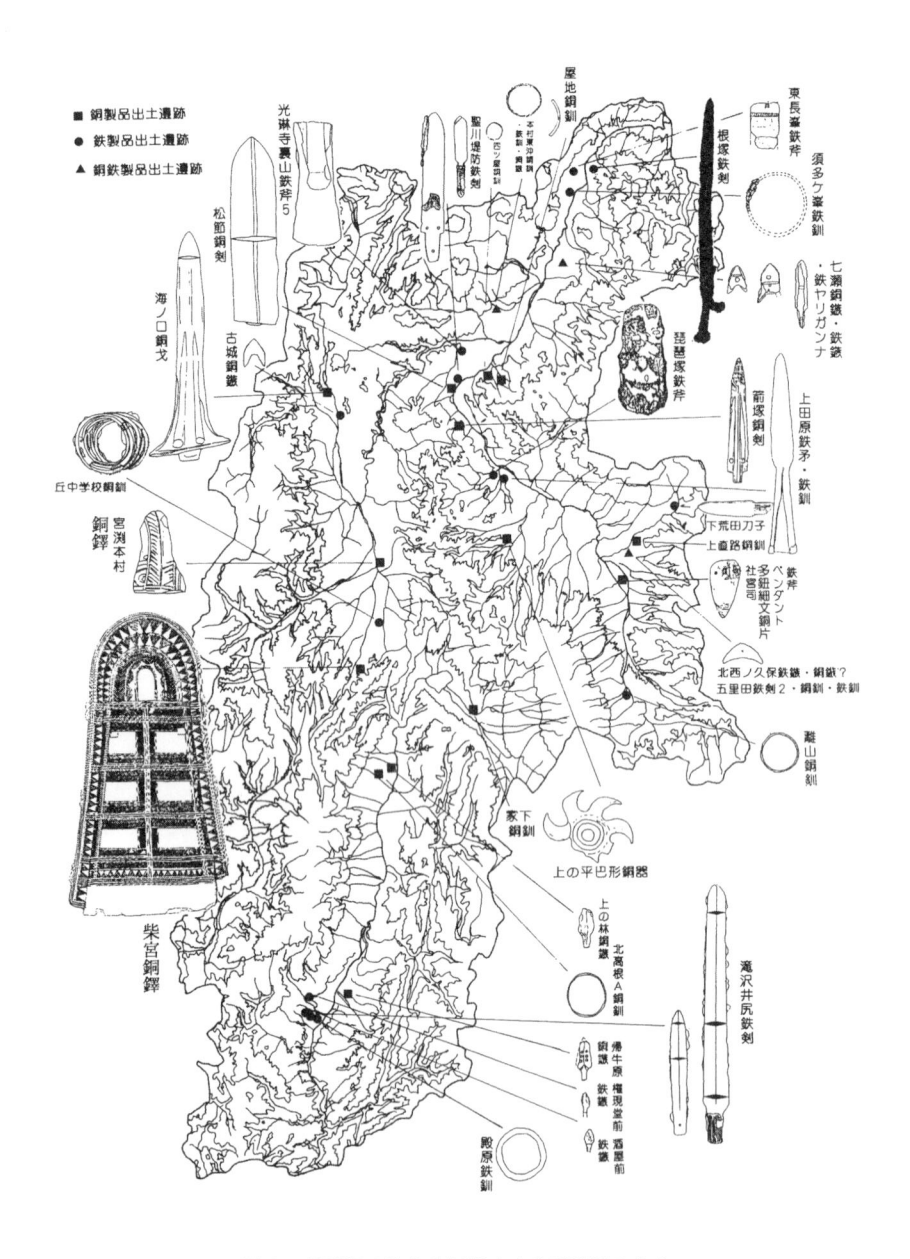

174 中部高地における中期から後期の地域的動向

図3 長野県の弥生金属器出土主要遺跡の分布

委員会 1997)、また、前述の佐久市五里田遺跡では鉄剣二振り（小山岳夫 1992、1993、1994)、目を兄弟様式土器文化圏の群馬県に転じると渋川市有馬遺跡では朝鮮半島から運ばれた鉄剣、全長57cmの長剣が発見（群馬県教育委員会 1990) されるなど優秀な鉄器の出土が相次いだ。

以上のように弥生時代の長野県とその周辺には、北部九州・近畿以外は滅多に出土しない貴重品を初め、量的にも多くの金属製品がもたらされていたことが明らかになってきた。

これらの金属製品を出土した遺構の多くは、弥生後期に帰属するものであった。上田原遺跡の鉄矛も弥生末の土坑から出土したものであるが、従来、鉄矛は弥生中期中頃に出現し、後期初頭には消滅したきわめて短い限られた期間に用いられた武器（長野市教育委員会 1986) であった。また、類例が少ないため、型式学的変遷をとらえづらい状況にあるが、上田原例のような長鋒式の場合どちらかと言えば新しい型式と考えられ、中期後半段階に製作されたことも十分に考えられる。上田原遺跡にもたらされた経路は明らかにできないが、栗林式土器文化の時期にすでに長野県にもたらされていた可能性もある。また、根塚遺跡の渦巻装飾付き鉄剣は、評価が難しい。朝鮮北部の楽浪漢墓では、前漢代に長剣が副葬されていたのに対し、後漢代には長刀が取って代わる。朝鮮南部では後漢並行期の後1世紀前後に短剣が目立つと言われているので、根塚遺跡のような長剣は紀元前段階＝弥生時代中期に製作された可能性を指摘しておきたい。私はこのほかの金属製品についても根拠に薄いが、弥生中期後半にもたらされ、後期まで伝世されたものが多いと考える。

さて、金属器からは離れるが、長野市榎田遺跡では、閃緑岩を原材料とした磨製石斧の工房跡が発見された（町田 1998)。未成品の石斧は160本もある。材料の閃緑岩は遺跡の裏山で採取できるので、磨製石斧生産の材料に恵まれた場所に集落形成したようである。長野県の中で善光寺平周辺の磨製石斧の出土量が他地域に比べ圧倒的に多い状況は、こういった工房跡が存在したのと無関係ではなさそうだ。また、この工房から佐久・群馬県などの広い範囲にわたって磨製石斧が供給された可能性があると言う[4]。磨製石斧の工房跡は列島内でほかに北部九州の今山遺跡にしかない。工房跡の発見例が少ない状況を見る限り、磨製石斧は各集落でつくられたのではなく、専門に供給する集落があった。榎

田遺跡には、紀元前1世紀に磨製石斧を製作する技術集団が、西日本から長野県にやってきた可能性が十分にある。

(4) 古代朝鮮・中国と栗林式土器文化が関係した可能性

以上に述べた栗林式期における人骨の形質やその文化圏における金属器の出土状況からみて、中部高地では本格的稲作農耕社会の成立過程において、古代朝鮮・中国と間接・直接的な関係をもっていたことが想定されるに至った。そこで古代朝鮮・中国と日本の関係略史[5]を以下にまとめ、栗林式土器文化との関連を考えてみよう。

まず、古代朝鮮の記録された歴史は、檀君朝鮮→箕子朝鮮→衛氏朝鮮の三氏の変遷からなる。しかし、前2333年を起源として朝鮮を含む北東アジアの古代諸種族の頂点に君臨したとされる檀君は、仏教の影響を受けた神話の世界である。その檀君に代わって前12世紀に中国周の武王の命により東来したとされる「箕子」についても、紀元前3世紀前後に朝鮮北部を支配した箕準をその「四十余世」後裔とできる保証は何もないようだ。ただ、遅くとも朝鮮半島に稲作が定着（始まりは前7世紀頃）し、鉄器の使用が始まった無文土器時代の前4～3世紀頃には「朝鮮」というまとまりが生まれていたことが確実視されている。日本ではようやく、北部九州に稲作と鉄器が伝播・普及し始めた弥生時代早前期にあたると考えられる。この時期両国の人々はともに竪穴住居に居住していたが、稲作受容に先んじ、社会的に成熟していたと考えられる朝鮮ではいち早く環濠集落が出現した。この存在から朝鮮半島では抗争の果てに統合が進む段階に入っていたことが考古学的な側面からもわかる。また、稲作受容後の前6世紀には中国東北地方の遼寧青銅器文化の影響を受けて、朝鮮でも青銅器の製作・使用が始まった。扇形銅斧などがその代表例である。戦国燕の勢力が遼東地方に進出し、古朝鮮の勢力を駆逐した前4世紀前後を上限とする時期には朝鮮式の細形銅剣（古式）、多鈕粗紋鏡などが創出された[6]。

紀元前221年には始皇帝により秦が成立、秦が二代で滅亡した後は、漢の劉邦と楚の項羽の激烈な長期抗争（決着は前202年）があり、前3世紀の後半期は中国全土が混乱した時期であった。日本では弥生時代中期前葉（第Ⅱ様式並行期）

1　巨大集落の出現　177

に相当する時期と考えられ、前述の篠ノ井遺跡群で礫床墓が形成されたのもこの頃であったと考えられる。

　前2世紀の前半には朝鮮半島に政権交代がおきた。前195年燕人衛満は仕えていた燕王盧綰が、前漢を裏切り匈奴に降伏したのを契機に朝鮮王箕準を頼って逃亡し、西境地帯に亡命者によるコロニーを築き上げた。一説によると、秦・漢の混乱期以来、コロニーに逃げ込んだ中国人は数万人に上ったと言われる。衛満は入った後指導者となり、さらに燕・斉・趙からの亡命者を受け入れたため、相当な人数を抱えるコロニーとなった。そして衛満は亡命者を主体として軍隊を組織し、箕準の籠もる王険城（平壌）に迫り、これを苦もなく攻略した。破れた箕準は、朝鮮半島南部（辰国）に逃れたと言われるため、もともとそこに居住していた人々が他地域へ押し出されるように移住した可能性もある。また、前2世紀前半を中心とする時期には細形銅剣（新式）・銅矛・銅戈や多鈕細紋鏡などからなる朝鮮式青銅器文化が完成され、その一部は弥生中期前葉（畿内Ⅱ様式〜Ⅲ様式古段階並行）の日本へももたらされた。ちょうどこの頃が、長野市松崎遺跡群で木棺墓が形成された時期と考えられる。

　衛氏朝鮮の王位はやがて、満の孫、右渠(7)に継承されるが、前108年前漢武帝の東征により滅ぼされる。以後、朝鮮半島には楽浪・真蕃・臨屯・玄菟の四郡が置かれ、前漢の直轄地となった。また、前2世紀後半の前漢の四郡設置期になると青銅器は漢の影響が濃厚になり、前漢鏡を模倣した小銅鏡や大型鏡などの韓鏡が製作された。日本では弥生中期中葉（畿内第Ⅲ様式古〜新段階）にあたると考えられ、中部高地の千曲川中下流域では栗林式土器が誕生した時期と考えられる。

　正確な設置時期は明らかではないが、武帝治世中の前2世紀中頃から前1世紀初頭には、当時前漢の大いなる脅威であった対匈奴対策の一環として『馬弩関』(8)が設置された。『馬弩関』とは、「関」を設置して馬と弩（兵器）・鉄の輸出を禁じたことで、軍備の流出を押さえることを目的としたものであった。違反者に対しては厳罰が処せられる非常に厳しい制度であったらしい。前述のように当時前漢の直轄地であった朝鮮半島北部の漢人墓では鉄製武器の副葬が盛んであった。ところが、南部朝鮮や日本の九州では、『馬弩関』設置期の武器類の出土はあまり聞かないので、前漢の管理地外への武器流出は、『馬

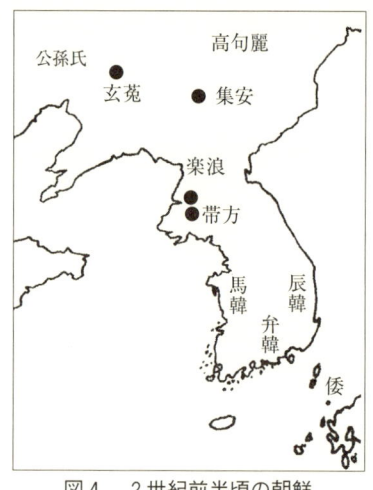

図4　2世紀前半頃の朝鮮

『弩関』の厳しい統制によって押さえ込まれていたのが実情のようである。『馬弩関』が廃止されるのは、匈奴が衰退し、前漢にとって脅威が遠のいた昭帝の前82（始元2）年のことで、臨屯・真蕃の二郡も廃止された。

『馬弩関』廃止後の紀元前1世紀前半になると鉄製武器の輸出が再開され、前漢の周辺地域には鉄製武器や原材料が流入することになった。弥生中期後半の日本では武器の入手が容易になったことで、西日本を中心とする地域で分立する地域圏同士での抗争が誘発されたと考えられる。その証拠に西日本を中心とする地域には、他からの攻撃に備えムラの周りに濠をめぐらした環濠集落が多発し、殺傷能力の高い大型化した石鏃なども大量に出土するようになった。また、北部九州の甕棺や畿内の墓から剣などの武器で刺されて死亡したと考えられる遺体が納められるのも、この時期のものが多い。前1世紀に起こったと考えられる西日本一帯の抗争は、『魏志倭人伝』『後漢書』などに記載される「倭国大乱」（後180年頃勃発）に先んじた戦争で、記録に残らなかった歴史事象と理解される。一方、中部高地の栗林式土器文化は最盛期（土器編年で言うと「中間期」）を迎え、前述の松原遺跡や北西ノ久保遺跡のような大規模集落が出現し、多くの鉄製武器・鉄製工具がもたらされた。

　以後、前1世紀後半になると前漢王朝は、徐々に優秀な帝に恵まれなくなり、政権の実権は有力官僚や宦官に委ねられていく。朝鮮北部ではこれを前後する時期から高句麗が成長を続けていた。紀元後8年、王莽が政権を奪取して開いた新は、後12年出兵命令を無視した高句麗王騊を捕えて切り殺した。

　その後、後漢王朝は後25年に始まり、後220年魏の曹丕に政権禅譲するまで続き、魏・呉・蜀三国鼎立時代へと引き継がれる。朝鮮北部では引き続き高句麗が発展を続け活発な活動を続けていたのに対し、南部は後3世紀前後にいたって馬韓、辰韓、弁韓内で小国家群の並立状態からようやく統合が始まった段

表1 古代中国・朝鮮と日本の関係略史

年代	中国王朝	中国・朝鮮 主に日本に関係する出来事のピックアップ	時代	時期	日本（長野県中心）
BC16	夏		縄文時代	後晩期	
BC12	殷	周の武王が箕子を朝鮮王に封じたという			
BC100		朝鮮で無文土器時代始まる			
BC4841	周				
BC700		朝鮮で青銅器の使用始まる			
～600		朝鮮で稲作始まる			
BC400～300			弥生時代	早前期	日本で弥生時代始まる 氷式土器の発展
BC334		越王が楚に殺され、越人「濱於江南海上」 燕王喜 秦を避け遼東半島へ			
BC300～100		朝鮮で鉄器の使用始まる			
BC221	秦	秦六国を滅して中国統一		中期	長野市篠ノ井戸遺跡群の礫床墓
BC219		斉人徐福 数千人の童女をつれ逃亡			
BC202	前漢	劉邦皇帝に即位			長野市塩崎遺跡群の木棺墓
BC195		燕人衛満亡命し、朝鮮王箕準に降る 衛氏朝鮮成立			
BC141		漢 武帝即位			**「栗林式土器」の成立**
BC108～107		漢 衛氏朝鮮を滅ぼし、楽浪・真蕃・臨屯・玄菟の四郡設置			
BC87		武帝崩御			栗林式土器文化の繁栄
BC82		漢、馬弩関と真蕃・臨屯の二郡を廃止			
					BC52池上曽根遺跡の大型建物
BC57		新羅の始祖・赫居世が即位するという			
BC18		百済の始祖・温祚、慰礼城に都を定めたという			百余国に分れ（『漢書』）
BC8	新	王莽、新開く			吉田式土器成立
AD12		王莽、高句麗王を殺し、国号を下句麗とする		後期	
AD25	後漢				倭奴国王、光武帝より金印賜る **「箱清水式土器」の成立**
AD107					倭国王の帥升ら後漢に遣使
AD180頃					倭国大乱（『後漢書東夷伝』） その後卑弥呼を女王に共立
AD201		曹操、華北一帯を統一			
3世紀初頭					奈良県勝山古墳築造
AD220	三国	後漢滅亡、魏建国(220)蜀建国(221)呉建国(222)			卑弥呼、魏に難升米（なしめ）らを遣使(239)
AD238		魏、公孫氏を倒し、遼東郡、楽浪郡、帯方郡を回収			卑弥呼に魏から「親魏倭王」の金印届く(240)
AD242		高句麗、魏の攻撃により打撃をこうむる			倭が魏に遣使(243)
					卑弥呼が魏に狗奴国との交戦を告げる(247)
					卑弥呼がが死去、宗女の台与が即位(248ごろ)
3世紀半ば			古墳時代		奈良県ホケノ山古墳築造
3世紀半ば～後半					奈良県箸墓古墳築造
AD265		魏が滅亡、司馬氏による西晋が興る			
AD266		倭の女王が西晋に遣使			

階であった。当時、弥生時代後期の日本も同様な状態であったと考えられ、日本史上もっとも有名な女王卑弥呼が登場するのもこの時期である。小国家の統合はかなり進んだ段階に入っていたようである。

以上、古代中国・朝鮮の日本に纏わる動きを概観すると、紀元前の昔に日本列島へ逃亡民が流入する契機が何度かあったことに気づく。

第1は秦・漢初期の混乱期の紀元前3世紀前半、第2は箕子から衛氏へ朝鮮王交代劇のあった前2世紀前半、第3は前漢武帝の東征期前2世紀後半である。これらの混乱期・戦乱期に難を逃れるために日本列島まで足を伸ばした逃亡民が少なからずいたことは想像に難くない。

小　結

長野県を中心とする栗林式土器文化における集落の急激な大規模化に着目したことがきっかけで、栗林式土器発生前夜に渡来系の人が直接的に関わったことを証明する人骨の形質的特徴、長野県内の他を圧する金属製品の出土量が判明し、当時、かなり大勢の人々が長野県へ流入した可能性があったことを想定するに至った[9]。これらを踏まえ半島・大陸の古代史に目を向けた結果、栗林式土器発生前後の紀元前3～2世紀の間、数度にわたって朝鮮・中国の人々が日本へ亡命・逃亡する機会のあったことも知り得た。絶対的証拠は何もないが、状況証拠から考えれば、栗林式土器文化成立発展の担い手のなかには、かなりの数、渡来系の人々が含まれていた可能性があるのではないか。

ただし、これら渡来系の人々が大陸・半島から直接長野県へ入ってきたとは考え難い。なぜなら、栗林式土器は在来の縄紋・沈線紋と櫛描紋（近畿の回転台を使った櫛描紋と異なった中部高地独自の手描きの櫛描紋。畿内の櫛描紋とは似て異なるものである）が融合されて成立した土器で、朝鮮半島の無文土器や中国の影響は受けていないからである。半島・大陸から大規模な直接的な移動が長野県にあったとすれば、必ずその地域の土器が栗林式土器に混じって出土するはずである。今まで栗林式期の集落遺跡は大量に発掘されているにもかかわらず、朝鮮や中国の土器の出土は聞かない。

このような状況からみて、半島・大陸の混乱期に自国を捨て逃亡民が海を渡り日本海に面する倭国の一地域にたどりつき、日本の慣習・習俗を学んだ後、

新たな活躍の場をえるため、内陸部に歩を進めた結果、栗林式土器文化成立に深く関与したと現状では考えておきたい。逃亡民が最初に辿り着いたのは日本海岸地方のいずこであったのか。今後、海岸沿い諸県の弥生中期集落のあり方により一層の注意を払っていかなければならない。

　最後に、今回想定した栗林式期における人の移動は、軍隊を組織して他地域を制圧するようなものでなかったことを強調しておきたい。前述のように、栗林式成立前に善光寺平に居住した塩崎遺跡群の渡来系弥生人の葬生は、地元の縄紋時代の伝統も尊重して執り行われていた。また、栗林式土器自体も西日本の先進的紋様と、縄紋時代の伝統的な紋様をうまく融合させて流麗に仕上げた友好の証であった。このような点から、筆者は縄紋時代の伝統を継承する地元の弥生人と渡来系の人々の間には、戦争へ発展するような摩擦がなかったと考える。

　今まで長野県の弥生文化は、縄紋時代的な辺境文化と見なされる向きが強く、西日本の弥生時代研究者からはあまり注目されなかった。今回の指摘が長野県の弥生文化に対して多くの研究者から注目されるきっかけになれば幸甚である。

2　長野県後期弥生土器の地域圏

はじめに

　全国の都道府県中第4位の面積を保有する長野県は、その周囲が群馬・埼玉・山梨・新潟・岐阜・富山・静岡・愛知の8県に接し、列島内における東西文化交流の接点に位置することもあり、南北間の弥生時代の土器様相に著しい相違がみられる。

　新潟・富山県と接する長野県北部には弥生時代中期後半段階に在地の縄紋的要素を濃厚に残す土器と北陸の櫛描紋土器との接触によって生起したと考えられる「栗林式土器」、静岡・岐阜県などと接する南部には畿内型櫛描紋を施紋し、縄紋が施紋されない「北原式土器」が成立し、南北で全く異なった土器が存在していた。前節では栗林式土器成立以降、一定の期間を置いて千曲川流域一帯に大規模な集落が形成されて行ったこと、人骨の鑑定結果、金属器が非常

に多く流入している状況などから集落を構成した人々は古代朝鮮や中国などの渡来系の人々も関与していた可能性などを問題提起した。

本節の目的は、栗林、北原式土器がそれぞれの地域に根付いた後、弥生時代後期になるとそれぞれの土器がどのような形で発展を遂げていったかを概観する（1999シンポジウムの成果を活用して、壺と甕を中心とした長野県の後期弥生土器の地域相を巨視的に整理する）。

(1) 各地域の土器様相

長野県東・北部の千曲川流域を中心とする地域では弥生時代後期になると「吉田・箱清水式土器」、長野県南部の特に下伊那地方では「座光寺原・中島式土器」へと移り変わった。

古くから長野県の後期弥生土器はこの南北に位置する有名な土器型式「吉田・箱清水式土器」「座光寺原・中島式土器」の二極構造で語られてきたが、近年はその上伊那・松本・諏訪などの中間地域においても複数の折衷的な土器型式の存在が明らかになると同時に、1985年に笹沢浩氏が指摘したように「箱清水式土器」として一括視されてきた土器にも、「善光寺型」「飯山型」「佐久型」「上田型」などのような小地域の個性があることが明らかになってきた（笹沢1985）。

これら一連の研究動向と各地での資料の増加を受けて1999年2月に長野県考古学会によって『シンポジウム長野県の弥生土器編年』が開催され、現状における長野県の中期後半から後期の弥生土器資料が小地域毎にほぼ網羅的に把握された。これらを取りまとめると、「吉田・箱清水式土器を基本とする地域」、「座光寺原・中島式土器を基本とする地域」、「折衷的土器様相を示す地域」の三つに括ることが可能である。

① 吉田・箱清水式土器を基本とする地域

長野盆地南部地方、飯山・中野地方、上田・佐久地方、松本平北部地方は、地域差を示しながらもおおむね「吉田・箱清水式土器」に括って差し支えないと考えられる地域である。

＜本家「箱清水式土器」の御膝元―長野盆地南部の様相＞

長野盆地南部の現行政区は長野市南部から千曲市（旧更埴市・戸倉町・上山田町）・坂城町にあたる。「吉田式土器」が型式設定(10)された長野市吉田高校グランド遺跡や、「箱清水式土器」が型式設定された長野市箱清水遺跡を御膝元に抱えた地域である。

　「箱清水式土器」を象徴する壺の胴部に稜をもつ器形と壺頸部の櫛描紋のみのT字紋の採用、及び有段口縁高坏の採用は、長野県の他地域のどこよりも先んじていたと考えられる地域であり、「箱清水式土器文化」の本家筋にあたる地域である。

　99シンポジウムで青木一男氏は、従来の「吉田式土器」→「箱清水式土器」と言う考え方を整理し、太頸広口壺と高坏の変化をメルクマールに当該地域の後期弥生土器群を6段階に細分、有段高坏と太頸広口壺B類の出現を重要な画期と認め、1・2段階を箱清水Ⅰ式、3～6段階を箱清水Ⅱ式と括った。おおむね従来認識されていた吉田式が箱清水Ⅰ式、箱清水式が箱清水Ⅱ式にあたると考えられる。

　壺の器形・紋様変化は、「吉田式土器」の特徴とされる中期後半の篦描紋・櫛描紋を併用する細口壺の発展形態にあるものが残存する1・2段階から、3段階における櫛描紋（特にT字紋多様）のみの太頸広口壺への統一、以後は古墳時代に向かうにつれ、球胴化を示すものが混在するようになる。

　甕は5段階において頸部最小径で明瞭な括れをもち、口縁部が肩部から完全に分離された器形のものが、この地域で特に多く見られる。また、甕の紋様は3段階（箱清水Ⅱ式）以降は櫛描波状紋に統一される。

＜北信濃─飯山・中野地方の土器様相＞

　中期後半段階における「栗林式土器」の標式遺跡が所在する地域であり、同土器の成立に深く関わった地域でもある。中期後半の資料充実に比して、後期資料は今一つ完形資料が少ない状況であるが、99シンポジウムで中島庄一氏が、組合せセリエーション法を用いて各類の消長を観察し、段階区分を行なった。

　ナスのような胴部の器形をもつ壺に象徴される5・6・7段階の後期前葉（吉田式）、ナスのような器形から、一度、胴部最大径が胴部中位まであがる壺が存在する8～10段階の後期中葉（尾崎式？）を介在して、再び胴部下位に最大径がさがる11～14段階の後期後葉（従来の箱清水式）、更には末葉段階（御屋敷

式?)に推移する。

　後期前葉(吉田式)、後期後葉(箱清水式)に位置付けられる土器群については長野市南部の状況と大きな相違がないようであるが、後期中葉(尾崎式?)のなかでも8～9段階に位置付けられた、胴部最大径が胴部中位まであがる壺については、他地域にあまり見られない器形であるので、飯山・中野地方の地域相として特徴付けられる可能性がある。

　1956年桐原健氏は「箱清水式土器」に先行する土器型式として、飯山市長峯遺跡出土土器をもって「尾崎式土器」を型式設定した(桐原1956)。その根拠は壺の口縁部形態の特徴、壺の赤色塗彩があまり盛行しないことであった。その後、1966年神村透氏によって、「尾崎式土器」は「箱清水式土器」と質的な差がないとして「箱清水式」に型式名の一本化が図られて(神村1966)からは、34年間、「尾崎式」が学史に登場することはなかった。

　桐原氏の設定した「尾崎式」の特徴は赤色塗彩があまり盛行しないことであり、中島氏が編年した8段階の壺にも赤色塗彩はみられない。「尾崎式土器」については後期中葉段階の地域型式として再検討しなければならない時期に来ている。

　＜群馬県境―上田・小県地方、佐久地方の土器様相＞

　千曲川で結ばれる長野市域と佐久市域の中間地域には上田市域がある。上田市域は99シンポジウムで尾見智志氏によってまとめられている。弥生時代後期における土器様相は「箱清水式土器」を基本とするが、甕の頸部文様帯に「T字紋」を施すなどの若干の地域相も示す。また、千曲川左岸地域では長野市域、右岸では佐久市域に共通する土器様相を示す。千曲川を隔てて異なる土器様相がある状況は、さらに上流域の佐久地方でも共通する。

　佐久地方の後期弥生土器について、私がⅠ期からⅤ期までの後期弥生土器編年案の提示を行なった(ただし、Ⅰ期資料は欠落しているが、いずれ発見される可能性が高い)[11]。その基準は単純で壺・甕ともに胴部器形の変化(時間を経る毎に進む球胴化傾向の進行)であった。

　また、佐久地方の後期弥生土器について、器形は基本的に長野・中野・飯山・上田市などの「吉田・箱清水式」とおおむね共通するものの、壺・甕は以下のように紋様に、高坏については器形の発達に地域相が認められる。このよ

うな土器群について、地域型式「岩村田式」の名称を与えるか否かについては近々に検証しなければならない。
・壺の頸部に箆描矢羽状紋が古墳時代まで使用される。
・甕には、斜走紋を横羽紋に組み合わせた綾杉紋が波状紋とともに多用される。
・長野市に比べ有段高坏（所謂後期型高坏）の発達がⅤ期以降と遅れる。

長野市ではこのような現象はみられないが、「箱清水式土器」とは異なる群馬県の「樽式土器」の分布圏にある富岡市南蛇井増光寺遺跡から出土した土器が同様の特徴を示しており、急峻な峠（碓氷・内山・志賀峠など）を越えて、人的・物的な地域間交流のあったことが最近の調査で判明した。

＜新潟県境に達する松本平北部の土器様相＞

松本平北部は梓川・犀川・北アルプスに囲まれた地域を指し、北は新潟県境、南は松本市に接する資料が少ない段階ではあり、弥生土器の出土の大半は大町市に偏っている。

99シンポジウムにおいて和田和哉氏は、あまり知られていなかった当地方の後期弥生土器について、Ⅰ～Ⅴ段階までの編年案をまとめた。それによると、「箱清水式土器」に特徴的な壺の胴部下位の稜をもたなかったことを最大の地域相とするが、それ以外の基本的な土器の変遷については長野市の「箱清水式土器」と同調する土器群であることが明らかになった。

Ⅰ期は該当資料に恵まれない。Ⅱ期は長野市南部をまとめた青木一男氏の編年案の2段階に対応、ⅢからⅤ段階が青木氏の3～6段階に対応すると考えられる。現在の行政区分で松本平に属する大町市とその周辺は、弥生時代後期社会につくられた土器については、南に接する松本市よりも、犀川を流れ下って到達する長野盆地南部との縁が強い地域であった。

② 折衷的な土器様相を示す地域

＜長野県の中央・松本平南部の土器様相＞

長野県の中央部、松本平南部の中期後半から後期弥生土器の資料の大半は、中心市街地を形成する松本市、塩尻市から出土したものである。後期弥生土器については資料不足のため実態不明確であったが、近年の発掘調査で松本市鍬

形原遺跡、竹淵遺跡、塩尻市和手遺跡などで前半、松本市百瀬遺跡で後半の好資料が増加したため、ようやく長野県南部の「座光寺原・中島式」と北部の「箱清水式」の土器が交錯する地域の折衷様相が明らかになりつつある。

99シンポジウムで直井雅尚氏は後期弥生土器を1～5期に編年し、1・2期を前半、3・4期を後半、5期を終末とした。

前半の1・2期については、千曲川流域の「吉田・箱清水式」の壺の紋様要素である「T字紋」の採用が認められる反面、これとは異系統の「多段帯状施紋系」土器（直井氏によれば中期からの流れの中では全く捉えられない土器群）の壺や、甕の「斜走短線紋」の採用に特徴付けられる。松本平南部において、この直前段階の中期後半の土器様相は栗林式土器の範疇に属するものであり、その背景から生起する後期初頭の土器は「吉田式」と兄弟関係にある土器を想定したくなる。しかし、この系列とは全く無縁の「多段帯状施紋系」や「斜走短線紋」が出現し、発達した背景には、「座光寺原・中島式」土器など伊那谷南部の土器文化圏が、弥生時代後期前半段階の松本平南部に大きな影響を与えたことが感じられる。三遠式銅鐸が塩尻市柴宮へもたらされた背景もこの土器の動きと無関係ではないと考える。

後半の3・4期になると初期の段階の甕には「斜走短線紋」の残存が認められるものの、おおむね「波状紋」あるいは「波状紋＋簾状紋」の構成に統一される。一方、壺は「多段帯状施紋系」が消滅、おおむね「箱清水式」の紋様要素である「T字紋C」が主流になる。

松本盆地では後期前半段階においては、「斜走短線紋」に象徴される伊那谷南部の土器文化が、押し上げられるように分布圏を拡大するが、後期後半にいたると伊那谷南部の土器様相は払拭され、おおむね箱清水式土器の分布圏に飲み込まれることになる。

また、松本平南部の箱清水式土器の地域相として特徴付けられる要素に、壺の赤彩の希薄さ、壺胴部の張りが一様に強く胴部下位には稜をもたないことなどがあげられる。

＜山梨県に接する諏訪南部地方の土器様相＞

従来、諏訪地方の弥生後期土器は、岡谷市橋原遺跡で出土した土器を中心に「橋原式」土器と一括視されてきた。小池岳史氏は茅野市家下遺跡で出土した

新資料を提示して見なおしを提唱した。

　その内容は諏訪湖を挟んで北側と南側の地域では、土器様相に違いのあることを指摘したものであった。山梨県に接する諏訪南部地方は、隣接の佐久地方を経由して「吉田・箱清水式土器」の影響を受けながらも、壺における折り返し口縁の多用や赤色塗彩の少なさ、独自な無紋刷毛調整の甕の発達など、純粋に「吉田・箱清水式土器」の分布圏とは言いがたい要素を多々有している地域である。この背景には箱清水式土器の系譜上にない外来系土器の有段口縁壺の存在など、山梨県・静岡県の土器の侵入が色濃く反映されているものと思われる。すなわち、弥生時代後期の諏訪湖南部地方は、山梨・静岡県との関係のもと、上伊那・諏訪湖北部・松本平地方とは異なる折衷型式が形成された地域だったのである。

　なお、小池氏は諏訪湖を挟んで相違する点を次のようにまとめた。

1　甕の櫛描紋は、湖北は畿内型・中部高地型が混在するのに対し、湖南は中部高地型が卓越する。
2　湖北では櫛描短線紋、櫛描円弧紋が見られるが、湖南では見られない。
3　湖北（の波状紋の施紋）が帯状で疎であるのに対し、湖南は間隙がなく密である。
4　壺の口縁部は湖北が「座光寺原・中島式」の影響を受けて受け口口縁部が多いのに対し、湖南は折り返し口縁が多い。
5　湖南では壺頸部に「T字紋」を採用するのに対し、湖北は少ない。
6　湖南で多く見られる刷毛調整の甕が湖北には見当たらない。
7　湖北では「多段帯状施紋系」の壺が多いのに対し、湖南では認められない。

　小池氏が指摘するように諏訪湖南部は、壺の頸部紋様にT字紋を採用し、甕の櫛描紋に中部高地型を多用する点は「箱清水式土器」系統の流れを強く受けている反面で、壺のプロポーション、折り返し口縁などを多用する点や、壺の頸部紋様に波状紋・横羽状の斜走紋をT字紋とともに併用する点などは、山梨県金の尾遺跡出土の後期弥生土器と共通するものである。

　こういった諏訪湖南部地方の諸属性を押さえたうえで、小池氏は湖南地域の新たな後期弥生土器をⅠ～Ⅴ期に区分する編年案作成をおこなった。それによ

るとⅡ・Ⅲ期古の後期前半にあたる時期は特に山梨県からの影響力が感じられる段階、Ⅲ期新からⅣ期の後期後半にかけては「箱清水式」土器の影響力が濃厚になる段階である。

　＜天竜川上流域　上伊那地方と諏訪北部地方の土器様相＞
　上伊那と諏訪北部地方はともに諏訪湖に源を発する天竜川の上流域の同じ川筋にあたる地域で、距離的にも近い。前述の松本平南部とも近い距離にあり、長野県の中間地域一円の弥生時代後期の土器様相に近似性が認められるのも至極当然のことである。
　上伊那地方では辰野町の樋口内城遺跡、諏訪湖北部地方岡谷市の橋原遺跡出土の後期弥生土器が代表的で、99シンポジウム後、山下誠一氏が再検討した。
　山下氏は中期的な様相を残す甕をⅠ段階、「多段帯状施紋系」の単純口縁壺の出現に象徴される段階をⅡ段階、伊那谷南部の様相を的確にあらわす受け口口縁の壺が出現する段階をⅢ段階、受け口口縁壺の頸部が太くなりの口縁部が伸長化する段階をⅣ段階、受け口口縁壺の口縁部が短くなり甕が球胴化し始める段階をⅤ段階、壺・甕が無紋化して球胴化する段階をⅥ段階とした。
　そして、Ⅰ段階を後期初頭、Ⅱ・Ⅲ段階を後期前半、Ⅳ・Ⅴ段階を後期後半、Ⅵ段階を後期終末とした。また、上伊那・諏訪湖北部のⅡ～Ⅴ段階は、おおむね伊那谷南部、飯田・下伊那のⅡ～Ⅴ段階に併行すると考えた。
　山下氏の言う後期前半のⅡ・Ⅲ段階は「多段帯状施紋系」の単純口縁壺の存在に象徴されるように、松本平南部の土器様相と近似する点が認められる。しかし、Ⅲ段階において出現する受け口口縁壺は、松本平南部では認められない。また、逆に同じ時期に松本平南部で認められる箱清水式土器の要素は、天竜川を南下するほど希薄になる傾向があるようだ。
　このように折衷的な土器様相を示す中間地域にも、細かな地域差があることがきわめてマクロ的な観察でさえも確認された。しかし、後期前半段階に限っては、私は松本平南部、諏訪湖北部、上伊那地方を同一の土器分布圏に括っても差し支えないと考える。
　後期後半になるとこの土器分布圏は、松本平南部～諏訪湖北部への箱清水式土器の進出に伴い、あっけなく解消する。上伊那においてもその影響のためか、後期後半にあたるⅣ段階以降甕の口縁部の伸長化が顕著となる。

③ 座光寺原・中島式土器を基本とする地域

　山下誠一氏は99シンポジウムに引き続き、2000年の福島県会津若松市で行なわれた東日本シンポジウムのレジュメ（山下 2000）上で伊那谷南部の後期弥生土器についてⅠ段階からⅥ段階に分けて解説した。

　Ⅰ段階は従来恒川式と呼ばれ、中期末の土器として位置付けられていたものである。その後新しい要素を重視して後期初頭に位置付けられているが、当地の中期後半の北原式土器の要素も残す土器である。

　Ⅱ・Ⅲ段階は、後期前半に位置付けられる座光寺原式土器、Ⅳ・Ⅴ段階は後期後半に位置付けられる中島式土器、Ⅵ段階は外来系土器の進出が顕著で新しい時代の息吹を感じるが、中島式土器の範疇に含まれるという。

　伊那谷南部の後期弥生土器に一貫するのは受け口口縁壺の存在で、座光寺原式から中島式へと徐々に口縁部の外反度を強めるなど、型式変化を続けながらも弥生土器解体時期まで存続する。

　甕も壺と同様に口縁部の外反度が強くなるにしたがって時期が新しくなる。

　座光寺原・中島式土器の壺や甕に特徴的な紋様は、櫛描の斜走短線紋や円弧紋で、終末段階になって土器全体が無紋化するまで継続する。また、櫛描波状紋が壺、甕に多用されるが、それらはすべて施紋方向が時計回りの畿内型櫛描紋で、箱清水式土器に採用された反時計回りの中部高地型櫛描紋とは明瞭に異なる。

小結　地域相の変遷—弥生後期前半における四つの土器文化圏の形成と後半における赤い土器の分布域の増大—

　弥生時代後期の長野県は、長野市周辺を基軸に、中野・飯山地方、上田・小県地方、佐久地方、松本平北部地方については「赤色塗彩土器」に象徴される吉田・箱清水式土器を基本とする地域、伊那谷南部、飯田・下伊那地方は座光寺原・中島式土器を基本とする地域、この二つの地域に挟まれる松本平南部地方、諏訪湖北部地方、上伊那地方は後期前半においては両者の折衷的土器様相を示す地域として括られることが明らかになった。長野県にはこの三つの土器様相を示す地域のほかに、諏訪湖南部地方が山梨県方面と同一視して括ることができそうな地域であることが判明した。つまり、長野県の弥生時代後期前半

190 中部高地における中期から後期の地域的動向

地域ラベル: 中野飯山、長野盆地南部、松本平北部、松本平南部、上小、佐久、諏訪湖北部、上伊那、諏訪湖南部、飯田下伊那

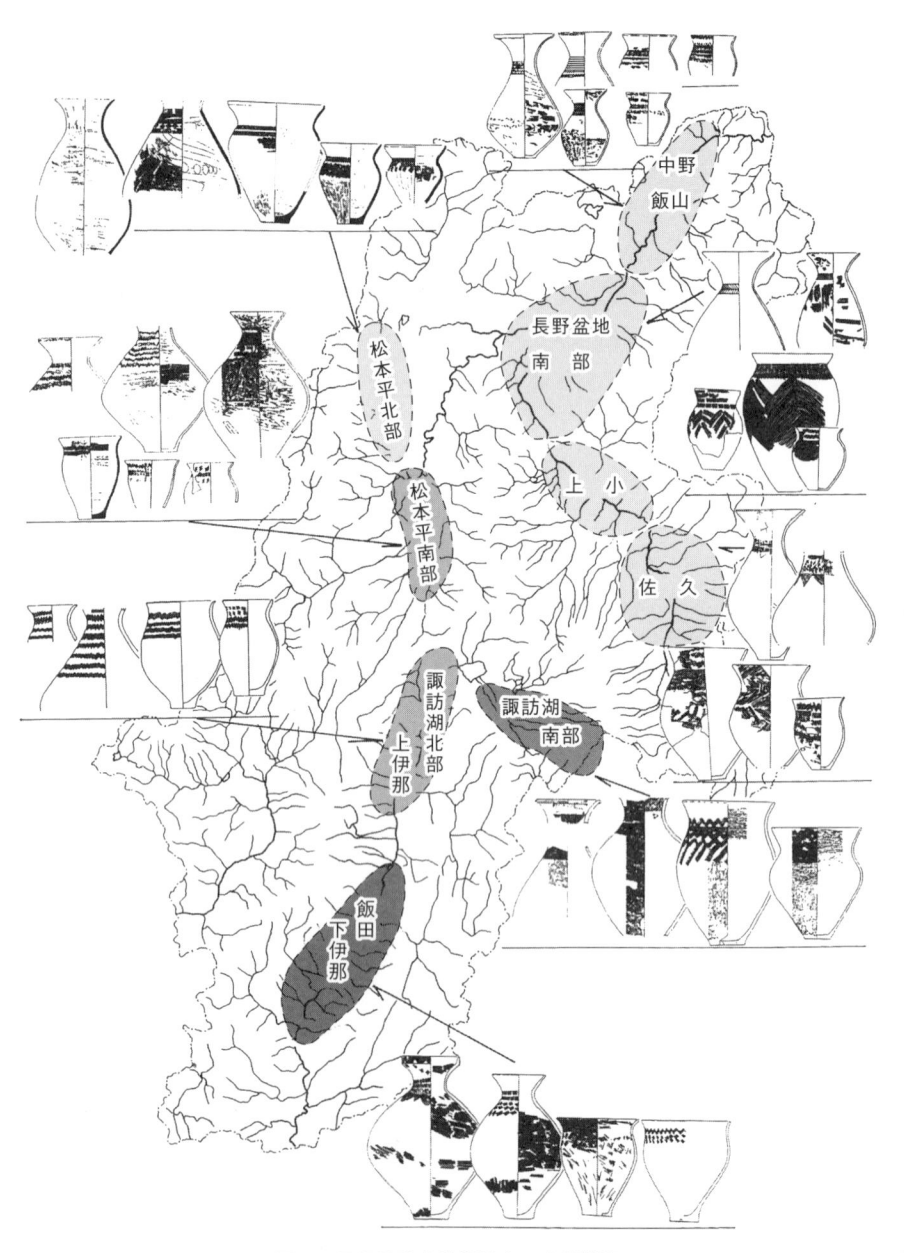

図5 長野県弥生後期前半の土器様相

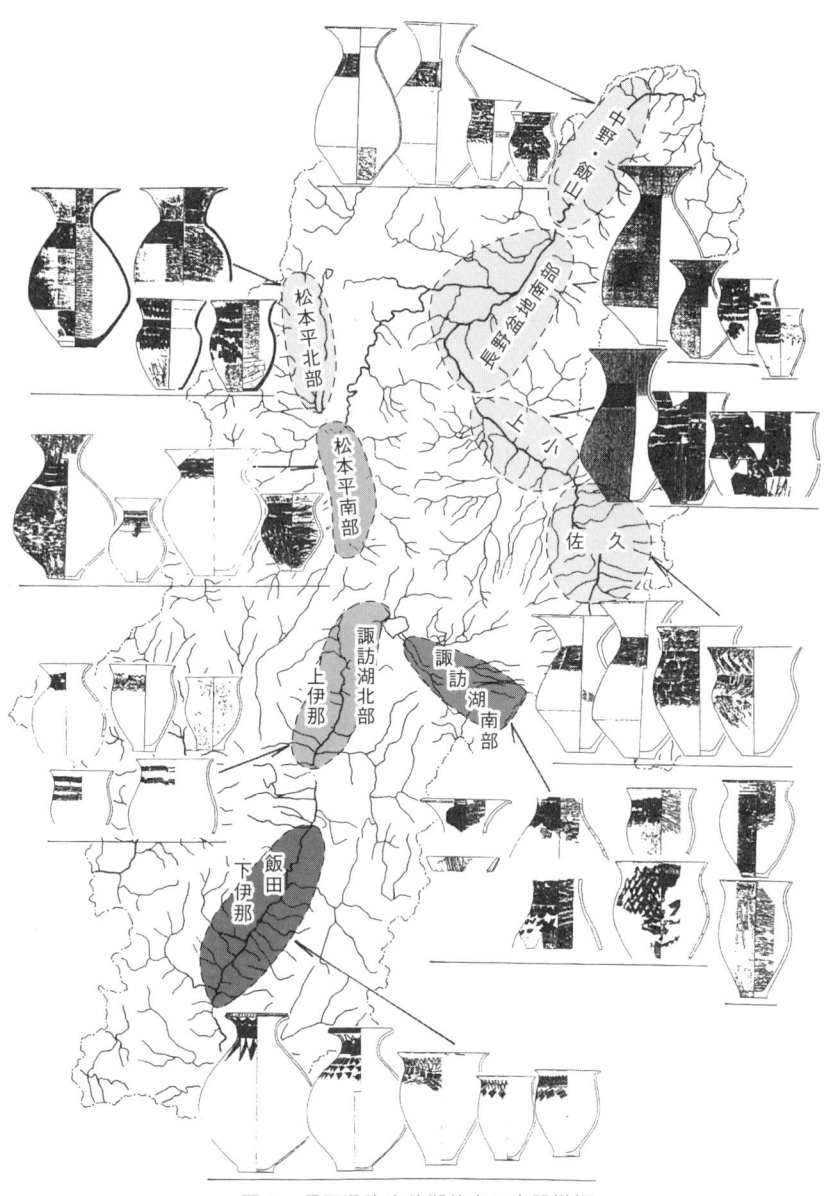

2 長野県後期弥生土器の地域圏 191

図6 長野県弥生後期後半の土器様相

には大きく分けて四つの様相で括れる土器文化圏が存在していたのである。

今回の考察で特に注目されたのは、従来の吉田・箱清水式土器と座光寺原・中島式土器という二つの個性ある土器型式の中間地帯に位置する松本平南部、諏訪湖北部、上伊那地方の様相である。これらの地域では、後期前半段階において箱清水式土器の影響力は薄く、甕における短線紋の使用など伊那谷南部の座光寺原・中島式土器の影響を受けた痕跡が濃厚に認められる。上伊那を除く長野・飯山・中野・佐久・松本・諏訪の各地域は、中期後半段階においては県内に圧倒的な分布範囲を示した栗林式土器の分布圏内にあり、そのスムーズな発展型式として「吉田式土器」が成立し、その後「箱清水式土器」が完成された。しかし、松本平南部、諏訪湖北部にあっては栗林式土器の流れは遮断され、代わって「斜走単線紋」の採用など伊那谷南部の土器様相が濃厚に認められるようになったのである。

純粋な伊那谷南部の土器ではないが、伊那谷南部の影響下で地域独自の発展を遂げたと考えられる「多段帯状施紋系」の壺の分布についても注目される。やはり松本平南部、諏訪湖北部、上伊那の伊那市などで認められ、その消長は後期前半段階に限られる。「多段帯状施紋系」の壺は、伊那谷南部の大きな土器文化圏の影響を甘受しながらも、中間地域の独自性を主張した土器であった。

いずれにしても後期前半段階の、松本平南部、諏訪湖北部、上伊那などの地域において、伊那谷南部の土器様相が受け入れられた時代的背景や、地域独自の「多段帯状施紋系」土器が成立した事情については、今後、集落跡、墓制、生産遺構等の総合的な角度から検討を加えて解明していかなければならない重要課題である。

後期後半になると箱清水式土器は、分布域における型式的な斉一性を強める。後期前半段階に伊那谷南部の土器が進出した松本平南部、諏訪湖北部、上伊那地方にも影響を及ぼすことになり、分布圏を拡大する傾向を示す。

箱清水式土器は分布域を拡大する半面で、中島式土器は中間地域における影響力が低下することになった当時の社会的背景は、赤い土器のクニ統一への序章として捉えて良いのだろうか。しかし、統一は果たされることなく、古墳の出現を迎えることになる。

3　中部高地と北関東の弥生社会—箱清水と樽—

　はじめに

　日本列島の中央、長野県・群馬県では、弥生時代西暦1・2世紀を中心とする時期においてそれぞれに特徴をもった土器がつくられた。

　長野県の東北部千曲川流域でつくられた土器は「箱清水式土器」、群馬県でつくられた土器は「樽式土器」と呼ばれる。両者は同じ技法の紋様（櫛描紋）が描かれるなどよく似ており兄弟関係にある半面で、形態は異なった特徴をもつ。本節では同一の系統下にありながら異なった発達をして完成されたと考えられる箱清水と樽式土器とその他の文化的要素に焦点を当てて、弥生時代の中部高地：長野県と北関東：群馬県（埼玉県北部を含む）の弥生社会を概観する。

（1）紀元前1世紀頃の長野県—中期栗林式土器の誕生と長野県から群馬県さらには埼玉県・山梨県への農地開発—

　長野県の北部の地域では弥生時代中期後半、紀元前2世紀頃に守旧派の縄目の紋様と、新進の櫛描紋を見事に融合させた「栗林式土器」が誕生した。

　この「栗林式土器」をつくった人々こそが、現在の長野・群馬さらには埼玉・山梨県の水田で稲をつくる礎を築き、やがて大勢力を張ることになった。

　この大勢力は、善光寺平、佐久盆地、松本盆地、諏訪盆地と徐々に南下しながら長野県東北部の主要盆地に大規模集落を構え、そこを拠点にして、一挙に長野県域の水田開拓を進めていったと考えられる。

　そして長野県域に飽き足らず、急峻な峠を越えて群馬県一帯や埼玉県北部、山梨県にまでその分布圏を伸ばしていった。こうして、長野県、群馬県や埼玉県北部、山梨県などの海なし4県にまたがる日本列島の中央に「栗林式土器」を伴った独自な稲作農耕文化が花開いた。

　群馬県の弥生時代中期後半の遺跡からは「竜見町式土器」と呼ばれる「栗林式土器」と瓜二つの土器が出土する。呼び方は長野県と群馬県で異なるが、両者は同一の土器（型式）である。

(2) 西暦1～3世紀の長野県

—似て異なるものの出現（後期箱清水式土器と樽式土器、住居・墓の近似性、埼玉県へ至ると異なってくる理由）、稲作定着後の開拓状況—

　紀元前1世紀に栗林式土器の進出に伴って定着の果たされた長野・群馬県を中心とした地域の稲作文化は、紀元後になると長野県、群馬県それぞれの地域で気候・風土に即して独自の発展を遂げた。土器も中期の栗林式土器と比べると劇的な変化を遂げていった。

　紀元後1～2世紀の長野県の後期の弥生土器は善光寺平を中心として発達し、北は、飯山、中野、大町などの北信濃、南は上田盆地、佐久盆地などでも共通の「箱清水式」土器がつくられた。その大きな特徴は、日常で使用された土器であるにもかかわらず、真っ赤に彩られていることである。これはサビと同じ成分のベンガラ＝酸化第二鉄を半乾きの土器に塗りつけて焼き上げると生じる現象である。

写真4　中部高地の赤い土器
（弥生時代後期・箱清水式土器）

　弥生時代はもとより、日本列島の原始・古代を通じて、これだけ日常の器を赤く彩る土器が制作されたのは長野県の千曲川流域だけである。どうしてここまで赤く塗ったのか、それはいまだに解明されていない。が、鮮やかに土器を彩る良質なベンガラの供給地が近くにあったか生成技術をもった集団がいたに違いない。また、当時の宗教感覚については知る由もないが、千曲川の沿岸地域の沖積地に発達した稲作文化で

あったため洪水が多く、それに対する畏敬の念が赤い土器を制作するという行為に発展したのではないかとみる人もいる。

この他、「箱清水式土器」の特徴は、爪楊枝を簾のように連結した工具で描かれた櫛描紋様によって土器の表面を飾ることである。前の代の「栗林式土器」は、縄紋と櫛描紋を併用していた。「箱清水式土器」は縄紋を捨て去り、精神的にも縄紋社会からの脱却を達成したことを表現した時代の土器なのである。

(3) 紀元1〜3世紀の群馬

紀元1〜3世紀の群馬県では、「箱清水式」ほど赤く塗らない「樽式」土器がつくられた。赤く塗らない他に「箱清水式土器」との顕著な違いは、壺に見られる。まず、形が違う。器の口元の部分は「箱清水式土器」が肉薄であるのに対し、群馬の「樽式」は二重に仕上げており、肉厚である。また、紋様の構成も櫛描紋を採用する点は共通するが、「箱清水式」ではもっぱら、煮炊き用の甕に用いられる簾状の紋様と、波状の紋様を「樽式」では壺の紋様として当たり前に使っている。

この他、埼玉県北部地域、神奈川県東部地域にも「箱清水式」「樽式」と同系統の土器が分布し、それぞれ「岩鼻式」「朝光寺原式」と呼ばれている。2世紀頃に中部高地に端を発する特有な弥生土器は関東の奥深くにまで進出していたのである（図7）。

中期の「栗林式土器」を基点として地域独自に発達し、変化を遂げてきた「箱清水式」と「樽式」であるが、両者の違いは時間を経るごとに著しくなっていった。同じ親の血を引いているためどことなく顔つきは似ているが、急峻な峠を隔てて環境（寒さもかなり違う）の違う地域で育ったことによって、全体的な雰囲気がかなり違う土器が

写真5　樽式土器（群馬県富岡市南蛇井増光寺遺跡出土）

両地域で仕上がったのである。

この他、発掘調査の成果から明らかになった「箱清水式」と「樽式」を取り巻くさまざまな文化的要素を比較して、その共通性と違いを整理してみよう。

(4) 集落が営まれたところ

「箱清水式」と「樽式」という土器の顔つきの違いはあるが、長野県と群馬県の弥生集落の立地は海抜が極端に違うことを除けば、良く似通っている。

ちなみに海抜を遺跡で見ると群馬県は高崎市（日高遺跡、新保遺跡）で100m前後、前橋市（清里庚申塚遺跡）で160m、渋川市（有馬遺跡）で170m、長野県よりの富岡市（中高瀬観音山遺跡、南蛇井増光寺遺跡）でも220〜250mである。一方、長野県は、長野市で350m、上田市で500m、佐久市では700mであり、佐久市域などはまさに当時の稲作の限界ラインぎりぎりに花開いた弥生文化である。

長野県佐久市後家山遺跡

丘陵上に立地し、海抜は710mで約70軒の後期・紀元2世紀の竪穴住居址が発見されている。ここでは少なくとも2時期にわたる生活の営みが継続されたようである。また、この丘陵下の平地、海抜680mの地点の樋村遺跡からも弥生集落が発見されている。

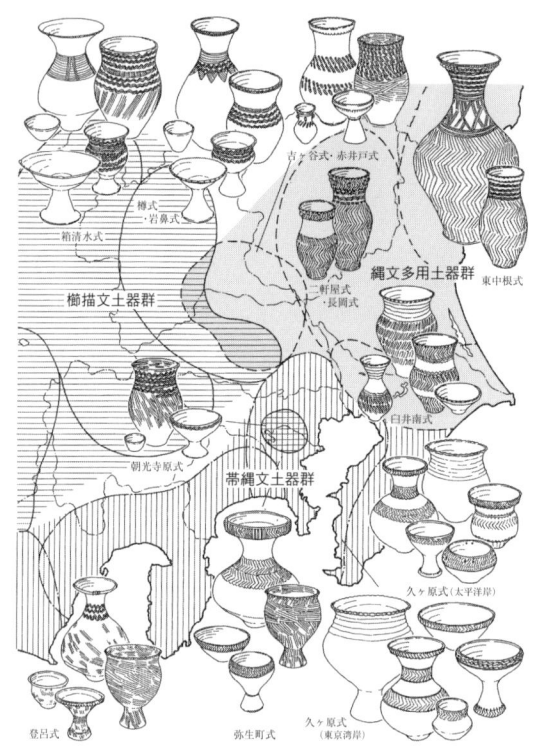

図7 弥生時代後期の土器分布圏

群馬県富岡市中高瀬観音山遺跡

海抜250mの丘陵上にあり、弥生時代後期の100軒を超える竪穴住居が発見されている。ここでは、弥生時代後期紀元後2世紀を中心とする時期に、継続的な生活の営みがあったことが確認されている。

群馬県富岡市南蛇井増光寺遺跡

丘陵から30m下の平地に立地し、180軒を超える弥生時代後期後半2世紀を主体とする集落が発見されており、中高瀬観音山遺跡と同様の継続的な

写真6　佐久市後家山遺跡遠景

写真7　群馬県富岡市中高瀬観音山遺跡遠景

集落の営みがあったことが確認されている。発掘地は遺跡のごく一部であるため、この数倍規模の当時としては破格の大規模集落が営まれていた可能性が高い。これら当時の大規模集落が時を同じくして丘陵と平地に存在していたのである。

後家山・中高瀬観音山遺跡の事例からわかるように長野・群馬県ともに生活に使う水の確保が容易でない急峻な丘陵上に好んで集落を営む傾向がある。こういった丘陵上の集落は、眺望が良く、外敵に攻められた際には容易に敵の動きが察知できるし、急峻な丘陵という自然の要害にあるため敵から攻められにくいなどの防御的条件が整っているため、戦争に備えた集落と見る人もいるが、今のところ確証はない。戦争に備える以外にも、好んで丘陵上に集落を営む理由（米社会とはいえ、生産手段は狩猟・採集に依存する部分もかなりあったのではない

か) があったに違いない。

弥生時代後期の2世紀を中心とする時期には、長野・群馬ともに好んで丘陵上に集落を営んだ半面で、樋村・南蛇井増光寺遺跡の事例からもわかるように平地にも当たり前に集落を営んでいる。丘陵上の集落と平地の集落の違いを示す完全な物的証拠は今のところ見つかっていない。

写真8　群馬県富岡市南蛇井増光寺遺跡遠景

(5) 家の形―竪穴住居の違い―

弥生時代には、平地式、竪穴式、高床式の3種類の住まいがあったが、今回は竪穴住居にテーマを絞る。

弥生時代中期後半、紀元前1世紀を中心として日本列島中央の海なし4県、長野・群馬・埼玉・山梨県を席巻した「栗林式土器」を携えた人々の住まいの形は地域ごとに異なっていた。

例えば、飯山・中野・長野などの長野県北部地域は丸い平面形が多いのに対し、長野県東部地域の佐久、群馬県は方形、長方形などの四角い形が主流、長野県中部の松本などでは小判型が目立つ。中期後半、紀元前1世紀の段階では、同じ「栗林式土器」の傘下にありながら、地域ごとに家の形が違っていたのである。

これが、時を経て、弥生時代後期の紀元後2世紀を中心とする「箱清水式」「樽式」の時期になると、状況は一変する。長野・群馬県ではほとんどの地域で

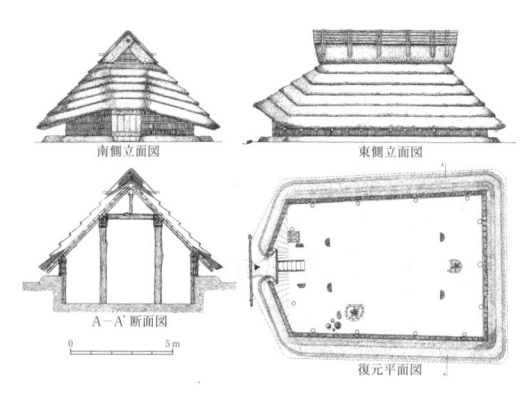

図8　中高瀬観音山遺跡の竪穴住居復元図

長方形基調の細長いつくりの家（図8）が建築されるようになるのである。この時期は柱材にも特徴が見られ、長野県佐久・群馬県両地域の竪穴住居跡の主柱に長方形に加工したと考えられる角材（大工用語で五平柱）の多用が顕著になる。後述する鉄製品の多用に裏打ちされた現象である。

ところでなぜ、ここまで現在の大手住宅メーカーがつくるように画一的な家をつくるようになったのか。その家のつくりが機能的にとても優れていたからなのか。それとも「箱清水・樽式」の時代に政治力が萌芽したために竪穴住居建築にも影響をおよぼしたのか、いまのところわからない。

写真9　東京都大田区山王三丁目遺跡の竪穴住居群

なお、東京・神奈川などの竪穴住居は、長方形が少なく正方形に近いものが多い。壁も長野県のように直線的でなく、湾曲しているなど異なっている（写真9）。

(6) 周溝墓の形

弥生時代後期の東日本にあって長野県千曲川流域と、群馬県の墓は特異である。

弥生時代前期末、紀元前2世紀ころ近畿地方に端を発して「方形周溝墓」と呼ばれる墓の周囲を四角い溝で囲った低い塚をもつ墓が誕生する。方形周溝墓は一辺30mを超える大きなものから、一辺5〜6m程度の小さなものまでさまざまであるが有力者の家族墓と言われている。この墓は瞬く間に日本列島を席巻し、関東には紀元前1世紀の段階で進出する。また、同じ時期に日本海側の新潟県にも到達する。

しかし、長野県千曲川流域で、周溝墓が受容されるのは遅く、紀元後である。

写真10　神奈川県歳勝土遺跡の方形周溝墓群

写真11　長野市篠ノ井遺跡の円形周溝墓群

写真12　群馬県渋川市有馬遺跡の円形周溝墓

しかも、築かれた周溝墓は四角＝方形ではなく、形は整っていないが、円形に近い周溝墓が主流であった。日本列島で、円形の周溝墓は少数派で、もっぱら築かれる地域は西日本の備前・播磨など現在の岡山県周辺と京都の海岸線沿いの丹後地方である。長野県の周囲の状況は、東海・関東は方形周溝墓全盛時代、北陸も一部の地域で四隅突出墓があるほかは方形周溝墓主流である。周囲が方形周溝墓全盛の状況下でなぜ、弥生時代後期の長野県千曲川流域に円形の周溝墓が登場したのであろうか。

円形周溝墓は長野県千曲川流域「箱清水式土器」の分布域に留まらず、兄弟関係にある群馬県にまで到達した。しかし、「樽式土器」の分布域の人々は墓の形を、長野県側の一方から受け入れるだけではなく、関東からも受け入れた。このため、群馬県域の弥生時代後期の遺跡からは円形周溝

墓と方形周溝墓が混在して発見されることがある。これは群馬県に接する長野県佐久地方も同様で、円形周溝墓と四隅の切れる方形周溝墓が混在する[13]。また、埼玉県北部にいたると「岩鼻式土器」が出土する遺跡でも方形周溝墓が採用されるなど関東色がいっそう強くなる。

（7）金属器の比較

　弥生時代遺跡における金属器の出土は朝鮮半島の玄関口北部九州に偏るが、弥生時代後期＝紀元２世紀ころの長野・群馬県域でも関東・北陸などの周辺地域に比べると突出して多くの金属器が出土している。

　鉄製品の代表的なものを掲げると群馬県有馬遺跡では朝鮮半島からもち運ばれた東日本最長の鉄剣（全長57㎝）、長野県上田原遺跡では全国で10例目の鉄矛、長野県根塚遺跡では朝鮮半島南東部の伽耶地方からもたらされたとされる渦巻き装飾をもつ鉄剣のほか、螺旋状の鉄釧（腕輪）などを含め、多数の鉄製武器が出土している。

　青銅製品は、長野県上平遺跡や群馬県高崎新保遺跡で、全国12遺跡しか出土例のない巴形銅器など東日本ではほとんど出土例のない九州系遺物が出土しているほか、銅釧（腕輪）も多量に出土している。

　また、群馬県甘楽町三ツ俣遺跡では古墳時代の玉造工房跡である竪穴住居跡から、富岡市（妙義町）八木連西久保遺跡では弥生時代後期（樽式期）の竪穴住居跡からそれぞれ銅戈が出土している。これらは型式の特徴から弥生中期に製作されたものである。八木連西久保遺跡では石戈も出土している。

（8）峠を隔てた交流の跡
　　　―佐久市周防畑Ｂ遺跡と群馬県富岡市南蛇井増光寺遺跡にみる交流―

　最近まで「栗林式土器」に源を発し、それぞれの地域で独自の発展を遂げた「箱清水式」と「樽式」は、急峻な峠に隔てられて独立性を保ち、互いに交わりをもつことはないと考えられてきた。

　ところが、数年前に群馬県富岡市南蛇井増光寺遺跡の弥生時代後期・２世紀の集落跡から出土した土器群は、長野県の中でも佐久地方の周防畑Ｂ遺跡[14]の土器ときわめて良く似た特徴を備えていた。

このことから、「箱清水式」と「樽式」という土器様式の枠を超えて、長野県佐久地域と群馬県富岡地域の間で峠路を行き交う交流が行われていたことがわかったのである。

小　結

弥生時代後期・紀元1〜3世紀の間に、中部高地の長野県千曲川流域と北関東の群馬県域では同系統の特徴的な弥生土器「箱清水式」「樽式」と呼ばれる土器がつくられた。「箱清水式」「樽式」は紀元前2世紀に長野県・群馬県に稲作を定着させた「栗林式土器」が元になっており、それぞれの地域で変化して成立した土器であった。

「箱清水式」「樽式」の文化的要素は、非常に大きな標高差と気候差があるにもかかわらずかなり似通っている。共通性が強かったのは、

① 集落が営まれたところ
② 家の形
③ 墓の形
④ 東日本では突出して多い金属器の保有量

などであった。

ただし、群馬県、長野県佐久地域の墓のつくり方は、東京・神奈川などの南関東方面の形を取り入れた点が佐久以外の長野県とは若干異なる点であった。

紀元1〜3世紀の中部高地長野県東北部の千曲川流域、北関東の群馬県域は日本列島内にあって非常に特徴的で異彩を放つ弥生土器がつくられていたこと、また、土器ばかりでなく、家の形も変っていたし、特に墓の形については円形を採用した地域であったこと、金属器についても東日本では突出して量が多く、九州・近畿でしか出土しないような珍品を輸入する何か特殊事情がありそうな地域であったことなどが特徴である。

4　現段階でのまとめ

ここまでは中部高地の中期後半から後期の弥生文化の諸相を概観した。この時代は、本格的な水田開発が開始され、長野・上田・佐久・松本などの主要盆

地、峠を越えて群馬県の平野部、丘陵部の森林・原野が続々と耕地に変容していった大開拓の時代であった。こういった大規模開拓が推し進められる背景には、それなりの人的・物的資源に裏打ちされる事象があったと考えられる。最後に新発見の資料も加えて注目される項目を整理する。

(1) 中部高地固有の青銅器文化

1・3節において中部高地一円における金属器の出土について触れてきたが、2007年の後半期に中野市柳沢遺跡において世紀の大発見があった。その内容は以下のとおりである。

柳沢遺跡は長野県北部の中野市、千曲川と夜間瀬川との合流地点の東側に位置する。長野県埋蔵文化財センターの発掘調査により、2007年10月15日に銅戈2点が検出されたのを皮切りに、その後、銅戈は5点が追加され合計7点になった。このほかに銅鐸2点も同じ遺構(穴)から出土した。青銅器が埋まっていた遺構(穴)を同センターは、「青銅器埋納坑(せいどうきまいのうこう)」と呼び、平面は隅丸長方形、断面は逆台形であるという。銅戈はその中に刃を立てて並べられており、その後ろに銅鐸を並べる埋め方であった。

銅戈と銅鐸が同じ場所から出土したのは全国的にも数例しかなく、確実な例は兵庫県神戸市の桜ケ丘遺跡についで2例目、東日本では当然はじめてのことであり、弥生社会を見直す大きな発見であるとされている。

従来、日本列島弥生時代の銅鐸の東限は、塩尻市柴宮出土の銅鐸と考えられてきた。紀元後、弥生時代後期の所産である。しかし、今回発見の中野市柳沢遺跡出土の銅鐸、銅戈は紀元前、弥生時代中期にさかのぼる。分布の限界と目されていた地域がさらに東へ伸びるとともに、東国における青銅製の祭器使用の開始年代をも大きくさかのぼらせることにもなった[15]。この発見を踏まえて、中部高地における青銅製の祭器のあり方を整理しておきたい。

① 銅鐸
＜桐原健氏の予言＞

現在、長野県出土の銅鐸と認知されているのは、塩尻市柴宮出土の三遠2式(突線鈕(とっせんちゅう)3式)(難波 1986)と、柴宮と同型式と考えられる松本市宮淵出土と推定

されている銅鐸片でいずれも弥生後期のものである。

　この他に出土地は不明であるが、過去に4例の銅鐸が長野県に存在していたことを桐原健氏が紹介している（桐原 2002）。以下に列挙する。

〈1〉成澤銅鐸　上田市に所蔵されていたとする高さ88cm前後とされる成澤銅鐸は双頭渦紋をもつ突線鈕3式（近畿式）の銅鐸である。相当古くから長野県内にあったとされるが、栗岩英治氏が昭和5年（1930）に丸山清俊の史料中から『信中古器真図』を発見し、昭和8年（1933）にその内容を紹介して以降、昭和34年（1959）まで県内に存在した後、京都の人の手に移ってしまったという。

〈2〉矢島銅鐸　現在は明治大学に収蔵され、明大3号銅鐸と称され、突線鈕1式である。昭和8年（1933）に小山真夫氏が報告、東御市（旧小県郡県村）の個人宅に所蔵され「上野国高崎に求めし銅鐸」との記載もあるが、その真偽については明らかでない。

〈3〉新井銅鐸　昭和8年（1933）に小山真夫氏が矢島銅鐸と合わせて報告している。突線鈕1式である。出所不明で、上田市の個人宅に所蔵されていたが、昭和36年（1961）以前に関西に流出したとのことである。

〈4〉高美銅鐸　明治6年（1873）に開催された松本博覧会に松本市在住の人が出品した銅鐸で、小県郡塩尻村の藤本善右衛門縄葛が著した『續錦雑誌』中に図示されていた。扁平鈕式と目される。出土地は不明で、現存していない。

　本文中桐原氏は、上記4例の銅鐸について信濃国内から出土したなどとは言いがたいとしながらも矢島銅鐸・新井銅鐸は突線鈕式のなかでも柴宮銅鐸に先行する型式であること、後続型式の成澤銅鐸は近畿式であり、三遠式の柴宮銅鐸とは異なっていること、そしてこれら3例の銅鐸が千曲川流域の上小地域で所蔵されていたことに注目している。また、高美銅鐸については扁平鈕式であることから弥生中期後半の栗林式土器文化圏内に銅鐸祭祀の風習が及んでいたことを予言している。中野市柳沢遺跡の弥生中期銅鐸発見よりも5年も前の指摘である。出土地について疑問視されるとして埋没しかけていたに資料にあえて着目し、中部高地の弥生社会像を想像した慧眼に敬意を表するものである。

4 現段階でのまとめ 205

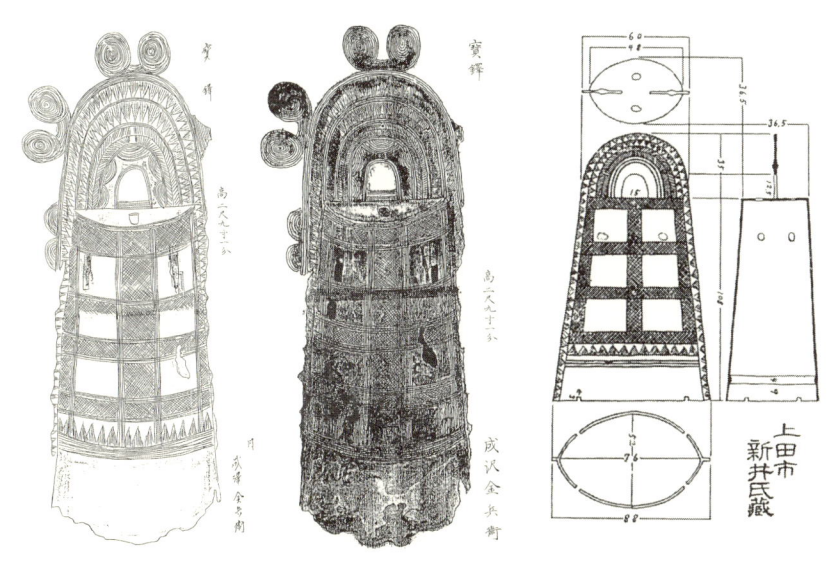

図9-1 成澤銅鐸
(左:『信中古器真図』記載、右:『續錦雑誌』記載)

図9-3 新井銅鐸
(小山真夫 1933 より)

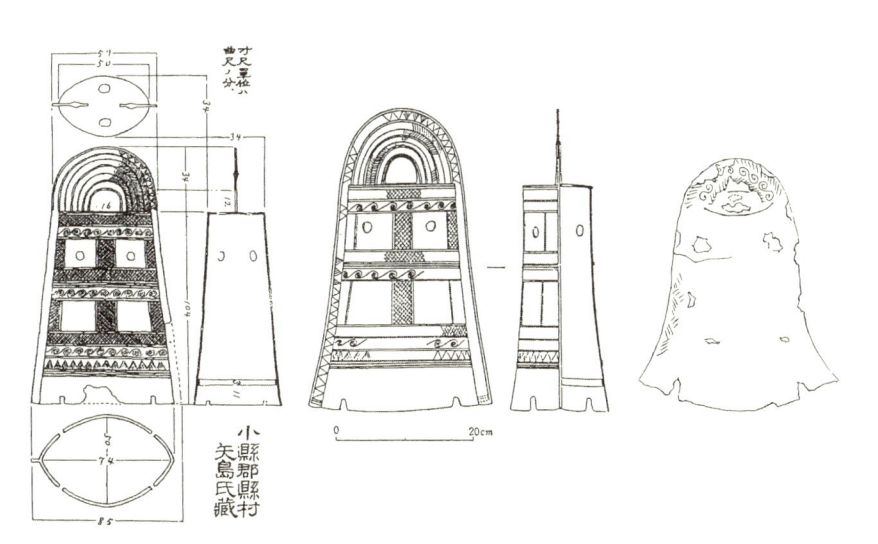

図9-2 矢島銅鐸
(左:小山真夫 1933 より、右:明大3号銅鐸)

図9-4 高美銅鐸
(『續錦雑誌』記載)

＜中野市柳沢遺跡出土の銅鐸＞

中野市柳沢遺跡出土の銅鐸は未だ土中にあり、鰭に鋸歯紋があることが確認されている程度で詳細な観察・分析がなされていないが、菱環鈕2式～外縁付鈕1式に相当し、弥生中期でも前半段階までさかのぼる銅鐸になりそうで、栗林式土器成立以前にもたらされた可能性がある。中期後半の扁平鈕式の存在を予言した桐原氏の予測を大きくさかのぼる。石製鋳型を用い、地域ごとのバリエーションがなく、同一地区の比較的少数の工房でつくられたことが推測されている時期の産物であるので、今後の詳細な分析によって産地の特徴が見出されることが期待できる。

中部高地にもたらされた経路について分析途上の段階であり、銅鐸単体で考えるのは難しいので、次項で総合的に述べる。

② 武器形青銅器

＜千曲市（戸倉）箭塚の銅剣＞

出土地は長野県千曲市（旧戸倉町）若宮箭塚、遺跡は山に囲まれた扇状地の緩い斜面上に立地する（写真13）。発見は江戸時代の文化年間で、在地の農民が偶然掘り出して佐良志奈神社に奉納した（森嶋 1999）。このため、この銅剣がどんな遺構に納められていたのかはわからない。

銅剣は、全長13.4cm、最大幅2.4cmで欠損した鋒部分を再加工して研ぎだしている。吉田広氏の集成（2001）では、細形銅剣に分類される。

＜大町市海の口上諏訪神社所蔵の銅戈＞

この銅戈は、長野県大町市木崎湖畔に創建された海の口上諏訪神社に古くから奉納されていた。出土地についてはまったく手がかりがないが、大北地域、範囲を広げて姫川流域を出土地とする考え方はほぼ容認されているようである。報告されたのは昭和8年（1933）（両角 1933）で、半世紀の空白の後、昭和61年（1986）に難波洋三氏により大阪湾型銅戈と分類（1986）され、平成10年（1998）実測調査に訪れた吉田広氏によって銅戈の内の一面に四足獣の陽鋳があることが確認された。

報告から70有余年、どちらかと言えば看過されてきたこの銅戈にスポットを当てたのは、やはり桐原健氏で平成18年（2006）『長野県考古学会誌』118　樋

4 現段階でのまとめ 207

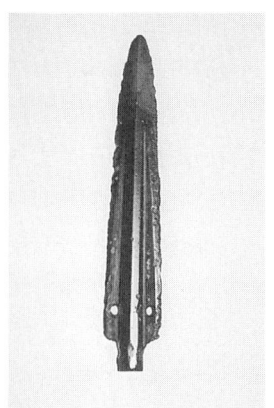

写真13 千曲市（戸倉町）箭塚の銅剣とその出土地

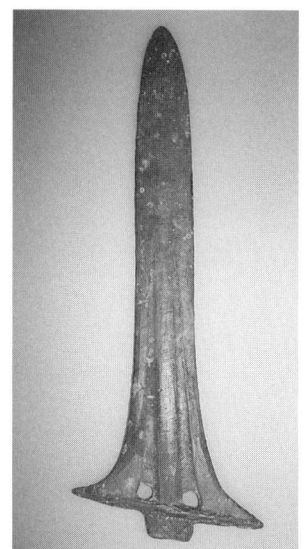

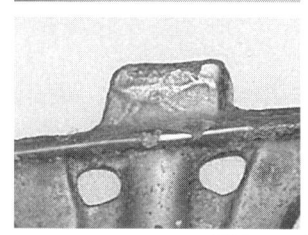

写真14 大町市海の口上諏訪神社と所蔵銅戈
（左上：銅戈、左下：内に鋳出された四足獣、右上：海の口上諏訪神社、右下：神社のある木崎湖畔）

口昇一氏追悼号において「海の口銅戈の将来経路」と題する論文を発表した。この論文は同年2月6日に訪れた九州の常松幹雄氏の海の口銅戈実見調査に立ち会った際に触発された内容をまとめたもので、中野市柳沢遺跡で銅戈が発見される1年前のことである。文中で桐原氏は実見調査立会いのきっかけは、その直前の1月12日に急逝された大町市文化財保護審議委員でもあった樋口昇一氏の好意によるものであったことを述懐している。私は長野県の考古学を支えてきた二人の巨頭の友情が、中野市柳沢遺跡での銅戈の発見、大町市海の口銅戈の再評価へとつながったと思っている。

　海の口銅戈は、全長24.5㎝、関の幅9.2㎝で、樋内に複合鋸歯紋と考えられる紋様が鋳出されていたようであるが、いつの時代かわからないが研ぎ削られてしまい痕跡が残っている程度である。難波洋三氏は鋒が長く、関と身の斜交が著しい点、内が横長の点、樋が直線的で側刃の幅が関付近で大きくなる点、樋が鋒で合わずに脊に鎬のある点からみて大阪湾型の影響を受けている（難波1986）としている。吉田広氏は大阪湾型銅戈について「主に近畿以東に分布して‥‥大阪湾に留まらない分布や模倣品の広域展開からして‥‥今回改めて近畿型の名称を冠する」として近畿型を提唱した（吉田 2001）。その分類では、海の口銅戈（吉田氏の集成では伝小谷村銅戈と紹介）は脊上に鎬が立たない一群で身に厚みがあるとして、近畿型Ⅱ式a類としたが、今後は地域類型として別型式に分類できることも指摘している。海の口銅戈は難波氏、吉田氏ともに大阪湾型、近畿型そのものではないことを認識しているのである。

　このほか、長野市塩崎松節の銅剣は吉田広氏の分類によれば鉄剣形の銅剣であるという。

＜中野市柳沢遺跡の銅戈について＞

　柳沢遺跡で出土した銅戈のうち、2点が写真公表[16]されている。詳細な観察はこれからであるが、現段階で得られている情報から考察してみる。

　銅戈1（6号銅戈）は全長32.3㎝、刃の長さ29.5㎝、刃の最大幅5.7㎝、関の幅13.9㎝、厚さ9㎜、銅戈2（7号銅戈）は全長36.0㎝、刃の長さ33.5㎝、刃の最大幅6.5㎝、関の幅17.2㎝　厚さ7㎜、いずれも全長24.5㎝の海の口銅戈よりも大きい。前述した大阪湾型あるいは近畿型の特徴をもち、難波洋三氏分類の大阪湾型ではa類、吉田広氏分類の近畿型ではⅡ式a類に属する。

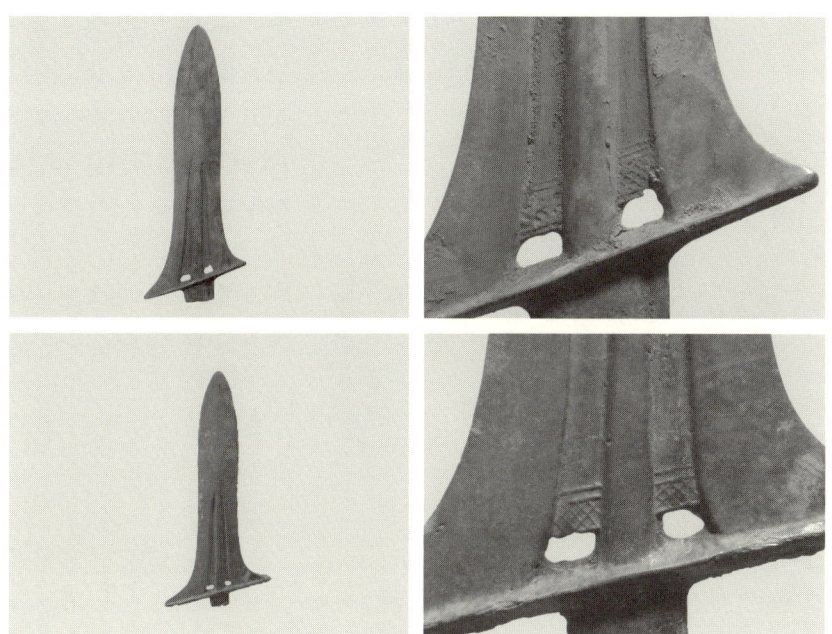

写真15　中野市柳沢遺跡出土の銅戈
(左上：銅戈1、右上：銅戈1の接写、左下：銅戈2、右下：銅戈2の接写)

　難波氏は大阪湾型a類について、「樋に接する部位に斜格子紋帯を鋳出し刃を研ぎだす」特徴をもつとしているが、柳沢遺跡の2点はこれと合致している。樋内に斜格子紋帯をもつ特徴について、難波氏は九州の細形銅戈[17]から受け継いだものと考え、これが正しければ複合鋸歯紋は斜格子紋よりも遅れて大阪湾型銅戈の紋様として用いられ始めた可能性が高くなるとしている。大阪湾型で樋内に斜格子紋帯のみをもつ銅戈は、和歌山県有田市箕島山地3号銅戈のみで、柳沢遺跡の銅戈は大阪湾型の中でも最古型に位置付けられる可能性が高い。
　また、大阪湾型a類の年代について難波氏は、鋒と樋の長さがほぼ等しい点、鋒がややふくらむ点などは九州の青銅製戈形祭器の影響を受けているとして弥生時代Ⅲ期以後につくられたものと考えている。

③　鏡と巴形銅器
＜佐久市社宮司出土の多鈕細紋鏡と推定されるペンダント＞
　多鈕細紋鏡を再加工したと推定されるペンダントは長さ4.2㎝、涙滴形を呈

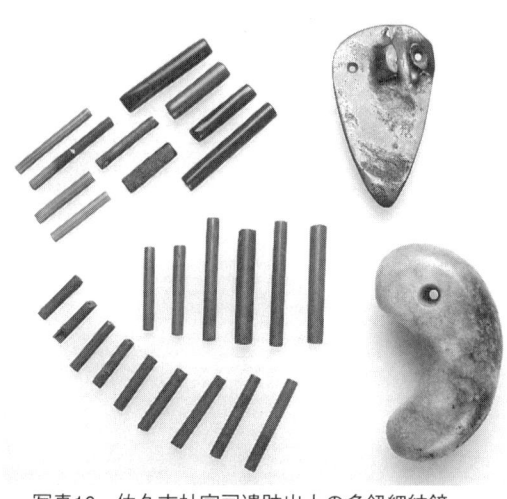

写真16　佐久市社宮司遺跡出土の多鈕細紋鏡
　　　　再加工品（右上）と玉類

している。遺跡は佐久市の野沢南高校の東側に所在し、千曲川左岸の海抜682mの沖積微高地上に立地する。ペンダントをはじめ、板状の鉄斧1点、翡翠製の勾玉1点、管玉の鉄石英製15点、碧玉製10点が弥生土器の底部とともにゴボウ掘りの折に発見されたのは昭和27年（1952）のことであった。

　多鈕細紋鏡は朝鮮半島では29面、日本では福岡・佐賀・山口で6面、大阪・奈良・長野で6面が出土しているに過ぎない稀少品である（堤 2007）。

＜上田市（武石村）出土の巴形銅器＞

　大正5年（1916）に上田市（旧小県郡武石村大字下武石字上平）の丘陵上部で発見され、同じ遺跡内からは箱清水式土器の壺、甕が出土している（小山真夫1927）。巴形銅器（写真17）は、日本列島固有の銅器で南海産のスイジガイをモデルに創出されたものと考えられている。弥生時代後期から古墳時代前・中期に製作され、1986年時点で弥生時代の産物は11遺跡25点が知られ、その後愛知県朝日遺跡出土品などの資料が増加している。分布は前述した細形銅剣と同様に北部九州に偏在する傾向があり、そのほかは四国の香川で8点一括埋納された例がある以外は、山陽の広島で1点、近畿（大阪・滋賀）で2点、東海（愛知）で1点、関東甲信越では長野県で1点が確認されているに過ぎない。

写真17　上田市（武石村）の巴形銅器

(2) 本節のまとめ

① 中部高地で出土した銅鐸の意味

　菱環鈕式・外縁付鈕式の銅鐸鋳型はそのほとんどが近畿中央部で出土しているので、長野県柳沢遺跡の銅鐸の製作地は近畿中央部である蓋然性が高いことになるが、東海の濃尾平野の愛知県朝日遺跡で菱環鈕1式（中期前葉）と見られる石製鋳型片が出土していること、北陸の福井県坂井市三国町加戸下屋敷遺跡でも中期初頭と考えられる鋳型未完成品が出土していること、島根県加茂岩倉遺跡から菱環鈕式・外縁付鈕式の多量の銅鐸が出土していることなどから、近畿地方のほか東海・北陸・山陰地方などでもこの型式の銅鐸が生産された可能性も残っている。柳沢遺跡の銅鐸の分析が待望される所以である。

　中野市柳沢遺跡の銅鐸発見により、桐原健氏の紹介した過去に長野県に存在した銅鐸についても出土地不明だからといって単純に看過してよいという代物でなくなった。紹介した銅鐸のうち、3例（成澤銅鐸・矢島銅鐸・新井銅鐸）は突線鈕式で千曲川流域の上田・小県地域で所蔵されていた。北信地域で弥生中期に採用された銅鐸等の祭祀の風習が、時代を下り千曲川をさかのぼって上小地域にも残っていたとしても不思議はない。特に成澤銅鐸は近畿式銅鐸であり、上小地域から出土したものと仮定すると三遠式銅鐸である塩尻市の柴宮銅鐸とは別経路でもたらされたことも考えなければならない[18]。

　柴宮銅鐸は突線鈕3式、三遠2式に位置付けられる。この時期の三遠式銅鐸は愛知県（尾張）から静岡県西部（遠州）の狭い地域に集中分布しており、その一部が木曽川あるいは天竜川をさかのぼって塩尻市柴宮、松本市宮淵にもたらされたようである。

　第3節で述べたように、後期前半の松本平南部では中期後半に割拠していた栗林式土器の系列とは全く無縁の「多段帯状施紋系」や「斜走短線紋」を施した壺や甕が出現し、吉田式土器は製作されない。この背景には、「座光寺原・中島式」土器など伊那谷南部の土器文化圏が、弥生時代後期前半段階の松本平南部に大きな影響を与えたことが感じられる。「座光寺原・中島式」土器は畿内型櫛描紋や東海西部の欠山型高坏の採用に象徴されるように東海地方の影響を濃厚に受けている。三遠式銅鐸は東海地方との交流が濃厚な伊那谷南部の弥

生文化を仲介役として松本平南部、中部高地の中央部へもたらされた可能性が高い。

②　武器形青銅器出土の意味
＜銅剣＞
　吉田広氏が全国で116例集成した（吉田 2001）細形銅剣のうちの大半が九州、それも北部九州に偏在し、その他は山陽12例（このうち、九州に接する山口県〈長門〉が6例である）、四国8例、山陰2例、近畿2例、東海1例、そして日本列島中部の甲信越地域では長野県千曲市箭塚の細形銅剣が唯一である。今のところ、関東・東北では、その出土を聞かない。西国それも九州一円の地域に偏在し、近畿・東海ではきわめてまれな存在、東海からさらに遠く離れた内陸部の中部高地、北信濃で出土すること自体首を傾げる存在であった。
＜銅戈＞
　吉田広氏の集成（吉田 2001）の細形銅戈27例のうち九州が24例、これも北部九州に偏在し、その他は山陰（石見）1例、山陽（備前）1例、北関東（上野）1例（富岡市〈妙義町〉八木連西久保遺跡出土）である。中細形銅戈A・B類は全国21例のうち19例が九州、山陽（安芸）に1例、四国（土佐）に1例、中細形銅戈C類は全国14例のほぼ全てが九州、中広形銅戈は全国11例のうち四国（土佐）1例、北関東（上野）1例（群馬県甘楽町三ツ俣遺跡の出土）で他はほぼすべてが九州である。広形銅戈は全国5例の全てが九州である。
　近畿型銅戈は一つの遺跡でまとまって出土することが多い。近畿の中でも紀伊で6例、摂津で10例、近江で1例、河内で3例、合計20例確認されている。このほかの地域では中部（信濃）大町の海の口銅戈があるのみである。
　このように各型式を一覧すると、銅戈は西日本以外の地域では、信濃と上野に3例、今回の中野市柳沢遺跡の5例を含めると10例になり、弥生時代の栗林式土器分布圏内に偏在することがわかる。
＜信濃一円における銅戈形石製品の製作と使用＞
　桐原健氏は、海の口銅戈の考察に関連して長野・群馬・新潟県すなわち栗林式土器分布圏および関連地域の武器形石器の集成を行い、石戈については12例を紹介した（桐原 2006）。これに先んじて吉田広氏は近畿に存在する銅戈形模

倣品である有樋の銅戈形石製品が、北信地域を中心とした長野県および群馬・新潟県には近畿よりも多く見出せることを指摘している（吉田 2004）。また、吉田氏はこれら銅戈形石製品の特徴は、鋒が研ぎ減ったような寸詰まりの例が多いとして、地域独自の製作・使用があったとしている。

栗林式土器分布域には中野市柳沢銅戈、大町市海の口銅戈、群馬県甘楽町三ツ俣遺跡の銅戈、富岡市（妙義町）八木連西久保遺跡の銅戈が存在するとともに、これらを模したと考えられる銅戈形石製品が多数存在する。このあり方に対し、吉田氏は「武器型青銅器流入への地域対応としての模倣品の様相に始まり、さらには武器形青銅器の祭祀自体も、その内容を決定し執行した主体は、一貫して青銅器を受容した側にあった」としている。このことから、私は栗林式土器文化圏内においては銅戈もしくはその類似品を中心的な祭器とする地域的な共同祭祀が行われていた可能性が強いと考える。

また、吉田氏は、「青銅器生産の技術獲得や、製品搬出に際しての意図的な流通網形成などは、武器形青銅器供給側の意向が強く反映され、考古資料においては分布に表現される」としている。とすれば栗林式土器文化圏が、流通網の一角に選ばれた理由は何であったのだろうか。

③ 文化の流れ
＜弥生中期後半＞

第1節で私は、栗林式土器について在地の縄紋的要素を多分に残す土器と北陸の弥生中期櫛描紋土器様式の小松式とが融合した結果、北信濃で誕生した可能性が高いと述べた。その成立事情から考えて東山道ルートで櫛描紋と接触した結果、栗林式土器が成立したとは思えず、やはり北信濃と北陸諸地域の接触の中で生成されたとするのが適当と考える。したがって、栗林式土器文化圏の主要祭器であったと考えられる銅鐸・銅戈の搬入経路についても日本海側から千曲川沿いに柳沢へ至る経路を支持したい。

千曲市（戸倉町）箭塚で発見された細形銅剣は近畿・東海でも出土しているが北陸では確認されていない。銅戈その他の武器形祭器も北陸からは発見されていない状況からして、北陸から陸路を通って中部高地に銅戈・銅鐸がもたらされた可能性はきわめて薄いのではないだろうか。現段階では私は日本海の海

上ルート説を支持したい。

　銅戈・銅鐸がもたらされた地域については、大阪湾型・近畿型銅戈が中野市柳沢遺跡、大町市海の口に存在していることから、近畿地方とする説が優勢である。しかし、大阪湾型・近畿型以外の出土状況にも目を向けると、近畿・東海・北陸では出土していない細形と中広形が群馬県で出土している点が注目される。細形と中広形の分布の中心地域は九州であり、私が栗林式土器文化圏と九州との関係を完全に否定できないでいる理由である。また、大阪湾型銅戈の成立について難波洋三氏は、九州の細形銅戈の要素を受け継いだものと考えているものの、朝鮮南部の銅戈との共通性もあることからその影響も無視していない。吉田氏は海の口銅戈に対し、地域として独立できる可能性を示唆している。柳沢銅戈の評価については、今後九州・朝鮮出土の銅戈との比較検討も不可欠である。

　柳沢遺跡出土の銅鐸・銅戈は、栗林式土器の成立に先んじて中部高地へ搬入されていた可能性が高いが、栗林式土器隆盛期に盛んに使用されたと考えられる。前述したように銅戈、その類似品である銅戈形石製品は、栗林式土器隆盛期に、巨大集落と水田が着々と北信・東信・中信などの主要盆地、さらには群馬県・埼玉県北部に形成されていく段階においても、農耕祭祀の中心祭器であった可能性が高い。今後、島根県荒神谷遺跡の銅矛・銅鐸の埋納状況と類似すると言われる柳沢遺跡の銅鐸・銅戈の埋納状況を仔細に分析することにより、その特色が明らかになる。

　また、私は第1節で述べたように栗林式土器成立前の人骨が渡来系の形質を有していることから、祭祀の伝承者も渡来系の人々であったと考えている。これがどのような形で在地と接触し、中部高地独自の祭祀形態が完成していったのかについては今後明らかにしていかなければならない。

　＜弥生後期＞
＊青銅器からみて

　上田市（旧武石村）の巴形銅器は截頭円錐形棒状鈕に分類されている。巴形銅器の座には、截頭円錐形と半球状を呈するものがあり、截頭円錐形座は北部九州に多く、半球座であっても鈕が瘤状のものしかない。東海の愛知県朝日遺跡で発見された巴形銅器は、半球座橋状鈕で大阪湾より東でしか確認されてい

ないものである。現在、日本最古の銅鐸の鋳型をも有する朝日遺跡は三遠式銅鐸の製作の起源を示す遺跡としても注目を集めており、この遺跡で九州・近畿と並び立つ多様な青銅器の製作が行われていた可能性が指摘されている。

上田市（武石村）の巴形銅器は、前述のように截頭円錐形棒状鈕に分類され、他に例のない日本列島唯一の製品である。東海地方で製作していたものとも明らかに異なる。後期前半に一時的に中部高地の中央部、松本平まで進入した三遠式銅鐸に伴ってもたらされたものではないと言って良いだろう。中部高地固有の巴形銅器の存在は、この地において青銅器の製作が行われていた可能性をも示すものであるのかもしれない。

中野市柳沢遺跡での発見により中部高地における中期の銅鐸祭祀の存在が明らかになった現在、これに続く三遠式銅鐸とは異なる日本海上ルートからもたらされた後期の銅鐸祭祀が千曲川流域にあっても不思議ではないと過去に長野県に存在した4例の銅鐸は語っているように思う。

＊墓の形からみて

第3節で長野県千曲川流域は周溝墓が受容されるのは遅く、紀元後であること、形は整っていないが円形に近い周溝墓が主流であること、日本列島で円形の周溝墓は少数派で、もっぱら築かれる地域は西日本の備前・播磨など現在の岡山県周辺と京都の海岸線沿いの丹後地方であることを述べた。長野県の周囲の状況は、東海・関東は方形周溝墓全盛時代、北陸も一部の地域で四隅突出墓があるほかは方形周溝墓主流である。周囲が方形周溝墓全盛の状況下で、弥生時代後期の長野県千曲川流域に円形の周溝墓が登場した背景を西日本との関係も含めて再考する時期にきている。

本シリーズ[19]で川崎保氏がテーマとしている「日本海側と太平洋側の分水嶺を越えた形で、また、地質学的に日本列島を東北日本と西南日本に二分するフォッサマグナをまたいでいる行政・政治的領域が成立した」古代信濃の成立前夜である弥生時代の赤い土器のクニの状況を私なりに考えた。

その結果、北・東・中信などの栗林－箱清水式土器の分布圏は、一貫して日本海側からの文化要素（土器・金属器・墓制など）を受容している状況が看取できた。一方、北原－中島式土器に象徴される伊那谷南部は太平洋沿岸地域からの文化要素（土器・金属器・墓制など）を色濃く受容しており、弥生後期前半に

は松本平まで土器様相に影響を与え、三遠式銅鐸までもたらした。しかし、これも永く続かず、後期後半になると再び伊那谷南部に後退し、他の地域はおおむね箱清水式土器の影響下に入る。古墳時代に先んじた統合への動きとも取れる現象であった。

　川崎保氏から原稿依頼を受けたのは10月15日、中野市柳沢遺跡で長野県埋蔵文化財センター調査研究員の広田和穂氏が銅戈を発掘したのが10月17日、こんな大発見の渦中での執筆になるとは思いもせずに執筆を引き受けた。
　本来、栗林－箱清水式期それぞれの文化要素の詳細かつ綿密な分析の上に立って総合的にその時代の文化を論じるべきであるが、現在の私の状況では綿密な研究の積み重ねはとても望めない。事実の誤認、遺漏等があれば遠慮なくご叱責を賜りたい。
　本稿を草するにあたり、大町市海の口銅戈、千曲市箭塚銅剣実見の機会を与えていただいた島田哲男氏、翠川泰弘氏に感謝申し上げる。

(2008年1月7日稿了)

付記
「1　巨大集落の出現」は『専修考古学』第7号（1998年11月）に発表した論文に、最近の新資料を検討した上で若干の修正を加えたものである。
「2　長野県後期弥生土器の地域圏」は『長野県考古学会誌』93・94号（2001年2月）に発表した論文に一部修正を加えたものである。
「3　中部高地と北関東の弥生社会」は『佐久考古通信』No.83（2002年2月）、No.84（2002年6月）に発表した論文に修正を加えたものである。

註
（1）　馬場2006　49頁で東関東系土器の存在を指摘している。
（2）　三石宗一・森泉かよ子氏のご教示。
（3）　松原遺跡については、馬場2007、北西ノ久保遺跡一円の状況については馬場2006で集落の様子が更に詳細に読みとれる。
（4）　馬場2006　51頁。馬場氏は緑色岩類磨製石斧を型式的特徴から榎田型磨製石斧と呼ぶ。この石斧の完成品が佐久盆地2・3期の集落に認められ、未成品がいまだ未確認のため、長野市榎田遺跡周辺で製作されたものが流通し、佐久平へ

搬入されたものと推定している。松本盆地もこれと同時期に同様の磨製石斧が出土している。
(5)　古代朝鮮史については　武田ほか 1997 を、古代中国史については　西嶋定生 1974 をもっぱら参考にした。
(6)　朝鮮青銅器の変遷については　小田富士雄 1986 を参考にした。
(7)　衛氏朝鮮の成立から滅亡にかけては『史記』や『漢書』に記載がみられる。
(8)　『馬弩関』については　長野市教育委員会 1986 で注目されている。
(9)　馬場 2006 で馬場氏は、松原の弥生集落内部を分析し、大規模集落を構成する前代からの集落構成を受け継いだ在地色の強い小集団を抽出、集落の大規模化は、これら在地集団が結集した結果によるものとしている。結集の要因として水田開発協業モデル、磨製石斧などの集約的手工業生産モデルなど掲げている。傾聴すべき意見である。
(10)　吉田式土器については型式設定当初の意味付けを重視し、後期初頭のみとする考え方と、その後の資料増加に対応して後期前半の時期幅で解釈しようとする考え方がある。本稿ではとりあえず後者の考え方に準拠して吉田式土器の時間幅を考えている。
(11)　小林眞寿 1999 『一本柳遺跡群西一本柳Ⅲ・Ⅳ』佐久市教育委員会　のH7.41・116号住居跡、森泉かよ子 2005 『一本柳遺跡群西一本柳遺跡Ⅹ』佐久市教育委員会　のH27・48・88号住居跡などからこれに該当すると考えられる土器が出土している。
(12)　小山岳夫 1995　掲載の図を使用。
(13)　森泉 2002　四隅の切れる方形周溝墓2基と多数の円形周溝墓が共存している状況が確認できる。
(14)　周防畑B遺跡は、佐久考古学会 1990　を参照。
(15)　柳沢遺跡の基本情報は、長野県埋蔵文化財センターのインターネット情報及び新聞報道による。
(16)　前掲註（15）
(17)　難波 1986　佐賀県宇木汲田遺跡、福岡県吉武遺跡群大石地区の甕棺墓から出土した銅戈など。
(18)　三遠式銅鐸が盛んにつくられる地域でも、近畿式銅鐸は出土しているので、上小の銅鐸が東海・伊那谷を介在してもたらされたことは否定できないが‥‥
(19)　川崎保編 2006 『縄文「ムラ」の考古学』、同 2006 『「シナノ」の王墓の考古学』、同 2007 『信濃国の考古学』

引用参考文献
飯島哲也 1991「結語」『松原遺跡』
石川日出志 2002「栗林式土器の形成過程」『長野県考古学会誌』99・100
板橋区教育委員会 1997『山王三丁目遺跡』
上田市教育委員会 1997『上田原遺跡』
岡谷市教育委員会 1981『橋原遺跡』

小田富士雄 1986「朝鮮半島からもたらされた青銅器」『弥生文化の研究』6
片岡正人 1996「現地取材・信濃の古代遺跡は語る』
神村　透 1966「弥生文化の発展と地域性―中部高地」『日本の考古学』3
神村　透 1988「青銅器の分布」『長野県史』考古資料編4　遺構遺物
神村　透 1998「伊那谷から櫛描文土器人の戦略的進出」『平出博物館紀要』第15集
川越哲志 1993『弥生時代の鉄器文化』
木島平村教育委員会 1997『大塚遺跡・根塚遺跡』
桐原　健 1956「箱清水式土器における赤色塗彩の傾向とその意義」『信濃』8-2
桐原　健 2002「信濃国に存在した銅鐸の集成」『平出博物館紀要』第19集　12～20p
桐原　健 2006「海の口銅戈の将来経路」『長野県考古学会誌』118
群馬県教育委員会 11990『有馬遺跡』
群馬県埋蔵文化財調査事業団 1990『有馬遺跡Ⅱ』
群馬県埋蔵文化財調査事業団 1992『南蛇井増光寺遺跡』
群馬県埋蔵文化財調査事業団 1995『中高瀬観音山遺跡』
後藤　直 1986「7.巴形銅器」『弥生文化の研究』6
小山岳夫 1990「地域編年の再検討」『信濃』42-10
小山岳夫 1991「弥生時代中期後半信州系土器の広がり」『専修考古学』4号　久保哲三先生追悼号
小山岳夫 1992「佐久地方弥生集落の変遷」『中部高地における弥生集落の現状―長野県考古学会30周年記念大会資料集』
小山岳夫 1993「細田遺跡の弥生集落」『細田遺跡』御代田町教育委員会編
小山岳夫 1994「第3章　佐久の弥生時代」『佐久市志』原始古代編
小山岳夫 1995『下荒田遺跡』御代田町教育委員会
小山岳夫 1999「佐久地方の弥生土器」『99シンポジウム長野県の弥生土器編年』長野県考古学会
小山岳夫 2000「長野県の弥生土器―箱清水式土器分布圏の地域相を中心として―」『東日本弥生時代後期の土器編年』第9回東日本埋蔵文化財研究会
小山真夫 1927「信濃武石村出土の巴形銅器」『考古学雑誌』17-4
佐久考古学会 1990『赤い土器を追う』
佐久市教育委員会 1984『北西ノ久保遺跡』
佐久市教育委員会 1995『西一本柳遺跡Ⅱ』
佐久埋蔵文化財調査センター 1987『北西ノ久保遺跡―南部台地上の調査』
笹沢　浩 1971「善光寺平における弥生時代中期後半の土器」『信濃』32-12
笹沢　浩 1980「箱清水式土器発生に関する一式論」『信濃』22-11
笹沢　浩 1985「箱清水式土器の文化圏と小地域」『歴史手帖』14-2
茂原信生 1997「骨について」『篠ノ井遺跡群―中央自動車道長野線埋蔵文化財発掘調査報告書』16
武田幸男ほか 1997『隋唐帝国と古代朝鮮』
堤　　隆 2007「社宮司遺跡」『佐久の遺跡』佐久考古学会
長野県考古学会弥生部会編 1999 99シンポジウム『長野県の弥生土器編年』
長野県考古学会弥生部会編 1999『長野県弥生土器集成図録』

長野県埋蔵文化財センター 1990,1991『長野県埋蔵文化財センター年報7・8』
長野県埋蔵文化財センター 1994『長野県立歴史館開館記念企画展図録　赤い土器のクニ』
長野県埋蔵文化財センター 1998「篠ノ井遺跡群」『北陸新幹線埋蔵文化財発掘調査報告書4』
長野市教育委員会 1986『塩崎遺跡群Ⅳ―市道松節－小田井神社地点遺跡―』
長野市教育委員会 1991『松原遺跡』
長野市教育委員会 1993『松原遺跡Ⅲ』
難波洋三 1986「戈形祭器」『弥生文化の研究』6
難波洋三 1986「銅鐸」『弥生文化の研究』6
西嶋定生 1974『中国の歴史2　秦漢帝国』
長谷川福次 1997「北開東の鉄器文化―群馬県出土資料を中心として―」『土曜考古』第21号
馬場伸一郎 2006「佐久盆地における栗林式土器編年と弥生中期集落」『長野県考古学会誌』112
馬場伸一郎 2007「大規模集落と手工業生産にみる弥生中期後葉の長野盆地南部」『考古学研究』54-1
町田勝則 1996「弥生中期の石器からみた社会―続・稀少なる品々―栗林文化」『長野県考古学会誌』80
町田勝則 1998「縄文の石斧と弥生の石斧」『長野県考古学会弥生部会発表資料』
松本市教育委員会 1986『松本市営淵本村遺跡（遺構篇）』
光谷拓実 1995「年輪から古代を読む」『新しい研究法は考古学に何をもたらしたか』
森泉かよ子 2002『円正坊遺跡Ⅳ』佐久市教育委員会
森嶋　稔 1999「原始・古代」『戸倉町誌』第二巻歴史編上
両角守一 1933「北安曇郡平村諏訪神社の銅剣」『信濃』Ⅰ-1-2
山下誠一 2000「長野県の弥生土器―伊那谷における弥生時代後期の土器編年―」『東日本弥生時代後期の土器編年』第9回東日本埋蔵文化財研究会
山梨県教育委員会 1987『金の尾遺跡』
吉田　広 2001『弥生時代の武器形青銅器』
吉田　広 2004「武器形青銅器の祭祀」『季刊考古学』86

写真・図版出典一覧

図1　小山岳夫 1998「巨大化する弥生集落」『専修考古学』第7号　p.17　図1
図2　小山岳夫 1998「巨大化する弥生集落」『専修考古学』第7号　p.17　図2
図3　小山岳夫 1998「巨大化する弥生集落」『専修考古学』第7号　p.23　図5
図4　小山岳夫 1998「巨大化する弥生集落」『専修考古学』第7号　p.26　図6
図5　小山岳夫 2001「長野県後期弥生土器の地域圏」『長野県考古学会誌』93・94　p.38　第1図
図6　小山岳夫 2001「長野県後期弥生土器の地域圏」『長野県考古学会誌』93・94　p.39　第2図

図7　設楽博己 1991「関東地方の弥生土器」『邪馬台国時代の東日本』六興出版
図8　群馬県教育委員会ほか 1995『中高瀬観音山遺跡　A　本文編』p.365
図9-1　桐原健 2002「信濃に存在した銅鐸の集成」『平出博物館紀要』第19集　p.16　第4図
図9-2左・図9-3　小山真夫 1933「小県郡・上田市現存の銅鐸」『考古学雑誌』23-6
図9-2右　杉原荘介 1968「銅鐸」『駿台史学』22
図9-4　桐原健 2002「信濃に存在した銅鐸の集成」『平出博物館紀要』第19集　p.15　第3図

写真1　長野県埋蔵文化財センターほか 1998『松原遺跡　弥生・総論6　弥生後期・古墳前期　上信越自動車道埋蔵文化財発掘調査報告書5』PL.2
写真2-1　佐久市教育委員会ほか 1998『宮の上遺跡群　根々井芝宮遺跡　写真図版編』巻頭写真
写真2-2　佐久市教育委員会 2003『一本柳遺跡群　西一本柳遺跡Ⅷ』巻頭図版二
写真3　長野市教育委員会 1986『長野市の埋蔵文化財第18集　塩崎遺跡群Ⅳ　市道松節－小田井神社地点遺跡』p.57
写真4　佐久考古学会 1990『佐久考古6号　赤い土器を追う』口絵一
写真5　群馬県教育委員会ほか 1992『南蛇井増光寺遺跡Ⅰ　B区・縄文・弥生時代（本文編）』巻頭写真
写真6　佐久市・佐久市教育委員会 2004『後家山遺跡・東久保遺跡・宮田遺跡Ⅰ・Ⅲ』p.225　図版一
写真7　群馬県教育委員会ほか 1995『中高瀬観音山遺跡　B　写真編』PL.2
写真8　群馬県教育委員会ほか 1992『南蛇井増光寺遺跡Ⅰ　B区・縄文・弥生時代（本文編）』巻頭写真
写真9　熊野神社遺跡群調査会 1991『山王三丁目遺跡』巻頭写真
写真10　横浜市埋蔵文化財調査委員会 1975『歳勝土遺跡』図版17
写真11　長野県埋蔵文化財センター 1998「篠ノ井遺跡群・石川条里遺跡・築地遺跡・於下遺跡・今里遺跡」『北陸新幹線埋蔵文化財発掘調査報告書4』巻頭写真
写真12　群馬県教育委員会 1990『有馬遺跡Ⅱ』PL.58
写真13・14　筆者撮影
写真15　長野県埋蔵文化財センター提供
写真16　佐久考古学会 2007『佐久の遺跡　佐久考古通信No.99・100記念号』p.5
写真17　金関恕・佐原眞 1986『弥生文化の研究』6　PL.17

コラム1　渡来人の出現―善光寺平の弥生時代人

茂原　信生

はじめに　長野県内の遺跡から出土する弥生時代人の数はごく限られている。その保存状態も悪い。しかし、少ないながらもそれらの資料を調べて、長野県内にいつ頃渡来系の人々の影響が現れたのかを探ることは、考古学的な証拠にいっそう具体的な根拠を与えることになる。

　日本人の時代的な変化の中で、縄文時代から弥生時代への変化が質的に大きい。弥生時代の開始がいつかということはさまざまな議論があるが、多くの人に受け入れられる定義はまだない。しかし、この時代に大陸から日本列島に、縄文時代人とは明らかに異なった集団がやってきたのは間違いない。人類学的には、弥生時代に渡来系の人々が大陸から北部九州にやってきて、次第に北上（東進）・南下して土着の縄文時代人と混血していったというように考えている。いつの時代に中部地方に渡来系の人々が進出してきたかは、長野県や関東、さらには東北の発掘の進行につれて次第に明らかにされつつある。

縄文時代人と弥生時代人―スンダドントとシノドント　現代日本人の起源の問題で、最も興味をもたれるのが、前述のように縄文時代から弥生時代人への変化である。とくに頭蓋骨の違いが極めて大きく、その変化をめぐってさまざまな議論があった。両者が全く入れ替わったとする置換説、何らかの要因で次第に変化したと考える変化説、さらにはそれを複合した説などである。まだまだ未解決の部分は多いが、現代日本人のなりたちについては現在のところ埴原の「二重構造モデル」が主流となっている。この仮説は、頭型や他の形質、あるいは遺伝学的研究によって以前から蓄積されていた日本人の地域性に基づいて、埴原和郎（1991）が独自の研究を加えて体系化したものである。それによれば、まず氷河期に縄文時代人の祖先が日本列島にやってきた。弥生時代になって大陸から渡来系の人々が北部九州にやってきて、その後渡来系の人々は縄文時代人との混血をしながら、東に西に、その分布を広げ、現代日本人が形成

されてきたというものである。最近の遺伝学的な研究でも弥生時代に大陸から渡来系の人々がやってきたことが確認されているが、縄文系の人々のふるさとに関してはいろいろな議論がある（篠田 2007）。

渡来系の人々が最初に日本に来たのは、山口県を含む北部九州と周辺地域である。そこには渡来系の人々の人骨が多数出土することで有名な土井ヶ浜遺跡（山口県）や金隈遺跡（福岡県）などがある。高身長、高顔で大きめの歯を持つ集団である。渡来系の人々とは、ターナー（1989）のいうシノドントである。「中国型歯列を持つ」という意味で、寒冷地適応した集団である。これに対する言葉はスンダドントで、「スンダランド由来の歯列を持つ」という意味である。実質的には縄文時代人を含め東南アジア系の集団を指し、この集団は寒冷地適応していない。「ドント」という名前の由来の如く、歯の特徴で区別されている。

シノドントとスンダドントの間で特に出現頻度が異なっている形質は次の7点である（ターナー 1989）。①−⑥はシノドントでの出現頻度が高く、⑦・⑧ではスンダドントでの出現頻度が高い。

① 上顎中切歯（第1切歯）がシャベル型である。
② 上顎中切歯がダブル・シャベル型になる。
③ 上顎第1小臼歯の歯根が1根になる。
④ 上顎第1大臼歯のエナメル質が歯根までのびる（根間突起）。
⑤ 下顎第1大臼歯に屈曲隆線が存在する。
⑥ 下顎第1大臼歯が3根になる。
⑦ 上顎第3大臼歯が退化形を示す。
⑧ 下顎第2大臼歯が4咬頭性を示す。

ただし、注意しておきたいのは、シノドント、スンダドントという言葉が用いられるのはモンゴロイドの中での話であるし、この両者の差は統計的なものであるという点である。いくつかの形質を統計的に考えてどちらの集団に属するかを識別しているので、個人の判別の場合、単独の形質によっては必ずしも正しく判定されるわけではない。例えば、上顎中切歯がシャベル型であればか

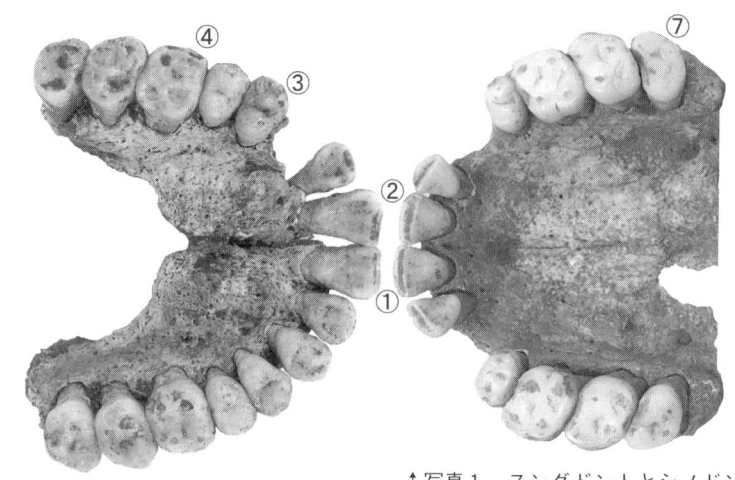

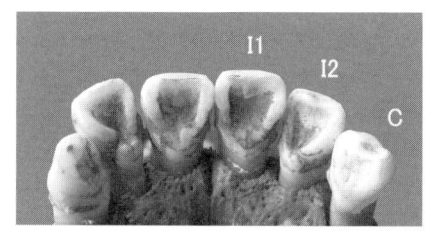

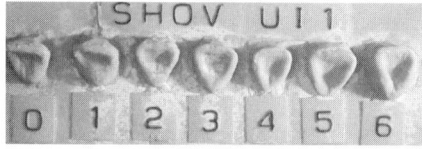

コラム1　渡来人の出現─善光寺平の弥生時代人　223

↑写真1　スンダドントとシノドントの
　　　　　上顎歯の比較
右がスンダドントを持つ縄文時代人（愛知県吉胡貝塚）、左がシノドントを持つ中世人（岩手県野田宝篋印塔遺跡）。とくに中切歯（第1切歯）のシャベル型が顕著に異なっている。この個体では、シノドントの特徴であるとされる中切歯の軽い「ウィンギング（捻転）」が見られる。写真の①などの番号は両者の違いが顕著な歯を示している。ただし、③と④はここでは見えていない歯根の形質が異なっている。

←写真2　上顎のシャベル型の第1（I1）
　　　　　・第2（I2）切歯
上は実際の上顎歯。下はいろいろなタイプのシャベル型を示すダールバーグの模型。内側（舌側）の凹みの状態を見ている。

なりの確率でシノドントということが出来るが、下顎第2大臼歯の4咬頭性という特徴では両者の判別はさほど確実ではない。しかし、いくつかの形質をあわせて考えるとその判定の確率が高くなる。

　この中で最も重要な形質は渡来系の人々で頻度が高い上顎切歯のシャベル型の切歯である（写真1、2）。縄文時代人（スンダドント）の上顎切歯は内側の中央部分がくぼんでおらず、のっぺりしている。これに対して、渡来系の人々（シノドント）では内側の中央が明瞭に凹んだシャベル型になる。極端な場合に

は唇側（外側）も中央が凹んでダブル・シャベル型切歯になる。この特徴に上顎中切歯のウィンギング（捻転）が加わればほぼ間違いなくシノドント型であると言えるだろう。現代日本人の上顎切歯は高頻度でシャベル型である。

長野県内の弥生時代人　長野県内で弥生時代人骨が出土しているのは、北信の伊勢宮遺跡と篠ノ井遺跡である。この二つの遺跡はどちらも千曲川の自然堤防上にある。地域的にも近接している遺跡であり、ほぼ同時代の弥生時代中期に属する遺跡である。埋葬形式ははっきり異なり、篠ノ井遺跡では再葬墓から10体分以上の頭蓋骨などがまとまって出土してるのに対し、伊勢宮遺跡では木棺墓からほぼ一体ずつ出土している。人骨の保存状態はどちらもかなり悪いが、歯の保存は比較的よい。上顎切歯の保存は、伊勢宮遺跡人骨の方がよく、シノドント型であるかどうかを判定しやすい状態である。

篠ノ井遺跡から出土した人骨は、頭蓋骨が圧倒的に多く、四肢骨は少ない（茂原・松村 1997）。また、同一個体と考えられる歯でもまとまって出土している場合と散乱して出土している場合があるので、一度埋葬されたものが歯が脱落する程度に白骨化してから再葬されたものと考えられる。歯冠の近遠心径を用いた歯の大きさで考えると大きめで、北部九州弥生時代人とかなり近い。しかし、歯のプロポーションで考えると、関東地方の弥生時代人と同じく縄文人的な要素が強く、さらに、非計測的な形質でも縄文時代人の形質をかなり残していると考えられる。この遺跡から出土した人骨が渡来系の人々であるという決定的な証拠は得られなかったが、単純に縄文的な形質を引き継いだ人々でもなさそうである。篠ノ井遺跡人骨ではシノドントかスンダドントかを決めるキーとなる上顎切歯が欠損していたので判断は慎重にならざるを得ない。

一方、伊勢宮遺跡人骨（茂原・西沢・松村 1997）では上顎の切歯がよく残っており、シノドントかスンダドントかを考えるには適した集団である。人骨は弥生時代中期の木棺墓から出土している。やはり大きめの歯で、歯冠の近遠心径を用いた大きさでは伊勢宮遺跡人は篠ノ井遺跡人とほとんど変わらず、北村遺跡などの縄文時代人とは離れて、北部九州の弥生時代人と近い値を示している。歯のプロポーションでは縄文時代集団に近い値であるが、非計測的な形質では

渡来系の集団に近い値を示した。伊勢宮遺跡人では上顎の中切歯が程度の差こそあれすべての個体でシャベル型を呈しており、篠ノ井遺跡人では分からなかった渡来系の影響がはっきりと示された。

以上の点から、長野県北部では弥生時代中期にはすでに渡来系の人々の影響が現れており、とくに伊勢宮遺跡でははっきりとした渡来系の影響を確認できた。これらの弥生時代人骨の歯以外の頭蓋骨や四肢骨の保存状態は悪く、もう一つの判断基準である高身長・高顔かどうかは分からなかった。

同じ篠ノ井遺跡でも、単独で埋葬されている古墳時代の人骨になるとシャベル型切歯も確認され、渡来系の影響が及んでいることが明らかである。また、長野市大室の古墳人骨（茂原・芹澤・江藤 1991）では、歯は全体に大きくなり、頭蓋は長頭で顔面がかなり平坦化した中世人的な兆候を示している。これらは、古墳時代になると弥生時代に多くの影響を与えていた渡来系の影響がいっそう顕著になっている証拠と考えられる。

東日本の弥生時代人　池田（1988）は東海地方以西の弥生時代人骨に関して概観し、渡来系の人々が次第に九州を除く地域に進出していったことを確認している。この中で「大阪・国府の弥生人骨の特徴は著しく縄文人に類似する。兵庫弥生人には高顔、大阪・岡山弥生人には高身のものが多く、近畿、中国地方の古墳人より短頭・高頭である。土壙墓からは縄文人類似の、方形周溝墓、墳丘墓、石棺墓からは高顔あるいは高身の人骨が発見されている例が多い」とまとめている。さらに、東海地区の法海寺遺跡（知多市）の弥生時代中期の土壙墓から出土した人骨の報告の中で「法海寺遺跡の弥生時代人は、北部九州、山口弥生人、畿内古墳人、現代人に類似する点が多いが、朝鮮半島由来の特徴はそれらのいずれよりも弱く、同地域の縄文人に通じる特徴も維持している」と述べている（池田 1993）。北部九州の弥生時代人は高身長、高顔を特徴とするが、このような特徴がそのまま畿内から東海地方にかけての弥生時代人に見られるわけではないことが分かる。問題は複雑である。

東海地方から東の地域に関しては、個々の遺跡から出土した人骨についての報告は少数ながらある。松村（2003）は歯の特徴に基づいて東日本を含む渡来

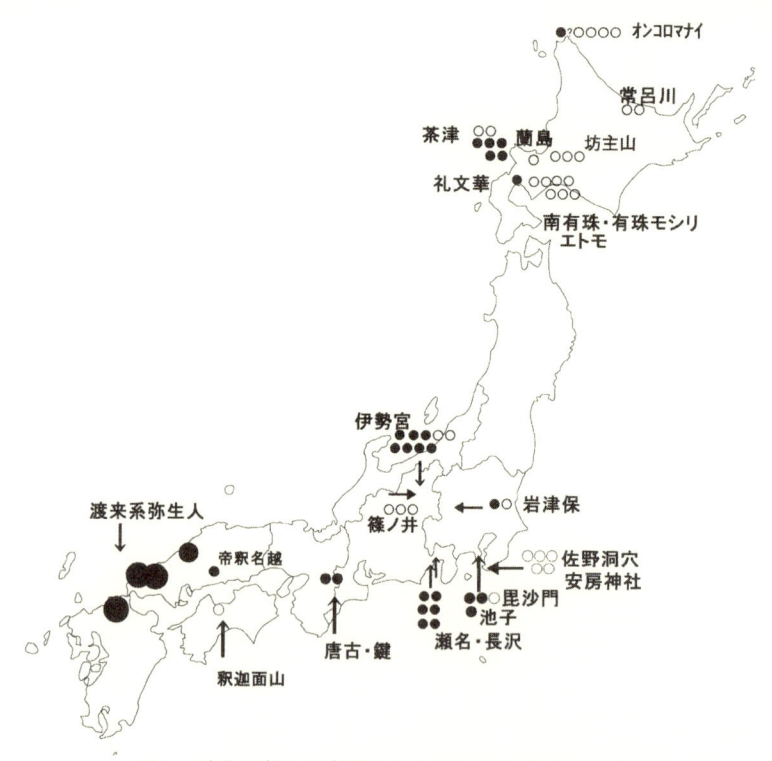

226 コラム1 渡来人の出現—善光寺平の弥生時代人

図1 弥生時代の渡来系の人々の広がり（松村 2003 より）
●が渡来系と考えられる形質を持つ弥生時代人（北海道では続縄文人）。北へゆくほど頻度が下がっている。長野県では伊勢宮遺跡の弥生時代人に顕著に渡来系の影響がうかがえる。

系弥生人の拡散について検討している（図1）。東日本の弥生時代人（北海道では続縄文人）としては、長野県の伊勢宮遺跡・篠ノ井遺跡（中期）、群馬県の岩津保洞穴、静岡県の瀬名遺跡・長沢遺跡（中期）、神奈川県の毘沙門洞穴・池子遺跡（中期）、および千葉県の安房神社遺跡（後期）などの例を調査している。これらのうち、渡来系の特徴を持つ人骨が出土したのは伊勢宮遺跡（9例中7例）、岩津保洞穴（2例中1例）、瀬名遺跡（4例すべて）・長沢遺跡（2例すべて）、毘沙門洞穴（3例中2例）・池子遺跡（1例すべて）であった。出土したすべての人骨が渡来系の影響が強いわけではないが、縄文系の形質とまざって出土し

ていることは興味深い。

　従来報告されている関東地方で発掘される弥生時代人は、渡来系弥生人ではなく縄文人系の弥生人であった（鈴木 1963）。海部（1993）が報告している群馬県の岩津保洞窟遺跡から出土した弥生時代人は縄文系の特徴を示すが、身長の高い人もいたようである。関東地方では、弥生時代にはまだまだ縄文系の人々が主流であったことは間違いないが、渡来系の影響も池子遺跡人骨や毘沙門洞穴人骨などに見え始めている。長野県でも関東地方でも古墳時代にはいると、顔面の扁平な高身長の渡来系の人々の割合が増加する。

　渡来系の人々の東進は決して単純なものではなさそうだが、弥生時代中期には関東地方にまで渡来系の影響が現れていたことは間違いないようだ。

まとめ　長野県内の弥生時代人に関する報告はごく限られたものである。しかし、伊勢宮遺跡や篠ノ井遺跡の人骨を見る限り、形質人類学的には弥生時代中期には渡来系の人々の影響があったことは間違いない。縄文時代の貝塚人骨とは異なり弥生時代人骨は保存状態が悪く、一部分しか残っていないので全体的な検討が出来ないが、キーポイントになる歯の上顎の中切歯が残っているものがあるので縄文系の人々とは異なっていることが指摘できる。

　今後遺伝子を含めて更に多くの基礎データを積み上げる必要がある。遺伝学的研究でもミトコンドリアDNAの遺伝は母系の遺伝であり、例えば男性ばかりがすべて入れ替わったとしてもミトコンドリアDNAでの変化は全くないことになる。それを補う意味でミトコンドリア以外での遺伝学的研究も進められているので（篠田 2007）、近い将来さらに確かな証拠が出されるであろう。遺伝子での研究は非破壊的研究ではなく、ある程度の破壊を伴う研究だが、研究の技術の進歩により小さな孔をあける程度で資料の採取が可能になっている。歯があれば、歯槽骨に埋伏している歯根の部分に穴を開けるだけでデータが得られるようになった。それによって得られる情報は非常に重要で貴重なものであるので、埋蔵文化財関係者のご理解とご協力を是非お願いしたい。

文献

Hanihara,K. 1991 Dual structure model for the population history of the Japanese. Japan Review, 2；pp.1-33

池田次郎 1988「東海西部・近畿・瀬戸内の弥生時代人骨」『日本民族・文化の生成 1』六興出版 19-33頁

池田次郎 1993「愛知県知多市法海寺遺跡出土の弥生時代人骨」『法海寺遺跡 Ⅱ』知多市教育委員会 63-79頁 図版32

海部陽介 1993「群馬県岩津保洞窟遺跡出土の弥生時代人骨」『人類学雑誌』100（4）449-483頁

松村博文 2003「渡来系弥生人の拡散と続縄文時代人」『国立歴史民俗博物館研究報告』107 99-216頁

茂原信生・芹澤雅夫・江藤盛治 1991「大室古墳群（長野市）出土の人骨」『長野県埋蔵文化財センター発掘調査報告書13 大室古墳群』158-165頁 図版71,72

茂原信生・松村博文 1997「篠ノ井遺跡群（長野県）出土の人骨（弥生時代～平安時代）」『篠ノ井遺跡群 成果と課題編 中央自動車道長野線埋蔵文化財発掘調査報告書16』日本道路公団名古屋建設局・長野県教育委員会・長野県埋蔵文化財センター 218-245頁

茂原信生・西沢寿晃・松村博文 1997「伊勢宮遺跡（塩崎遺跡群：長野市）出土の弥生時代人骨」『長野市立博物館紀要』4 長野市立博物館 1-26頁

篠田謙一 2007『日本人になった祖先たち』（NHKブックス）日本放送出版協会

鈴木 尚 1963『日本人の骨』岩波書店

ターナー, C.G. 1989「歯が語るアジア民族の移動」『サイエンス』1989年4月号 96-103頁（埴原和郎訳）

箱清水式土器の文化圏と小地域
―地域文化圏の動静―

笹澤　浩

はじめに

　一般に、弥生時代後期の信濃は、県域の北半を占める千曲川（犀川）水系の「箱清水式文化圏」と、南半に当る天竜川水系を中心とする「中島式文化圏」という、二つのきわめて濃厚な地域色をもった弥生文化が対峙するという図式で説明されている。

　本稿で筆者に課せられたテーマは、上記のような南北の文化圏の対峙の様相が、どのような経過をたどって形成され、発展し、また消滅していくかを、それぞれの文化圏設定の一つの指標となった土器の検討を通じて明らかにし、その動きとともに背景を探ることにあった。しかし『歴史手帖』14巻1号「特集長野県の考古学①」の小林正春論文（1986）および拙稿（1986）で、中島式・箱清水式の両文化について、各地域文化を語る中で、その特徴などに触れたので、ここでは、筆者がかねてから関心をもってきた、いわゆる「箱清水式」ないし「箱清水系」といわれる後期弥生土器の型式学的な検討に対する見解を述べ、その分布の特徴などについて考えてみたいと思う。

　ところで、千曲川水系の後期弥生土器については、戦後の研究史の中で桐原健氏による型式編年の業績が基準となって、箱清水Ⅰ式→同Ⅱ式土器という型式区分と編年が行われていた（桐原 1971）。しかしその後の研究で、箱清水Ⅰ式土器としたものは地域的に偏在する土器群であって、一型式として存在するのもではないことが明らかとなった。そして長野市吉田高校校庭出土土器が、箱清水式に先行する弥生後期前半の資料として注目され、吉田式→箱清水式という型式編年が、千曲川水系の後期弥生土器を代表する二型式と考えられるにいたっている。

　本稿ではまず信濃全域の弥生中期末から後期にいたる弥生土器の動きを概観し、その後、箱清水式文化圏の小地域とその意味を考える。

1　信濃の中期末から後期の弥生土器

　信濃の主要な平野部は南信の天竜川水系と中・北信の千曲川水系にある。こ

れらの水系には盆地性地形がいくつか存在し、それらが、弥生文化東遷の回廊の役割をはたす一方、盆地ごとに地域色豊かな弥生土器が作られる基盤となった。この動きはすでに中期前半の条痕文土器に認められるが、これは弥生文化の東遷の中での地域的変化に過ぎない。

地域色の強い信濃独自の土器が成立するのは、弥生中期の中葉である。天竜川水系の北原式と千曲川水系の栗林式土器である。両者とも西日本から波及してきた櫛描文がはじめて定着した土器であるが、先行する阿島式土器の影響を強く残して篦描文や縄文を多用し、櫛描文の使用は少ない。特に栗林式土器にこの傾向がより強く認められる。これは、弥生文化受け入れの地理的条件の相違によるものであろう。

中期後葉の土器型式は、北信で栗林式とその直後型式、中信で百瀬式、諏訪で天王垣外式、伊那で恒川Ⅰ式土器がある。地域ごとの土器型式の多様性からみても土器の地域色がかなり顕著である。しかし、土器文様は篦描文と縄文の減少と、これらに代わる櫛描文の多用という現象で共通する。また、千曲川水系では、小形の供膳形態の土器に赤色磨研土器が出現する。

後期の弥生土器は、中期末の各地の地域色が崩壊し、天竜川水系と千曲川水系に二つの異なった土器の分布圏が対峙した。天竜川水系に座光寺原式と中島式土器があり、千曲川水系に吉田式と箱清水式土器がある。前者は畿内型櫛描文を、後者は中期中葉以降の伝統的な中部高地型櫛描文を採用した。ともに櫛描文土器であるが、両者の様式内容はきわだった相違がある。千曲川水系では供膳・供献形態の土器は赤色磨研土器であるのに対して、天竜川水系ではそれがない。また、千曲川水系では壺と甕とともに高坏・鉢・深鉢・蓋が主要な器種構成となるが、天竜川水系では壺・甕以外の器種の発達は後期全般を通じてみられず、後半の中島式土器の段階に、周辺地域（東海地方）の搬入品によって不足を補っているほどである（神村 1985）。佐原真氏が指摘するとおり、千曲川水系の後期弥生土器は器種構成の点でも、東日本の弥生土器の中にあって畿内的であるといえる（佐原 1976）。

両地域の弥生文化は、生産形態の上でも畑作農耕に基礎をおく天竜川水系に対して、水稲耕作に基礎をおく千曲川水系と異なる。両地域の土器分布圏はまさに文化圏の相違でもある。

このように信濃の弥生土器は中期中葉以降にしだいに地域色を強め、末葉には地域が分立し、その差が顕著となった。しかし、後期になるとこれも崩壊し、南北に対峙する二つの大文化圏をもつようになった。

　この信濃における後期土器の二大分布圏は、櫛描文の分布という観点からすればさらに拡大する。東日本の後期に限定してみれば、畿内型櫛描文は天竜川水系の最下流域を除く伊那谷と諏訪盆地、および木曽川の中流域に分布するのに対して、中部高地型櫛描文は千曲川水系全域と利根川上流域、甲府盆地と多摩丘陵の南域、鶴見川上流域など非常に広い範囲に分布する。それゆえ、天竜川水系の櫛描文土器の分布圏を座光寺原・中島式土器文化圏と置き替えが可能であるが、中部高地型櫛描文の分布圏を箱清水式土器文化圏と置き替えはできない。つまり箱清水式土器には、他と異なる地域色が濃厚である。こうした中にある箱清水式土器の地域色を明らかにする上で、まず箱清水式に先行する吉田式土器の分析が必要である。

2　吉田式土器の問題

　吉田式土器は栗林Ⅱ式直後型式の土器が恒川Ⅰ式土器の影響を受けて成立したものである。したがって、吉田式土器の中には中期的伝統の強い一群と箱清水式土器の原初的型式内容をもつ一群とが完全に一体化しないまま、混在している。壺・甕・台付甕・浅鉢・高坏・蓋・甑などの器種構成をもち、壺には受け口状口縁壺・翼状口縁壺と広口壺の三種がある。文様帯は頸部と口縁部にあるが、広口壺には口縁部文様帯はない。文様は簾状文・直線文・波状文・T字文・鋸歯文・矢羽根文などがあり、単独または組みあわせて頸部文様帯とする。口縁部文様帯には波状文が多い。T字文は箆描と櫛描、さらに両者を組みあわせなど数種類がある。大形壺は口縁部内面のみ箆磨きののち赤色塗彩し、器外面に刷毛目を残すものが多い。甕は口縁部が短く外反し胴部の張りの少ない中期的要素の甕、口縁部が大きく外反し胴部の張る球形胴の甕と、口縁部が外反し、胴部の張りが口径とほぼ等しい長胴甕がある。いずれも頸部に簾状文を、球形胴と長胴甕は口縁部と胴部上半に波状文を、胴下半は縦に箆で磨くか櫛描の羽状条線文をほどこす。球形胴の甕は伊那谷的であるが吉田式土器の甕の基

234　箱清水式土器の文化圏と小地域

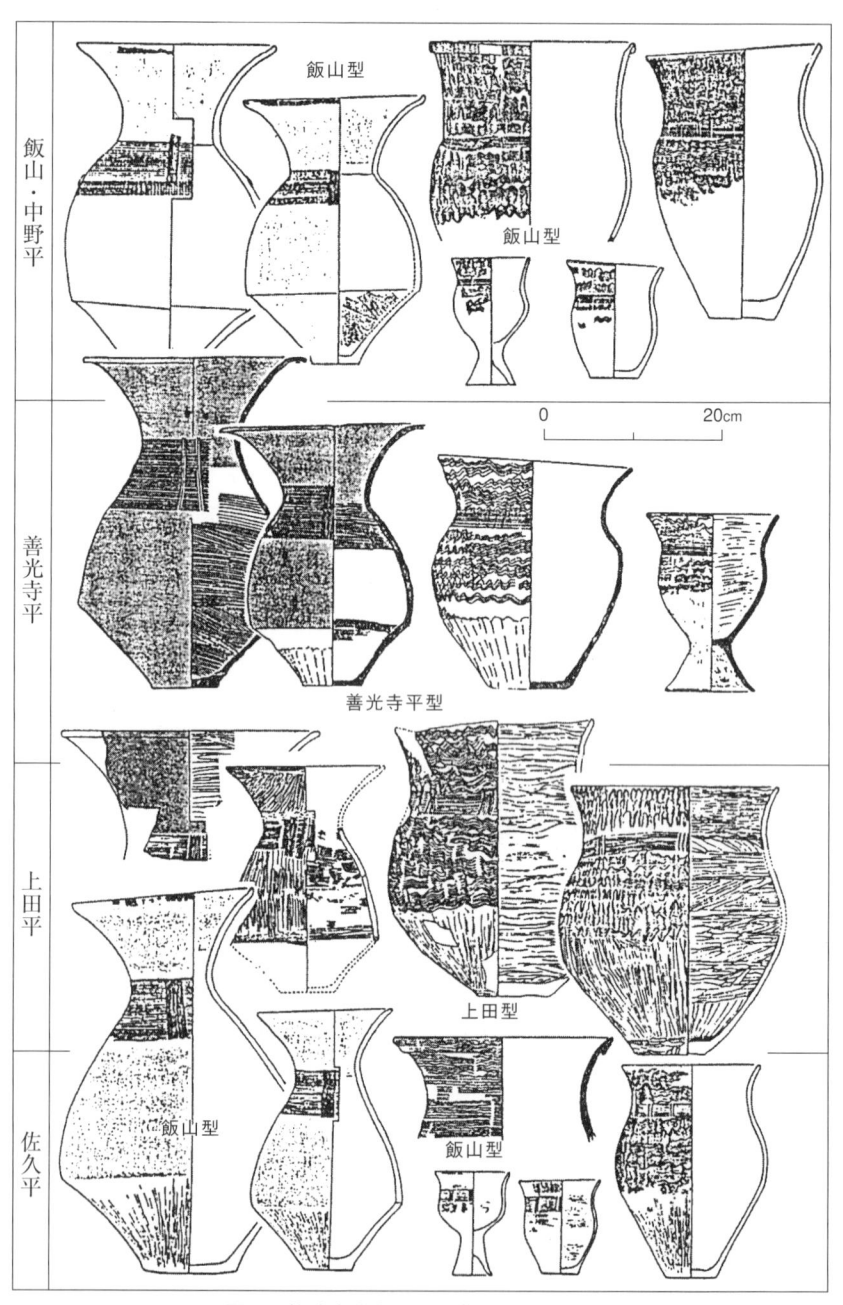

図1　箱清水式土器の分布と地域色（1）

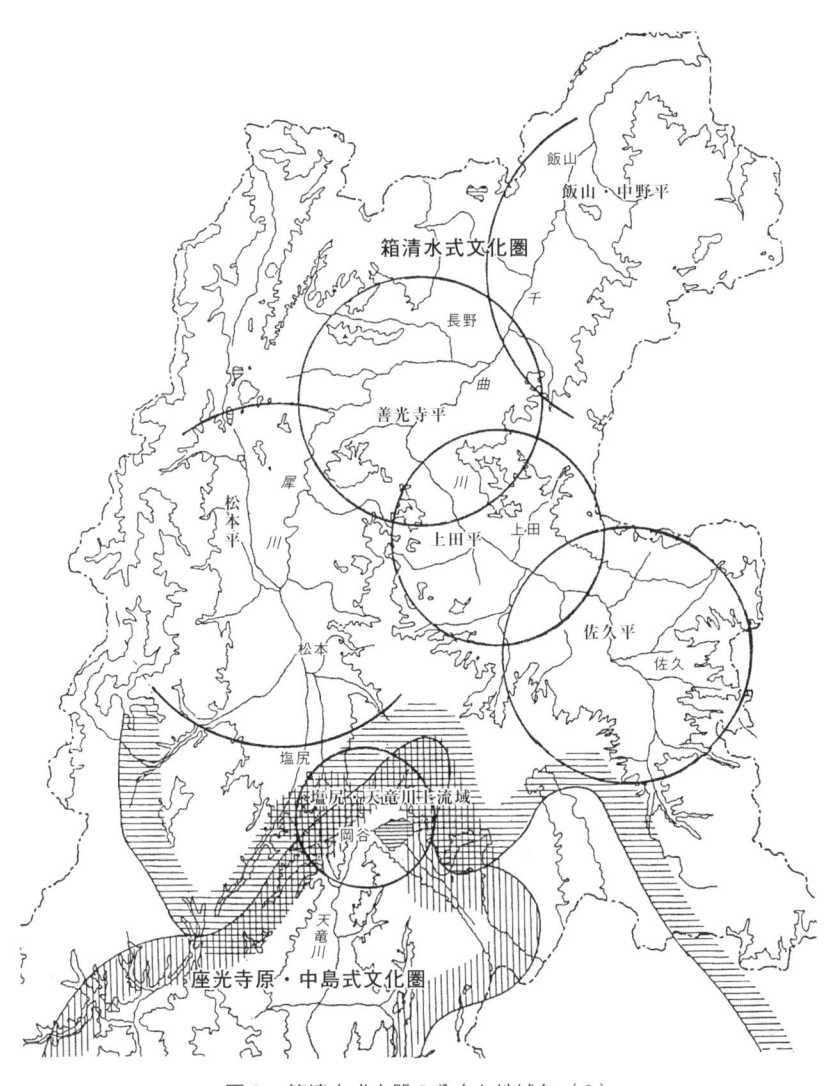

図2　箱清水式土器の分布と地域色（2）

本である。
　一方、長胴甕は波状文と簾状文、胴下半の箆磨きなど箱清水式土器と大差がない。高坏は坏部が椀状のものと、口縁部が水平に大きく屈曲する坏部のものがある。ともに脚が小さく末広がる。赤色塗彩は坏部内面と全面にほどこす場

合とがある。全面塗彩された鉢と蓋や甑は箱清水式土器と大差はない。

　このような特徴をもつ吉田式土器の型式設定以降、飯山・中野平と佐久平で類例が続出し、その分布域が確実に千曲川水系に広まることが判明した。それとともにその吉田式土器自体にも、型式上のバラエティがあるらしいと予測させるような資料が検出されるようになった。すなわち飯山市田草川尻遺跡1・2号住居址出土の土器や、佐久市周防畑遺跡周溝墓出土土器には、中期的な受け口壺や甕、胴下半にくびれ部のある壺、大形高坏、深鉢などがあり、また、文様でも、吉田式の壺の頸部に多用された簾状文や鋸歯文が少なく、櫛描T字文や矢羽根文が多いこと、さらに赤色磨研土器が多いことなどの特徴をもっている。これらの型式的特徴は、吉田式から箱清水式土器への過渡的内容をもつものであり、吉田式土器に後続する一型式として存立の可能性がある。

　こうした点で神村透氏によって最近発表された下伊那地方の後期弥生土器の型式細分は参考となる。氏は座光寺原式土器をⅠ・Ⅱ・Ⅲの三型式に、中島式土器をⅠ・Ⅱの二型式に分離し、中島Ⅱ式土器を土師器とした（神村1985）。こうした伊那谷での後期弥生土器の型式細分は、千曲川水系での吉田式→周防畑遺跡出土土器を例とする未命名の一型式→箱清水式という編年と対応するものとみてよい。

　以上のように、吉田式およびそれにつづく一型式は、箱清水式直前の型式として、ほぼ千曲川水系全域に普遍的に分布する傾向をみせ、それはいわゆる「箱清水文化圏」成立に深くかかわりながら、その地域性を形成する前駆をなしたと考えられる。

3　箱清水式土器の分布と地域色

善光寺平

　箱清水式土器は長野市国鉄貨物基地と神楽橋遺跡土坑出土の土器などをもって型式設定される。大小の壺・甕・台付甕・高坏と深鉢・鉢・蓋と甑がある。壺は広口・長胴形で胴部下半がくびれる。頸部に櫛描T字文を描き、まれに波状文や櫛描直線文を描いたり、刺突文をもつ粘土円板を貼付する。頸部文様帯と胴下半を除く器外面と口縁部内面は、箆磨きののち赤色塗彩する。甕は外反

する口縁部と、口径と胴径がほぼ一致するやや胴長の器形で、頸部に簾状文、口縁部と胴部上半に波状文を描き、胴下半は縦に、口縁内面は横方向に篦で磨く。頸部の簾状文を欠く波状文だけのものもある。こうした壺と甕を善光寺平型と呼ぼう。

　高坏の坏部中途で屈曲し口縁部が外反した坏部と背の高い末広がりの脚部からなる。畿内第五様式の高坏の系譜に連なるもので、北陸地方との結びつきが考えられる。鉢と深鉢は底部を除く全面が赤色塗彩される。小形壺、鉢と深鉢は蓋を緊縛する二孔が穿たれており、これら専用の蓋がある。

飯山・中野平

　この地方の箱清水式土器は田草川尻遺跡3号住居址の一括土器、安源寺遺跡土坑出土の安源寺三類土器、飯山市須多々峯遺跡方形周溝墓出土土器がある。かつて、桐原氏が古相をとどめるという理由で「箱清水Ⅰ式土器」とした一群であるが、箱清水式併行の土器をしてよい。器種構成は善光寺平の箱清水式土器と何ら変わらないが、壺と甕に違いがある。壺は善光寺平型と、口縁部に波状文をもつ二種がある。甕にも二種あり、善光寺平型と、口縁部を折り返して段を作りその部分に波状文をほどこしたものの二種である。こうした口縁部に波状文をもつ壺と折り返し口縁に同じ波状文をもつ甕を飯山型と呼ぼう。

　安源寺三類土器は複数の土坑からの出土品であるが、同一型式に属するものである。報告書に記載された資料から、飯山型と善光寺平型との比率をみると、壺は飯山型12個体、善光寺平型2個体で6対1、甕は飯山型10個体、善光寺平型15個体で2対3である。田草川尻遺跡3号住居址では5個体の甕はすべて善光寺平型である。甕よりも壺に地域差が強いことを示している。

上田平

　上田市和手遺跡に良好な資料がある。公表されているのは10・23号住居址出土の一括資料である。ここでは甕に地域色がある。頸部に簾状文にかわる櫛描T字文をもつもので、これを上田型の甕と呼ぼう。両住居址では、善光寺平型34個体、上田型8個体で約4対1の比率である。ところが、近接する上田市天神遺跡では公表された資料をみる限りすべて善光寺平型である。従って、同一

地域でも遺跡間での変化がありそうである。

佐久平

　佐久市一本柳遺跡Y1号住居址、佐久市後沢遺跡14号住居址に一括資料がある。ここでも飯山型と善光寺平型の壺と甕が共存する。後沢遺跡の公表された資料では、壺は飯山型と善光寺平型の各2個体、甕は9個体すべてが善光寺平型である。一本柳例では、壺は善光寺平型2個体、飯山型1個体、甕は飯山型1個体である。

松本平

　良好な資料に恵まれていないが、大町市借馬遺跡で善光寺平型の壺と甕がある。最近、松本市宮淵遺跡でも同様の良好なセットを含む一括資料が出土した。しかし、天竜川水系寄りの塩尻市内では、上伊那または諏訪地区と関連した土器が認められる。
　塩尻市中島遺跡では口縁部が内湾ぎみに立ち上る受け口状の口縁部に長めの胴部をもち、頸部に簾状文と櫛描J字文をもつ壺がある。このJ字文は縦に切る短線の先端を曲げたもので、天竜川水系に多い櫛描の四分の一円弧文とT字文が合体したものである。甕は善光寺平型と、数条の帯状を意識した上伊那地方に多い文様モチーフをもつものがある。また、塩尻市高出遺跡第V地区1号住居址では善光寺平型の壺が、座光寺原式に属する上伊那型ともいうべき壺とともに出土している。これは座光寺原式土器の頸部文様に簾状文を2ないし3段加えたもので、辰野町樋口内城、伊那市猿楽・富士山、駒ヶ根市栗林神社、岡谷市橋原など天竜川上流域の遺跡に多くみられるものである。このように松本平の北部と南部では、同じ箱清水式文化圏に属しながらも、南部では天竜川水系と結びつきが強い。

諏訪盆地

　岡屋式土器がこの地域の後期弥生土器の代表とされていたが、岡谷市橋原遺跡の調査でI～III期に型式細分された。I期が座光寺原式、II期が中島式前半、III期が中島式後半とし、岡屋式土器はII期とした。この当否はともかく、さし

あたり千曲川水系との関係で注目されることは55号住居址で吉田式の櫛描T字文をもつ壺が座光寺原式土器と共存していること、および箱清水式系の赤色塗彩された高坏が量は少ないが供献形態の土器として、橋原Ⅱ期の土器とセット構成をしていることである。

このことは下諏訪町秋葉山遺跡と樋口内城や辰野町樋口五反田遺跡でも指摘できる。つまり、吉田式土器と座光寺原式、箱清水式と中島式土器のそれぞれの併行関係が求められるとともに、下伊那地区での中島式土器では供献形態の土器が外来系土器で占められるという神村透氏の指摘と考えあわせると、天竜川水系の中島式段階には、上流域では千曲川水系の、下流域では東海西部地域の搬入土器を使用していたことになる。

しかし、古東山道の佐久平への入口部ともいうべき茅野市内では様相が異なる。構井・阿弥陀堂遺跡では調査された12軒の住居址すべてに箱清水系土器そのものか、その影響を受けた土器が認められる。波状文や櫛描羽状条線文をもつ甕、T字文をもつ壺、赤色塗彩された高坏などである。また、4号住居址では折り返し口縁の凸帯の上に刻目をいれた群馬県地方に主体のある甕もある。茅野市一本椹遺跡でも箱清水式土器甕が出土している。古東山道ぞいに佐久地方と交流の深かったことを示している。

以上、諏訪盆地という一地域に限定しても、千曲川水系と交通路のある場では、強く箱清水式土器そのものが搬入されたり、その影響を在地の土器に与えているのである。しかし、僅か8km離れた橋原遺跡では供献形態の土器のみを受け入れるにすぎず、壺と甕という基本器種への直接の影響は少ない。

関東平野・甲府盆地

群馬県や埼玉県などには、古くから樽式土器が型式設定され、箱清水式土器との関係が指摘されてきた。中期後半の竜見町式（群馬県）土器と百瀬式（長野県）との密接な関係、あるいは樽式分布圏における吉田式土器の発見などが示すように、佐久平と関東北西部は密接な関係がある。樽式土器の甕との類似性は強く、また高崎市剣崎遺跡出土のT字文をもつ壺や、同じ高崎市の小八木遺跡の高坏、群馬郡倉渕村（現高崎市倉渕町）水沼遺跡の鉢など佐久の土器と類似したものがある反面、壺や高坏などは関係があまり認められない。関東平野の

樽式土器の段階には、箱清水式土器と異なった地域色をみることができる。箱清水式ないし樽式系の土器は南関東にまで広がるが、地域色はいよいよ濃厚である。

甲府市郊外の中巨摩郡敷島町（現甲斐市）金の尾遺跡で多量の箱清水式土器が少量の東海東部系土器とともに出土している。壺・甕・高坏・鉢・甑がある。36号住居址の壺は周防畑遺跡出土土器に頸部文様は似るなど、千曲川をさかのぼった人間の移動があったものであろう。

4　箱清水式土器分布圏の地域性

「赤い土器」とも呼ばれる壺・高坏と鉢の存在、中部高地型櫛描文をもち、千曲川水系のみならず北関東から南関東までの広い分布をもつ甕からなる個性豊かな箱清水式土器は、その特徴を広い分布の中で厳密に保持しながらも、小地域圏を形成した。

千曲川水系では、飯山・中野平と佐久平とは共通した、飯山型の壺と甕をもつ。これらは後期前葉の吉田式土器の伝統を強くもつものである。しかしその両地域の中間に位置する善光寺平の周辺部の土器群は、それとやや異なっている。しかも、壺と甕というもっとも土器容器の中で中心となる器種に、地域間の相違あるいは類似が認められる現象は、千曲川水系に限らず、樽式土器文化圏や天竜川上流域、さらに中島式文化圏の中でも指摘できるところである。それに対して、高坏やおそらく鉢の一部を含むであろうが、土器の移動は供献用の土器を中心にみられる。中島式文化圏における下伊那地区への東海西部系の、また上伊那地区への箱清水式系の供献用の土器の移動は、とくに顕著である。

土器が動くといった場合、即生活的なものより、多少とも非生活的な器物が先行するといった事例は、縄文土器以来指摘されるが、そこに土器の分布で示される地域圏の性格が投射されているようにみえる。

また、中間地帯をはさんで、同じ千曲川水系の佐久平と飯山・中野平との共通性の問題がある。この点では飯山型の甕が小県郡真田町（現上田市）菅平高原の陣の岩遺跡や長野市松代町屋地遺跡と東部町（現東御市）、また樽式土器の分布圏にも認められるところから、箱清水式文化圏の中枢部である善光寺平を

さけ、善光寺平東縁ぞいに人間の移動があったことも考えられる。須坂市から菅平高原を通り群馬県へ抜ける道は大笹街道として近世にはにぎわった。途中、上田平へ下ることもできる。しかし、その意味するものが何であったかを考古学的に実証できる段階ではない。

都出比呂志氏が指摘するように土器の地域差を分布圏で示すことは、信濃のように、盆地性地形の独立した土地でも、その境界を明確な一線で示すことは困難である（都出 1983）。佐久平と諏訪盆地の間のように、八ヶ岳・蓼科山のような高い障壁があっても、佐久平の箱清水式土器は2000m近い山の鞍部（峠）をこえて、盛んに諏訪盆地に移動した。

信濃の地が生んだ弥生土器の一つの代表である箱清水式土器の、東国の後期の弥生文化の中における、異常なほどの周辺地域への移動・拡散の状況は、きわめて目を惹きつける考古事象の一つである。それは単なる土器型式学上の現象とはいえない、ある文化的あるいは歴史的な背景の存在を予測させる。「倭国大乱」の信濃史的あらわれであるというのは、あまりにも早計であるが、箱清水式文化圏、あるいはそれと対峙する中島式文化圏が、その時代に各地に分立した「小国」の単位を反映しているという可能性は、全くなくはない話であろう。佐久平や善光寺平で、ここ２、３年の発掘を通じて知られる、弥生時代文化の発達した様相を示す新発見は、「赤い土器」のクニ、あるいは「信濃王権」誕生のクニとしての、箱清水式文化圏の歴史的性格に、深くつながりのある考古学的事実と考えたい。

追記

本稿は「箱清水式土器の文化圏と小地域―地域文化圏の動静を語る―」（『月刊　歴史手帖』14巻2号　特集＊長野県の考古学②　1986年）を再録したものである。

本稿を草してから20余年が経過し、大規模発掘によって膨大な資料が蓄積されてきた。しかしながら、これらの資料を用いて具体的に箱清水式土器の地域性を論じた論文は尾見智志氏の１編があるにすぎず低調である（尾見 2006）。

例えば、長野県考古学会で実施したシンポジウム「長野県の弥生土器編年」では資料集（長野県考古学会弥生部会 1999）を見る限り、編年研究に終始している。目的がここにあると言えばそれまでである。しかし、編年は本来、土器の

もつ地域性を考えに入れてなされることが一般的である。一応地域ごとに編年がなされており体裁は整えているものの、土器のもつ地域性の抽出という点では、後期土器に関する限りほとんどなされていないと言わざるをえない。とくに長野盆地南部の青木一男氏による後期弥生土器の編年では、従来から明らかとされてきた吉田－箱清水式土器を「箱清水式土器」として一括したのち、これを箱清水Ⅰ・Ⅱ式とし、それぞれ3段階、計6段階と細分化された（青木1999）。しかし、残念ながら筆者には、地域性よりも編年の細分に重点が置かれすぎた感がする。本稿の根幹にかかわるだけに、あえてふれておきたい。

また、尾見氏の論文は従来の研究方向に加え、箱清水式土器の甕を数量化し、それを「スタイル」と呼んで地域性を明らかにしようとした意欲的な論文である。新しい研究方法であるため、方法論を含めた更なる研究成果が望まれる。

さて、20数年前の論文を再録するにあたって、若干のためらいがあった。この間の資料増加によって、例えば佐久平の飯山型の壺と甕はかならずしも量的に多くなく、また、上田型甕も同様である（尾見 2006）。千曲川水系の箱清水式土器の主体は善光寺平型の壺と甕で、これらに地域性のある壺と甕を加えることで、本稿では箱清水式土器の地域性を論じた。その理由についても示したが、十分ではない。また、これらの地域性が崩壊する過程（越後および東海西部系土器の流入過程）についても論じなければならないが、それらは別の機会に譲るとして、一部語句の訂正にとどめ稿を改めなかった最大の理由は、先にかかげた研究の停滞があるということによる。

また、昨年（2007年）10月17日中野市柳沢遺跡で銅鐸1個体分と銅戈7本を埋納した土坑が長野県埋蔵文化財センターの発掘調査で明らかにされた（上田2007）。筆者もこの調査に係わる機会が与えられ、改めて本稿テーマを考える上でさまざまな課題が投げかけられることとなった。これらもまた再録の事由である。

（2008年2月24日記）

引用参考文献　（刊行順）
桐原　健 1971「北信濃の後期弥生式土器」『一志茂樹先生喜寿記念論集』
佐原　真 1976「弥生土器」『日本の美術』125
都出比呂志 1983「弥生土器における地域色の性格」『信濃』35-4
神村　透 1985「長野県下伊那地方の後期弥生土器」『論集日本原史』

小林正春 1986「伊那谷―広大な段丘と西の玄関口」『歴史手帖』14巻1号
笹沢　浩 1986「千曲川水系―先土器の里と箱清水文化圏」『歴史手帖』14巻1号
青木一男 1999「長野盆地南部の後期土器編年（発表メモ）」『長野県の弥生土器』
長野県考古学会弥生部会 1999『長野県の弥生土器』
尾見智志 2006「千曲川中流域における地域性の検討」『長野県考古学会誌』116
上田典男 2007「中野市柳沢遺跡発見の銅戈・銅鐸について」『長野県考古学会誌』122

コラム2　赤い土器

徳永　哲秀

赤い土器との出会い　　長野県で、「赤い土器」といえば、千曲川流域で弥生時代中期から後期に作られた土器だとだれもが了解する。長野県立歴史館開館に際し、長野県埋蔵文化財センターが催した特別企画展のテーマも『赤い土器のクニ』とされたが、「赤い土器」の時代性について一定の了解があるからに他ならない。

　ところで筆者はこの企画展を契機に、思いがけなく、この「赤い土器」に正面から向き合うことになった。その結果、「赤い土器」への様々な疑問に今もとらわれ続けている。その一端をこの一文に紹介しようと思う（長野県立歴史館開館記念企画展図録『赤い土器のクニ』コラム5「赤い土器をつくる」1994、上信越自動車道埋蔵文化財発掘調査報告書5『松原遺跡　弥生・総論3』「松原遺跡の赤彩土器製作技法」2000、『松原遺跡　弥生・総論7』「赤彩と文様の時代性」2000、『民藝』536号「今に生きる赤磨き土器―近藤さんの「曲島」との出会い」1997参照）。

　企画展に、再現した赤い土器を展示したい。その任を筆者が引き受けることになった。まず顔料の入手であったが、弥生時代北九州とならび、大量の「赤い土器」が作られた背景には赤色顔料が身近に豊富であったはずだという見方があった。埴科という地名にみられる「あかつち」が現千曲市や長野市の至るところにある。弥生時代の人々はこれを活用したのではないか、「あかつち」を顔料として赤い土器の再現に手を着けることにした。この試みはまもなく、敢え無く頓挫する。「あかつち」は土器焼きによって赤く発色しないし、土器面に十分付着しない。致命的な問題だった。

土器の赤彩　　後述するように、「赤い土器」は、原則としてベンガラを顔料とするスリップ・赤磨き技法によって作られた土器だといえる。この土器の制作技法の、時代的な意義と独自性を確認するために、これまでの土器観察と制作経験から推定される土器の赤彩技法をあらかじめ示してお

きたい。
　＊焼成後の赤彩（縄文時代の赤彩事例としての報告が多い）
　　Ⅰ　ベンガラを水・油などと混合し器面に塗布する。
　　Ⅱ　ベンガラを漆に混入し器面に塗布する。
　　Ⅲ　ベンガラをそのままかける。
　　Ⅳ　ベンガラ以外の辰砂・鉛丹等の赤色顔料を用い、Ⅰ・Ⅱ・Ⅲの方法で赤彩する。
　＊焼成前の赤彩（主として筆者の実験と観察にもとづく）
　　Ⅴ　ベンガラを化粧土に混入して器面に塗布する（スリップ）。
　　　　　　　A　磨く　　　　B　磨かない
　　Ⅵ　焼成によってベンガラに変わる酸化水酸化物を化粧土に混入して器面に塗布する。
　　　　　　　A　磨く　　　　B　磨かない
　　Ⅶ　ベンガラまたは酸化水酸化物を化粧土を用いないで直接器面に塗布し磨く。
　　Ⅷ　ベンガラまたは酸化水酸化物を胎土に混入し土器成形する。

ベンガラの特性と入手　「赤い土器」の再現性をより高める作業と、その過程での検討（化学分析・実験・考察には地質学者島田春生氏・信州大学の研究者諸氏のご助力とご教示を頂いた）によって、ベンガラについて次のことがらを確認することができた。

① 「赤い土器」の器面に含まれる顔料は、すべてベンガラ（酸化第二鉄Fe_2O_3）である。

② 近在に見られる赤色の岩石や土の成分に含まれるベンガラは、あってもごく微量でそのまま赤色顔料として使用できない。分析結果によって微量の水銀朱（酸化第二水銀）が含まれている赤色系の岩石を粉末にし、粘土板に塗布して焼成すると赤色は失われ薄赤紫色になる。当然のことながら酸化第二水銀が540℃で分解する物質であることを示す結果である。

③ ベンガラが比較的多く含まれる近在の岩石は、主成分が褐鉄鉱（酸化水酸

化鉄）である。これを加熱して褐鉄鉱からベンガラを作ることができる。土器焼成の際、高杯や小壺に入れたこの岩石の粉末を加熱し、乳鉢でよく擦ったものがもっとも発色のよいベンガラになったが、発色のよいベンガラを安定して得ることができない。その原因の一つは、比較的高い比率で混入しているマンガンの酸化物等の金属成分の色の影響を受けていることにあるとされるが、簡単に精製できない。また化学変化により生成するベンガラの粒子は、化学変化を起こす際の条件に左右され様々な大きさになる。またベンガラは、粒子の大きさにより黄色・赤色・紫色と変化するため常に安定した赤色を得ることができにくいとされている。

④ 土器焼成中、ベンガラに変化する可能性のある褐鉄鉱（酸化水酸化鉄）の粉末と、水田・水路で収集した水和性酸化水酸化物を土器に塗って焼成したが、良好な赤色の発色を示さない。両者とも単独で加熱すると③に述べたように赤色発色（ベンガラ生成）をすることからみて、粘土や混入物、また焼成時の還元状態と関連する発色の難しさがあるのではないかと思われる。

⑤ 市販されている純度の高いベンガラは、ベンガラの物理的化学的性質をそのまま示し、水にまったく溶けない。そのため、土器の器面に水だけ混合したベンガラを塗布すると厚さにむらができやすい。

　　　また融解温度が1570 ℃と高いため当然のことであるが、ベンガラ単独では焼成によって器面に密着しない。

以上のベンガラの存在の在り方やその特性から考え、「赤い土器」を作った人々は、ベンガラの性質を十分知って、ベンガラの精製製造を行っていたのではないかと推定される。その原料として、ベンガラが混在するどんな鉄の化合物が用いられたか、酸化鉄や酸化水酸化鉄、または硫化鉄や硫酸鉄が用いられていたかは明らかではない。しかし、これらの鉱物も身近に存在し、入手が可能であったと思われるし、土器焼きの加熱温度が得られれば（およそ700 ℃で）、焙焼によりベンガラを生成できる。

　その点、長野市松原遺跡からはベンガラ製造が推測される遺物が出土している。

↑写真2　ベンガラ入り鉢
（長野市松原遺跡出土）

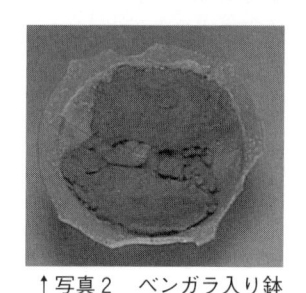

←写真1　ベンガラが付着した台石と磨り石
（長野市松原遺跡出土）

　写真1に見られるような台石と磨り石が栗林期の住居址から3セットも出土している。いずれもベンガラが付着する。個別に出土するものも多い。特に磨り石は太型蛤刃を転用したものがほとんどであるが、その出土点数は100を超える。このベンガラ粉末の微細化に用いたと思われるベンガラ精製具の、松原遺跡栗林期の出土例の多さはまったく異例で、松原遺跡が弥生中期に精製ベンガラの生産地であり、さらに赤彩土器生産の拠点としての役割を担っていた可能性を示唆するものと考える。

　また松原遺跡では、赤彩された鉢に盛られたベンガラ（写真2）そのものも出土している。篠ノ井遺跡でも箱清水期の遺構に土器に盛られていたと推定されるベンガラの出土例が3点確認されている。

　ところで岡山県高梁市成羽町吹屋には、明治時代のベンガラ製造工場が復元されている。吹屋では、江戸中期から銅山の鉱石にともなう磁硫鉄鉱（硫化鉄）からベンガラを製造している。その製造は昭和49年まで続けられ、国内では最も良質のベンガラを提供した。その復元された製造工程を見ると、いかに精製が重要であったかが、よくわかる。純度を高くするための水ひや洗滌の工程が、石臼で粒子を微細化する工程と共に、繰り返し何十日も行われている。焙焼の成否も難しく、原料に平均的に火がかかるよう、積み重ねた経験を頼りに1～2昼夜窯を焚いたという。これらの事実から考え、弥生時代のベンガラ入手も、

そのベンガラ精製具-台石と磨り石の存在が示すように、ベンガラの特性を熟知した上で行われていたものと思われる。粒子の微細化と共に水洗・水ひを行ったことはもちろん、原料を入手し焙焼もしていた可能性は十分考えられる。新たな安定した土器の覆い焼きによって、焙焼も可能になっていたであろう。

スリップ・赤磨き技法　水に溶けないベンガラを土器面に塗布し定着させることはできない。当面した事態を克服するため、ベンガラを溶かした粘土に混ぜて土器面に塗布してみた。その窮余の策から思いがけない土器の赤彩技法の世界に出会うことになった。なかでも、近藤京嗣氏によって再現された赤磨き土器「曲島（まがのしま）」との出会いと、古代オリエント博物館の石田恵子氏に紹介頂いた『Pottery in the Making』(British Museum Press)（以下『ポタリー』とする）との出会いによって、「赤い土器」の制作技法を「スリップ・赤磨き技法」と推定することができたと言える。

栃木県曲島焼きの赤磨き土器では、ベンガラを含む化粧土を赤どべ（『ポタリー』では、「レッド・スリップ」）と呼ぶ。ごく少量のベンガラと植物性の油を「ともつち」（土器制作に用いる粘土と同じつち）に加え、赤どべを作る。油を使うのは、ベンガラを混じりやすくするだけではなく、塗り易さと磨き易さのためでもあるといわれている。

器面を磨かないで焼成した後、ベンガラが確実に落ちない状態にするには、乾燥粘土に対するベンガラの重量比をおよそ5％以下にしなければならなかった。赤い土器の赤彩部分を削り取り成分分析をした結果でも、粘土の成分と思われる二酸化ケイ素や酸化アルミニュームが酸化第二鉄よりはるかに多いことが分かった。ただしこれは、使用した粘土の特性に左右されるもので、低い温度で焼締まりのよい粘土を用いた場合、ベンガラの混合量を増やすことができる。また焼成温度および焼成時間によっても違ってくる。いずれにしても、顔料を含む化粧土を用いれば、その密着度は焼き締まり具合によって変わる。

曲島の赤磨き土器では、赤どべを塗布する前に、下磨きを十分する。その結果、赤どべをより薄く均一に塗布することが可能になり、赤彩後の磨きも一段と効果的に行うことができる。

写真3　擦痕がみられる磨き石（長野市篠ノ井遺跡群出土）

　磨きは一般にへら磨きであるとされているが、木製と骨製のへらを用いて磨いたところ、極めて磨きづらく再現性が低い。曲島の赤磨き土器では、硬度のある滑らかな石を用いて赤磨きを行う。この技法を用いた結果、はるかに磨きの再現性が高くなった。また、近藤氏の助言にしたがい探したところ、各遺跡の住居址などの遺構から、磨きに使用した場合にできる擦痕とよく似た様相をもった磨き石が多数発見されていることが分かった（写真3）。その擦痕の凹部にベンガラが残存する磨き石もある。スリップによる赤彩を施した後、磨きにこの磨き石を用いている可能性が高い。実際に同様の石を使用し赤彩の磨きに使い込んでみると同じように擦痕が出来る。『ポタリー』では、実見したところ「赤い土器」と同じ技法で制作されたとしか思えないオリエントの土器（B.C.4000〜B.C.3600）について、「ベンガラを含んだ粘土のスリップが使われ、滑らかな小石で磨かれた」と言っている。

　磨くタイミングは難しい。特に大型壺では乾燥が一様にならないため困難をともなう。急激に器面が乾燥しない条件下で、乾燥の度合いを十分見極めながら磨くことが大切で、赤どべの器面への密着度が高くなり、光沢も向上する。化粧土に含まれるベンガラが多い場合、この磨きによって焼成後のベンガラの落ち具合が決まる。

　磨きには赤彩定着の効果のほか、赤色の明度を高める働きがあるが、磨きの重要な目的であったと思われる。上記のような磨きのタイミングのとり方もそのために工夫された側面が大きいものといえる。

このように「赤い土器」の制作技法は、国内に現代も引き継がれている曲島の赤磨き土器の技法や、オリエントに見られる土器制作技法と共通することは間違いないと考え、この事実と技法の特性を明確に伝えるため「スリップ・赤磨き技法」と呼ぶことにした。

スリップ・赤磨き技法の伝播　「赤い土器」の制作技法が、千曲川流域にどのように伝わり成立したのか。またどんな特性を持っているのか。

その追及のため、赤彩の器面への定着度・色調の違い・磨きの相違・黒斑の出方等について観察し、地域差と時代差を比較検討をすることにした。

観察の対象になる土器の器面の状態は、土器制作時のままではない。ほとんどの土器はなにがしかの変性を受けていると考えられる。使用によって受けた変性・二次被熱による変性・長年土中に埋もれていて受けた変性等が考えられる。特に、土器が埋もれていた土壌によって器面の状態が大きく変わる。粘土質の土壌では器面がもろくなっている例が多く、赤彩定着度が低く見受けられるが、土器制作時の定着度を示しているとはかぎらないことに留意しなければならない。

また落ちにくい落ちやすいという判定に厳密な基準がつくれないため、どうしても主観的個別的判断になってゆく。極力、同一個体の各部分・同一遺跡内同一遺構内の各土器・他遺跡同士の土器の、相互比較を十分して判断することに努めた。

磨きが定着度を高める効果を表すのは次の2点にある。一つはスリップ自体を締める効果である。これは一定量の粘土があって初めて表れる効果である。もう一つは、スリップを土器の器面に張り付ける効果で、粘土に対するベンガラの量が極めて多い場合もこの効果によって定着度を高めることができる。実際の磨きの作業ではこの二つの効果は一体になってあらわれる。磨きを施す作業中に器面に塗布したスリップと下地の粘土と混じり合うこともあって、磨きの過程で二つの効果が重なり合って働いて定着度が決まってくる。

その結果、スリップに磨きが伴うと、ベンガラの含有量が定着の決定的な条件とはならないことになる。このことは、土器の赤彩定着度の観察にとって大

事な視点となった。

　さて国内で最も古いスリップ・赤磨き技法によって作られた土器を福岡県志摩町新町遺跡に見ることができる。ここでは弥生早期から前期前半までの土器－曲り田（古）式・曲り田（新）式・夜臼式・板付Ⅰ式の各土器を実見したが、いずれも支石墓に伴う甕棺と副葬小壺である。甕棺は丹塗磨研大型壺を甕棺として転用したものである。小壺は朝鮮半島との類似性の高いものである。赤彩技法は各時代とも共通していて変化は見られない。器形成型後スリップを施し、磨いている。赤彩定着度は極めて高くほとんど色落ちしない。その理由はベンガラ含有量が少ないためだと見受けられる。赤彩の色調が使用粘土の影響を大きく受けている様相からも推定される。

　焼成中の還元状態によって生まれた単一ではない色調（上述）の様相は、土器棺として転用された下半部に穿孔を持つ大型壺では特に箱清水式土器と類似している。

　磨きにはヨコミガキする傾向が高いという傾向性は認められるが、次に述べる須玖式土器のような定式はない。いずれも栗林式土器・箱清水式土器の赤彩技法と極めてよく似ている。しかし、定着度は大変良く、その点「赤い土器」と大きな差がある。「赤い土器」に欠けるこの質の高い定着度は、大陸との関係を示している。「新町遺跡は、日本文化史上の一大転換期に出現した遺跡であり、ここから出土した甕棺や副葬土器は、まさに稲作受容期の土器を代表するものである」と言われる。

　福岡県の栗田遺跡・七板遺跡の甕棺墳墓の祭祀大溝の中から出土した丹塗磨研土器－筒型器台・高杯・広口壺・無頸壺は、その赤彩の見掛け上の様相が、上述した早期前期の丹塗磨研土器とは異なっている。スリップ・赤磨き技法によって作られた土器ではあるが、色調の違い・磨きの形式的技法・黒斑の出方・器面への定着度等の点で「赤い土器」の赤彩と大きく違っている。

　色調は明るく還元焼成による色彩変容がほとんど見られない。一様にオレンジ系に近い。ベンガラの含有量は少ないはずだ。磨きには器種それぞれに共通した磨きの形式があり極めて丁寧に施されている。壺等一部に、底部のみの黒

斑がみられ一般的には黒斑がみられない。定着度が極めて高く、磨いてない部分でも色落ちしない。

以上の点から、須玖式期には甕棺墓の発達に伴う、独特な赤彩土器の制作技法が成立したものと推定できる。それは、良質の精製粘土を用い成形から焼成まで大きな技術革新をともなって成立しているはずだと思う。

壺と甕の器形の様相についても、北九州の弥生早期および前期と千曲川流域弥生中期の様相に共通性が見うけられるが、北九州の中期須玖式土器との関連は希薄に見える。大陸からの稲作文化の受容期に縄文文化がどのような変容をしたか、その地域を超えた共通性と地域的特殊性がどのようなものであったかが、赤彩の様相の違いに見て取れるのではないかと思う。

関門海峡をこえた山口県の綾羅木遺跡の前期から中期初頭の赤彩土器も同じスリップ・赤磨き技法によるものである。スリップのベンガラの含有量は少ないが、磨きは簡単に行われ、器面への定着はかならずしもよくない。地域と時代による変容は多様である。

今まで観察してきた結果、九州から中国地方さらに畿内・東海・関東・東北南部にスリップ・赤磨き技法によって作られた弥生時代の土器が広く見られることが確かめられた。それらの基本的な技法は共通しているが、スリップのベンガラ含有量および磨きの方式や丁寧さにそれぞれの特徴を持っている。また赤彩する器種や赤彩率には、大きな違いが見られる。そこには縄文的赤彩の系譜と新たな稲作文化の伝来に伴う赤彩の系譜が錯綜しながら、弥生土器の赤彩が形成された姿が示されているのではないかと思っている。

大陸から伝来したスリップ・赤磨き技法は、遠くオリエントに起源を持つのではないか。その技法の広がりは、実見した範囲でもオリエントから西アジア・キプロス・ギリシャなどに及んでいる。この技法は、稲作と共に北九州に伝わった。小林正史氏や岡安正彦氏の研究によって示されるように焼成をはじめ土器制作技法にも大きな技術革新がもたらされた。スリップ・赤磨き技法もそれに伴っていた。朝鮮半島の赤彩小壺が、スリップ・赤磨き技法を運んできたのか。あるいは、大野晋氏が注目される甕棺墓と共に、南インドから遥かに

伝来したのか…。南インドにはスリップ・赤磨き技法の赤彩甕棺が存在する。

　稲作と共に伝わったこの技法。その伝播が、千曲川流域にその墓制をはじめとする縄文の文化や赤彩意識や土器観と交錯しながら及んできた様相が、「赤い土器」のあり方に深遠に示されている。千曲川流域に及んだ新たな赤彩技法には、伝統的な縄文的な赤彩意識が重なりあうことになったのではないかと思われるのだ。

「赤い土器」　長野市松原遺跡の弥生中期（栗林期）の赤彩土器は、ほとんどがⅤ-A技法（スリップ・赤磨き技法）に該当する。冒頭に示したⅤ-B、ⅠないしⅡの技法が若干含まれる。それらを報告書の土器図版では淡い赤彩としてⅤ-A技法で赤彩した土器と区別して表示している。しかしもともと残存状態が悪く、意図的に施された赤彩であるか、胎土に含まれる酸化水酸化鉄系の成分が焼成によって酸化第二鉄（ベンガラ）に変化し赤色を部分的に示しているものであるか判別しにくいものが多い。その中で赤色の鮮やかな色調からみて明らかに焼成後の赤彩、ⅠないしⅡ技法だと考えられるものを何点か見出だすことができる。すなわち、スリップ・赤磨き技法を主体とするが、焼成後の縄文から引き継ぐ赤彩技法がまだ使われている。対象的に弥生後期の箱清水期の赤彩土器は、すべてスリップ・赤磨技法によるものである。同じ栗林期の遺跡でも、ⅠないしⅡ技法による土器の混入の度合いは違っている。千曲川の上流域では一般に多くなる。なお関東北部から東北南部では、スリップ・赤磨き技法が見られる地域と時期でもⅠないしⅡ技法による赤彩土器の割合が多い。

　ところで、千曲川流域の栗林期の各遺跡の全土器に占める赤彩土器の比率は、およそ15〜20％の範囲内に入る。箱清水期にはその比率がどの遺跡でも40％前後と多くなる。この違いは、栗林期に赤彩されなかった大型壺が、箱清水期にほとんど赤彩されるようになったためであるが、この赤彩率は、関東の宮ノ台式土器や久ヶ原式土器の赤彩率とほとんど変わらない。にもかかわらず、千曲川流域の赤彩土器が強烈な赤の印象をあたえる。

　なぜであろうか。

今まで述べて来た様に、他地域の土器の観察や制作実験と併行しながら、松原遺跡の弥生中期・弥生後期・古墳時代の赤彩土器の観察を試行錯誤しながら繰り返してきた。赤彩の定着度については、現時点でも観察対象土器の定着度を判定する明確な客観性の高い基準は設定できないが、その違いが他地区・他時代の土器の観察を重ねることによって次第に分かる様になってきたといえる。

　栗林式土器・箱清水式土器および従来からその技法を継承して制作されたと考えられている古墳時代の土器の赤彩は、いずれも土器洗浄中に十分な配慮をしないと洗浄水が赤色になるほど色落ちすることが分かっていた。

　定着度の違いを見るため器面の観察を丁寧にしながら色落ち具合を調べてみた。その結果次のような違いが認められた。器面の磨きが十分行われ現状で磨きによる光沢面が損なわれていない土器の場合ほとんど色落ちしない。しかし器面の光沢面が損なわれている土器の場合色落ちする。傷があればその箇所だけが色落ちする。

　それはスリップに混入するベンガラの含有量が多いことと、定着を高めるため栗林式土器と箱清水式土器の磨きが大変丁寧に行われていることを示している。この磨きは北九州の曲り田式・夜臼式・板付式各土器と比べても良好である。

　その点、井上巌氏による松原遺跡の科学分析結果は、観察結果とよく対応している。この分析では粘土に混入したベンガラの重量比を求めれるよう分析方法を検討してあり、ケイ素・アルミニューム等の粘土成分に対するベンガラの比重が明確に示されている。松原遺跡では、粘土に占めるベンガラの比率が、栗林式土器で平均23%弱、箱清水式土器で平均24%強という高い数値を示している。

　関東で実見した、栗林・箱清水式土器よりベンガラ含有量が少なく定着度が高いと思われた赤彩土器について、分析資料が現在蓄積されつつあるが、この松原遺跡の赤彩土器のようにベンガラ含有比率の高いものはないと、井上氏は言われる。

　なぜベンガラ含有量を多くしているのか。

南関東では、宮ノ台式土器・久ヶ原式土器・古墳時代と次第にスリップに定着を依存する傾向が高くなってゆくように見受けられるが、千曲川流域では栗林式土器・箱清水式土器・古墳時代とほとんど変化がない。ベンガラ含有量が高く、磨きに定着を依存する赤彩技法を継続した。
　当然ながら、ベンガラ含有量が多いほど赤色が鮮やかになる。そのことを、栗林・箱清水期の赤彩土器の制作者も当然分かっていた。その上で定着よりも鮮やかな赤色を選んだはずだ。良質のベンガラ含有量が多いほど粘土の色調の影響も受けにくくなるし、焼成時の還元状態による粘土が受ける変色の影響も小さくなる。器面を維持し定着を高めるために、ベンガラの含有量が多くなるほど困難になる磨きを緻密に行って、さらに赤色の鮮やかさを高めることを求めたのであろう。『赤い土器のクニ』の人々は、赤へのこだわりを求め続け、技法を超える・時代を越える人の在り方を見せているのではなかろうか。そのこだわりと在り方は、縄文から引き継ぐものだと思えてならない。

　写真出典
　写真1〜3　長野県埋蔵文化財センター　1994『赤い土器のクニ』（長野県立歴史館開館記念企画展示図録）より

天竜川水系の弥生のムラとクニ

市澤　英利

はじめに

　天竜川水系の舞台は、長野県南部の伊那谷である。伊那谷は諏訪湖に端を発する天竜川によって開析された谷ではあるが、一般に想像されるＶ字状の谷ではない。伊那谷北端の辰野町付近から飯田市天竜峡付近までの70km弱の間は、両岸に河岸段丘や扇状地が展開していて、伊那「谷」とはいっても南北に細長い盆地状の地である（図１）。

　一見同じような地形環境に見える細長い伊那谷も詳細に見ると、辰野町～伊那市北部にかけての北部域、伊那市南部～松川町北部にかけての中部域、松川町南部～飯田市天竜峡にかけての南部域の３区域に分けられる。

　北部域の西岸には、中央アルプスの麓から緩傾斜をもって続く広い段丘面が展開し、その下段に、前者に比べて狭い段丘面が天竜川沿岸に形成されている。東岸には三峰川の両岸に広い段丘面が展開するが、それより上流部は小規模な段丘である。中部域の西岸では屏風のように立ちはだかる中央アルプスの前面に山麓扇状地と段丘が展開している。大田切川以南の段丘面は比較的広いが、大田切川以北はそう広くない。東岸は天竜川が東に寄せられていて、小規模な段丘が展開している。南部域の西岸には、段数は多いものの狭い段丘が展開し、山麓部には扇状地が発達している。東岸にはそう広くない段丘面が雛壇状に展開している。

　本稿の舞台の中心は、伊那谷南部域とその西に続く岐阜県東濃地方である。

　伊那谷南部域と東濃地方は接しているものの、駒ヶ岳（木曽駒ヶ岳）を主峰とする3000m弱の峰々が連なる中央アルプスによってさえぎられている。山の高さは南へ行くに従って減じ、恵那山は南端の高峰である。両地方を結ぶ道には、大平峠、清内路峠、神坂峠越えの峠路があり、国道として整備されているのが清内路峠越えである。

　東濃地方の弥生時代後期には、伊那谷南部域に出自が求められる考古資料が存在し、注意されてきた。この事実に対して、東濃地方側からは「信州系の型式で」とか「天竜川水系のものに比定される」とか「天竜川流域の伊那地方に広く分布、信州方面との接触があったことがうかがわれる」等の認識や解釈が

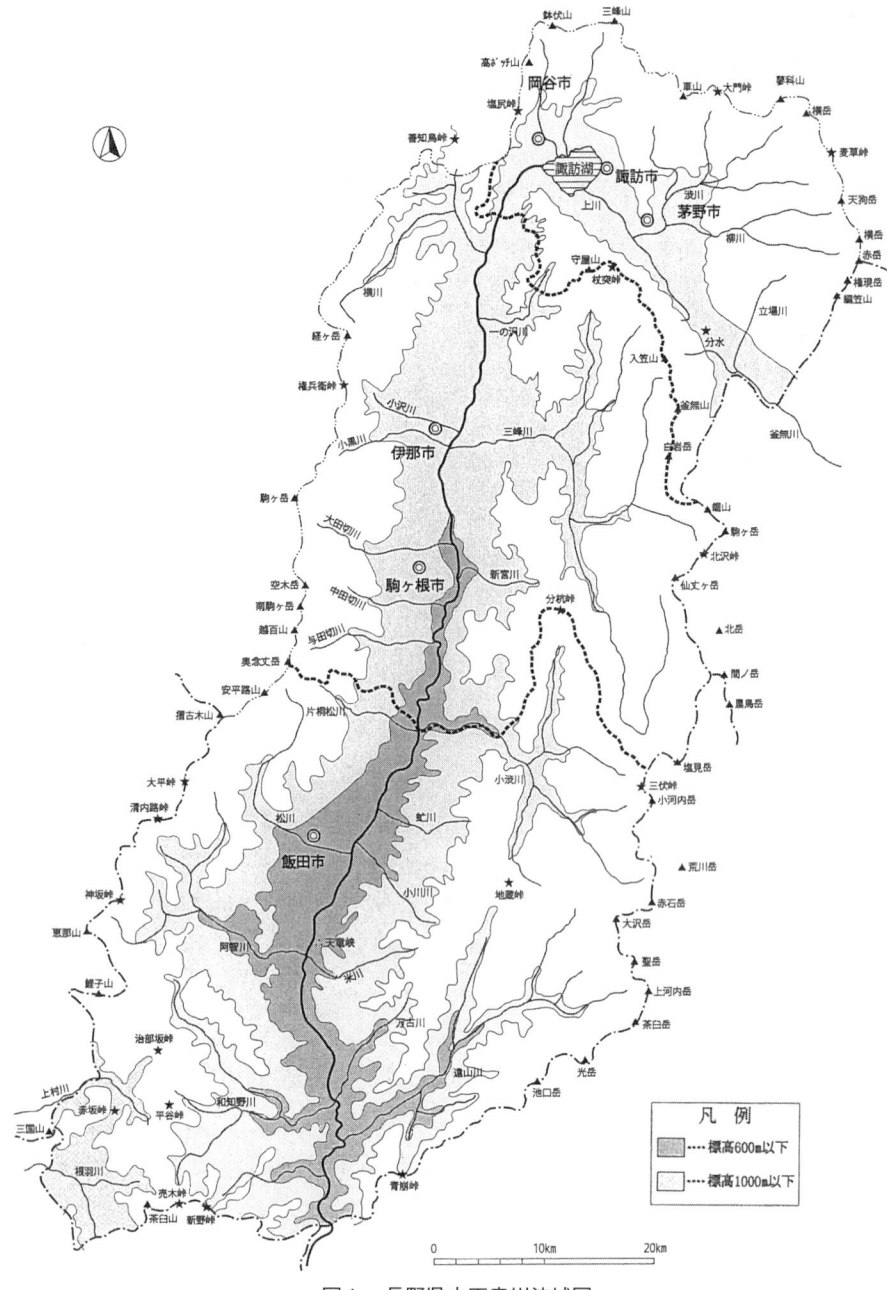

260 天竜川水系の弥生のムラとクニ

図1 長野県内天竜川流域図

なされている（紅村 1963、岐阜県 1972、他各報告書）。

伊那谷側からは、神坂峠越えの経路や平谷村から上村川を下る経路で、南部域の弥生時代後期文化が拡がっていった、それは家族移住や嫁ぎであったとの考察（神村 2003）がなされている。

一方、「弥生時代の後期の終わりから古墳時代初頭にかけて美濃加茂市周辺では、南信伊那谷の石器とよく似たものが出土しています。ところがその時期、土器は全く異なっています。土器は違うが、石器は非常に似通っている。このことも人が動いていることを示している」との発言もある（石黒 2002）。

本稿では、こうした先行研究、認識、考察に学びながら、東濃地方の発掘調査等で出土している伊那谷南部域系の弥生時代後期の考古資料を抽出し、伊那谷南部域と東濃地方との関係や、天竜川水系の地域文化圏について考えてみるものである。

1　伊那谷南部域の弥生時代後期文化の特色

飯田市を中心とする南部域一帯は、河岸段丘の段丘数は多いものの段丘面は広くはなく、山麓部には扇状地が発達している。水田化する上では水利環境から決して適地ではなかった。しかし、弥生時代後期飯田市を中心とする天竜川の両岸の河岸段丘や扇状地を舞台に在地色の強い地域文化が育まれた。

土器は壺と甕が基本器種（図2）

南部域を中心に分布する弥生時代後期の土器は、座光寺原式土器、中島式土器として認識されている。基本の器種構成は壺と甕で、これに高杯やわずかに鉢も組成するが、搬入品ないしその模倣品である。壺と甕は、他地域で出土した場合でも、あまり迷わずに出自が指摘できる特徴を持つ土器である。

壺は、受口状口縁で、頸部にかけて窄まり、胴部にかけて張り出して底部で縮まるプロポーションである。受口状口縁の屈曲は、「く」の字状のものと「L」字状のものがみられ、前者が座光寺原式土器、後者が中島式土器と区分するメルクマークの一つにしている。受口部外面には、主に箆描縦沈線文が施され、頸部には櫛描波状文・横走文、肩部には櫛描波状文・短線文・円弧文が施される。座光寺原式土器は多段施文で文様構成が統一的ではない。中島式土

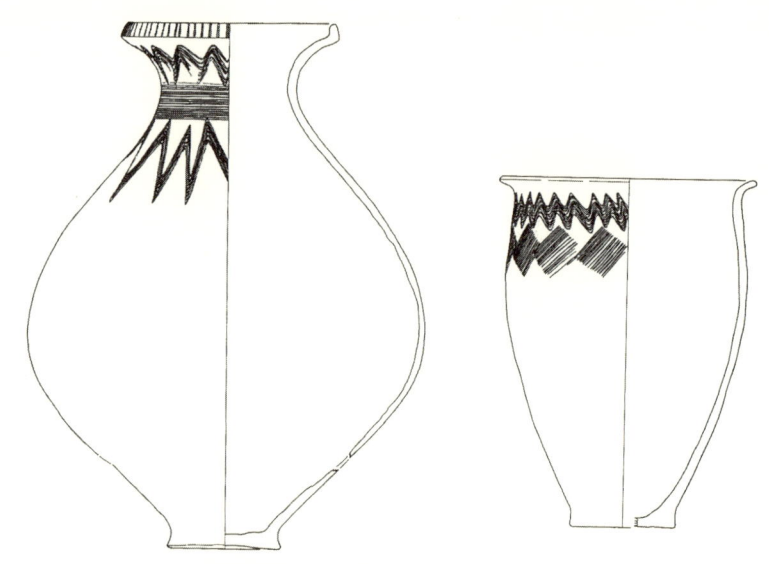

図2　伊那谷南部域の壺と甕（飯田市丹保遺跡99号住居址出土；1/5
上郷町教育委員会 1993 より）

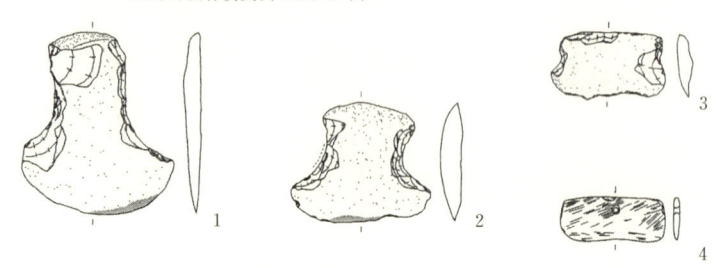

図3　伊那谷南部域の石製農具（飯田市丹保遺跡出土；1/5）
1・2：78号住居址、3：99号住居址、4：93号住居跡（上郷町教育委員会 1993 より）

器は波状文・横走文・波状文・円弧文と構成が統一的で、回転台使用で施文されるようになる。胎土には5～6mmの礫を含み、胴部内面は荒れて凹凸状になっていることが多く、胴部外面は縦位に箆磨きされている。

甕は、口縁が頸部から緩やかに外反するものと強く外反するものがあり、座光寺原式土器は前者、中島式土器は後者の傾向となる。頸部に櫛描波状文、肩部に短線文が施され、中島式土器ではこの二段施文で統一的になる（市澤 1986）。

豊富な石製農具が存在（図3）

南部域の天竜川には、小渋川を供給源として、南アルプスを形成する堆積岩

や変成岩系統の岩石が運び込まれ、他の支流からは火成岩系統の岩石が供給される。そのため、天竜川の河原には多種類の岩石が見られ、岩石のデパートの様相を示している。石器の素材に適する硬砂岩・緑色岩・粘板岩・チャート・花崗岩などといった岩石が、無尽蔵というくらいにあり、石器素材の入手に困らない地である。

石製農具は大半が打製で、河原にある扁平な硬砂岩の円礫を原石に製作されている。硬砂岩は堆積岩で劈開性があることから、扁平な円礫を垂直に台石に当てることで大形の剥片が確保できる。その剥片を加工して石製農具を製作していたことが明らかにされている（桜井 1986）。

南部域一帯では、弥生時代を通して道具は石器が主流であった。石器群は、形態を基に類推された機能によって農具、工具、狩猟具、漁具、武具、織物具などに分類されている（桜井 1986）。耕作具である打製石斧、収穫具である石包丁・有肩扇状形石器、木工具である磨製石斧類や石錐・砥石・敲打器・石槌・凹石、狩猟具には磨製石鏃・打製石鏃、漁具に石錘、武具として磨製石鏃・磨製石剣、織物具に石製紡錘車・織物石などがある。中でも、打製で抉りが入った抉入打製石包丁、磨製で一孔の磨製石包丁、打製で肩部が作り出された有肩扇状形石器は、南部域の遺跡からは一般的に出土する石器で出土数も多い。

抉入打製石包丁、有肩扇状形石器は、ともに円礫から剥片を取り、薄く鋭い辺を刃部にして製作されることから、円礫面が大きく残っている。有肩扇状形石器は一時浅耕用の耕作具と考えられていたが、刃部にコーングロスの付着が確認できる資料の存在や使用痕分析を通して、イネ科草本類を刈る作業に使われた道具（御堂島 1989）との解釈がなされている。

石鍬とも呼ばれる大形の打製石斧、抉入打製石包丁、磨製石包丁、有肩扇状形石器などの石製農具が豊富に存在していることも、南部域の弥生時代後期文化の大きな特色である。

河岸段丘全体に遺跡は立地（第4・5図）

南部域の地形環境は、中央アルプス山麓に形成された扇状地地帯、天竜川の支流によって形成された扇状地が複合している中位から高位の段丘地帯、天竜川沿岸に展開する低位の段丘地帯に区分できる。

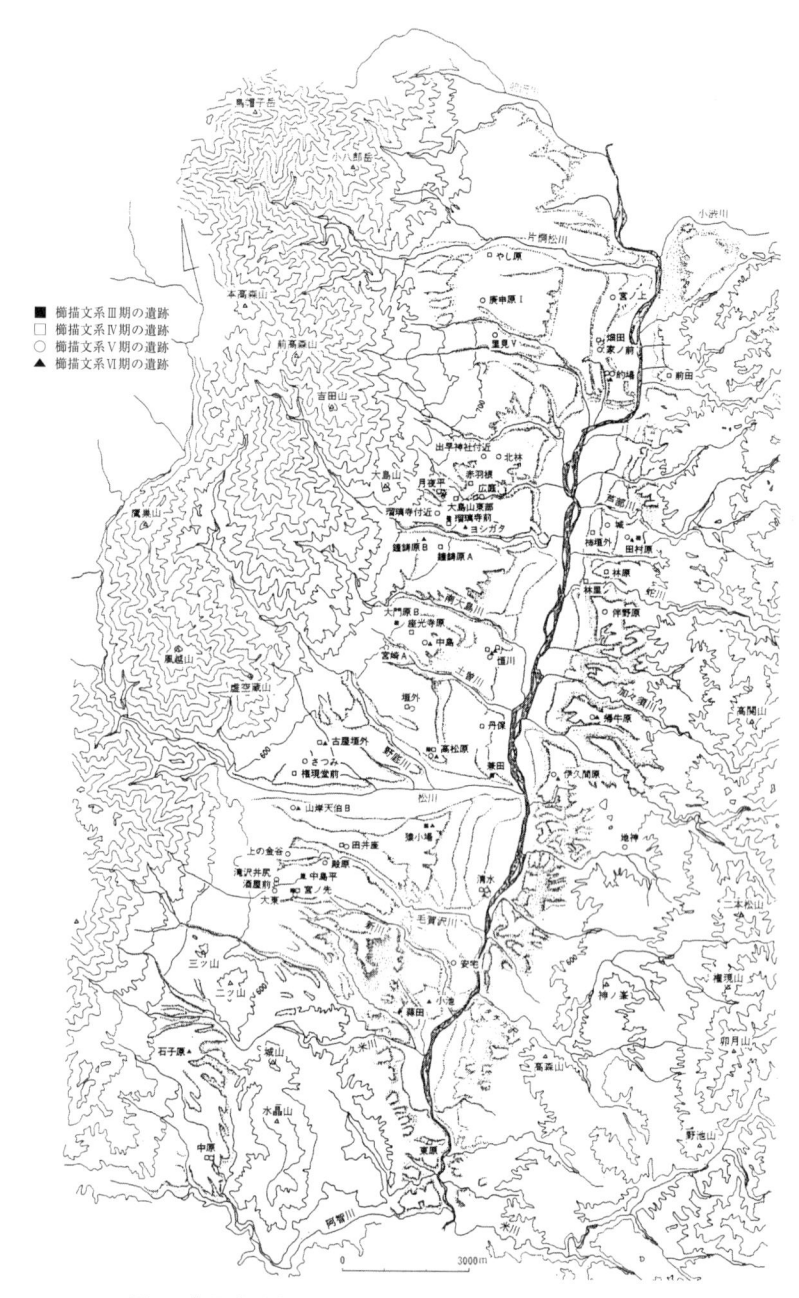

264 天竜川水系の弥生のムラとクニ

■ 櫛描文系Ⅲ期の遺跡
□ 櫛描文系Ⅳ期の遺跡
○ 櫛描文系Ⅴ期の遺跡
▲ 櫛描文系Ⅵ期の遺跡

図4　伊那谷南部域弥生時代後期遺跡分布（市澤英利 1991 より）

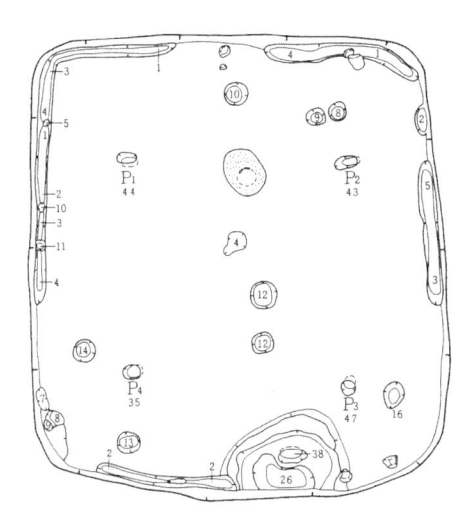

図5　伊那谷南部域の竪穴住居址（飯田市田井座遺跡23号住居址；1/80　飯田市教育委員会 1991 より）

　山麓扇状地地帯は、現在果樹園などの畑に利用されている。傾斜がきつい上に水利も良くないため、水田化が困難な地である。中位から高位の段丘地帯は、傾斜は前者に比して緩やかではあるが、やはり水利環境に恵まれない乾燥地で、一昔前は桑畑、現在は果樹園として土地利用されている。近年になって大規模な用水路が建設され、大きく水田開発されたが、それまでは湧水のある場所や谷筋で小規模な水田が営まれていた。低位の段丘地帯は、段丘崖下の湧水地周辺には低湿地も点在する水利環境に恵まれた地で、水田として活用されてきた。高速道や国道などの道路建設、学校・工場・住宅などの建物建設、農地の構造改善事業等の開発事業に伴っていずれの地帯においても緊急発掘調査が行われ、各時代の遺構と遺物が数多く発見されている。

　弥生時代後期の遺構・遺物は、いずれの地帯からも発見されている。集落規模、遺跡の継続性、遺物量は低位の段丘地帯の方が優位にあるが、山麓扇状地の急な斜面上にも2～3軒の集落が形成されていた。こうした状況について遺跡の爆発的な増加と言い表されてきた。

　南部域での弥生時代の遺跡の立地状況をみると、弥生時代中期前半までは中位から高位の段丘地帯で湧水のある地にも遺跡は立地したが、主体は低位の段丘地帯であった。中期後半になると、中位から高位の段丘地帯に立地する遺跡が現れる。後期になると前述した状況に加えて、天竜川流域から離れた西部や南部の山間地の河川沿いや小盆地にも遺跡が立地してくるようになり、伊那谷南部域の風土環境を活用して農耕技術を発展させた人々の活動が活発になったことが見て取れる。（大沢 1967、宮沢 1978）

　後期の竪穴住居址には斉一性がある。規模は一辺5m前後の方形プランで、

主柱の平面形状は楕円形、その配置は4本、炉は地床炉ないし埋甕炉で枕石と呼んでいる長細い石が置かれる。住居址内から出土する遺物は多くなく、炉甕と石製農具数点といった程度であっても違和感はない。こうした竪穴住居址の様相も、南部域の弥生時代後期文化の特徴である。

このように、伊那谷南部域の弥生時代後期の文化は、土器は壺と甕が基本器種、石製農具を豊富に製作して使用、方形で斉一性のある竪穴住居を建築するという3つの文化的要素が特色として抽出できる。人々がこれらの文化的要素を共有しながら、水田化には不向きな河岸段丘及び山麓扇状地を含めた舞台で農耕生活を営んだ結果、伊那谷南部域に在地色の強い文化が育まれたといえる。そして、3つの文化的要素をセットで兼ね備えた地域は、同一の文化圏の広がりとしてとらえることができると考えている。

2　東濃地方に見られる伊那谷南部域系考古資料

前述した弥生時代後期の伊那谷南部域を特色づける考古資料が、東濃地方で出土している。

(1) 中津川・恵那地域

木曽川の支流である中津川や阿木川の流域、矢作川上流の支流である上村川流域から発見されている。

① 中津川・四ツ目川流域
中村遺跡（中津川市）：文献1　（図6；1～10）
　四ツ目川によって形成された扇状地の扇央部、中津川に面した南西向き斜面に立地する遺跡で、標高は350mほどである。市立保育園建設に先立つ発掘調査で、包含層から土器片119点と石器1点が出土した。
　土器は壺と甕の破片で、壺は受口状口縁で頸部に櫛描波状文が施され、胎土に5～6㎜大の小石を含んでいる。甕は緩やかに外反する口縁で、頸部から胴上半にかけて櫛描波状文や短線文が施されたもの（2～5、7～9）がある。擬

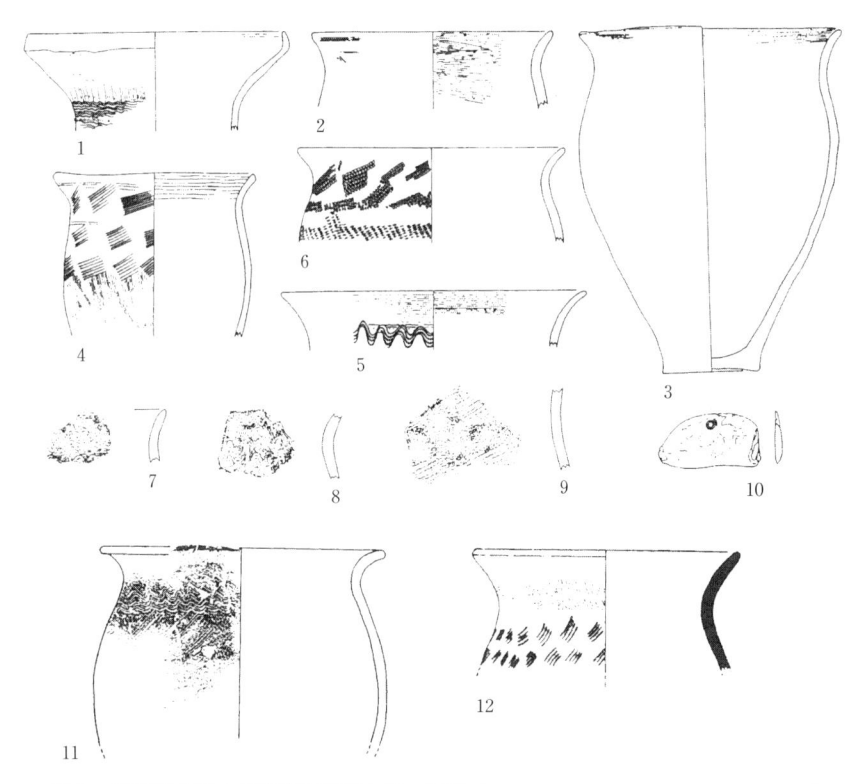

図6　東濃地方出土伊那谷南部系土器・石器（7〜9；1/4、1〜6・10〜12；1/5）
　　1〜10：中村遺跡、11：松田遺跡、12：実戸西遺跡

似縄文が施された6は、伊那谷南部域では類例に乏しい資料である。
　石器は、頁岩製で1孔の磨製石包丁（10）である。
　松田遺跡（中津川市）：文献2（図6；11）
　旧い扇状地が地蔵堂川、四ツ目川に開析された台地上に遺跡は立地し、中央自動車道建設に先立つ発掘調査で包含層より出土した。頸部からややきつく外反する口縁の甕で、櫛描波状文と斜走短線文が施されている。
　実戸西遺跡（中津川市）：文献3（図6；12）
　松田遺跡に隣接する遺跡で、出土状況は不明である。口縁が緩やかに外反する甕で、胴上半に櫛描斜走短線文が施されている。

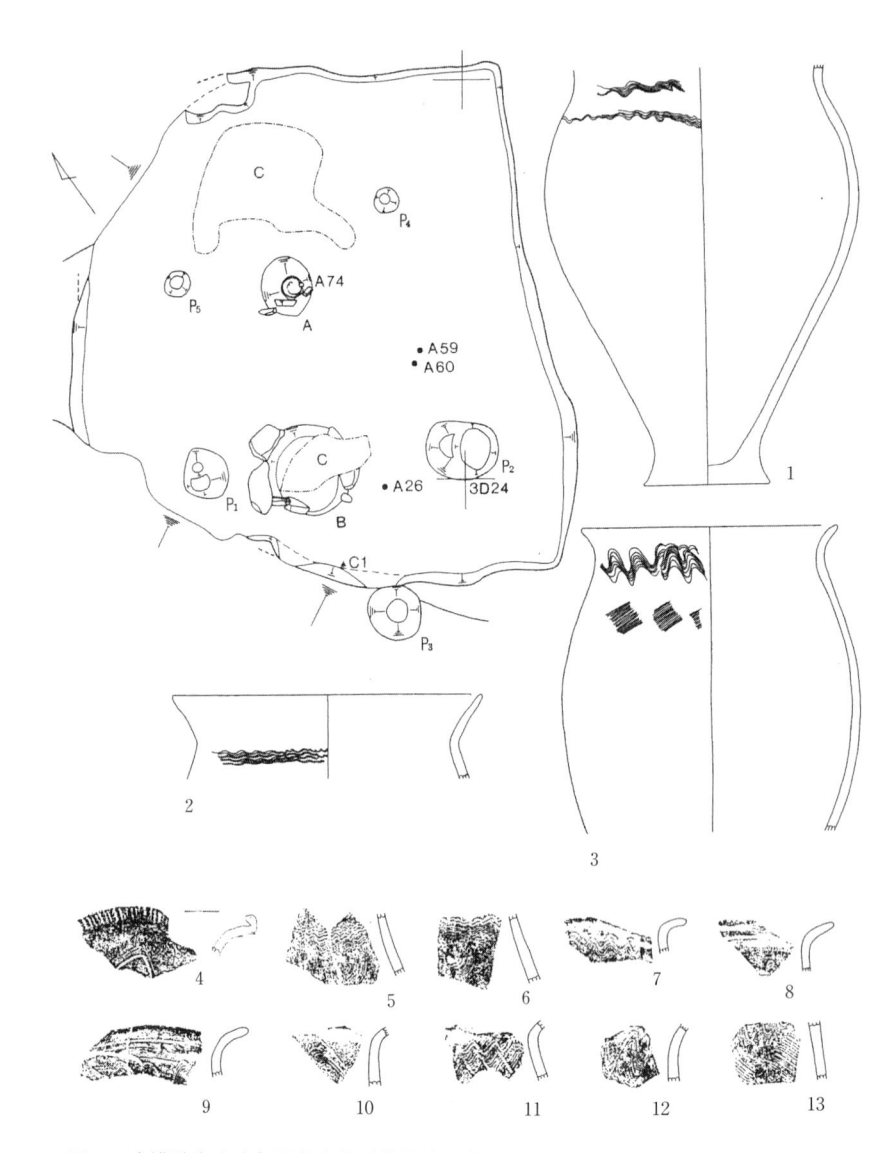

268 天竜川水系の弥生のムラとクニ

図7　東濃地方出土伊那谷南部系住居址、土器・石器（1～3；1/5、4～13；1/4）
　　　1～3：阿曽田遺跡（第1A号住居址；1/75）、4～13：久須田遺跡

② 阿木川流域

阿曽田遺跡（中津川市）：文献 4（図 7；1 ～ 3）

　阿木川沿いの河岸段丘上に立地する遺跡で、阿木川ダム建設に先立って発掘調査が行なわれ、弥生時代後期の竪穴住居址が一軒発見された。住居址は 5 m 四方の方形プランで、枕石を伴う埋甕炉が築かれている。伊那谷南部域で一般的に見られる住居址と同様の形態で、出土した甕（1 ～ 3）は頸部から緩やかに外反する器形で、櫛描波状文・斜走短線文が施されている。

久須田遺跡（中津川市）：文献 5（図 7；4 ～ 13）

　阿木川の河岸段丘上に立地し、下流約 2 km に阿曽田遺跡がある。県営ほ場整備事業に伴って発掘調査が行われ、包含層から壺（4 ～ 6）と甕（7 ～ 13）の破片が出土した。壺は受口状口縁で口縁外面に箆描縦沈線文、頸部から胴上部に櫛描波状文・円弧文が施されている。甕は比較的強く外反する口縁で、櫛描波状文・短線文が施されている。この他に、尾張低地部方面に出自が求められる器台が出土している。

祖理見遺跡（恵那市）：文献 5（図 8；1）

　阿木川の支流永田川沿いの緩やかな傾斜地に立地し、県営ほ場整備事業に伴って発掘調査され、包含層から甕が出土した。口縁が強く外反し、頸部に櫛描波状文が施され、外面は縦位に箆磨きされている。

③ 上村川流域

辻見堂遺跡（恵那市－旧上矢作村）：文献 3（図 8；2・3）

　上村川を望む河岸段丘上に立地する遺跡で、出土状況は不明であるが甕が出土している。器形は頸部から緩やかに外反し、口唇部に刻目があって頸部に櫛描波状文が施される甕が出土している。

小笹原遺跡（恵那市－旧上矢作村）：文献 3（図 8；4・5）

　上村川が形成する段丘上に立地する。口縁が頸部からやや緩やかに外反し、櫛描波状文、斜走短線文が施された甕（4）と打製石包丁ないし横刃形石器（5）が出土している。

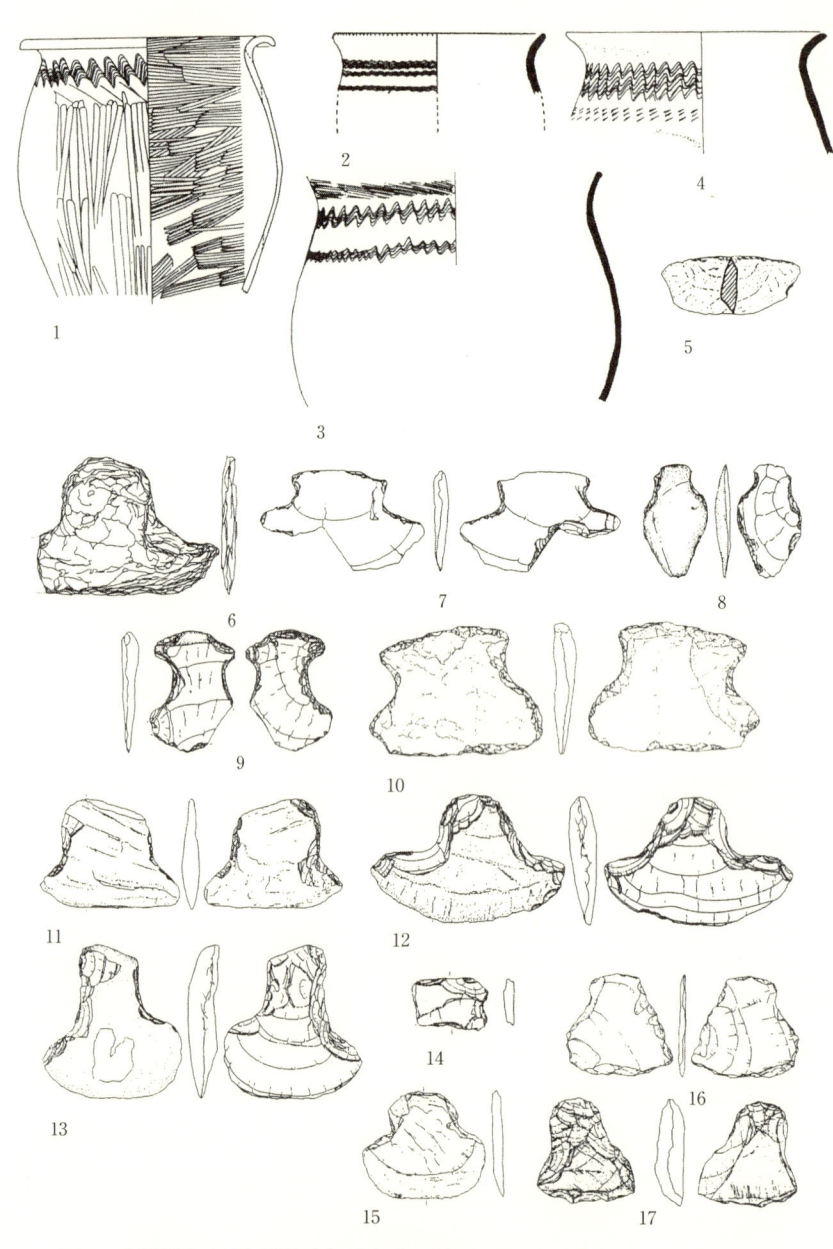

270 天竜川水系の弥生のムラとクニ

図8　東濃地方出土伊那谷南部系土器・石器（1～5・14；1/5・6～13・15～17；1/8）
　　1：祖理見遺跡、2・3：辻見堂遺跡、4・5：小笹原遺跡、6：為岡遺跡、7：深渡Ａ遺跡、
　　8・9：野笹遺跡、10～13：尾崎遺跡、14：金ヶ崎遺跡、15・16：根本遺跡、17：喜多町西遺跡

(2) 美濃加茂・多治見地域

木曽川・飛騨川の合流域及び多治見市域からは、伊那谷南部域系の石器が出土している。

① 木曽川・飛騨川合流域

為岡遺跡（美濃加茂市）：文献7（図8；6）

飛騨川の河岸段丘上に立地する遺跡で、道路建設に先立って発掘調査が行われ、6号方形周溝墓から有肩扇状形石器が1点出土している。粘板岩製で一部欠損するが、長10.9cm・（幅14.6cm）・厚1.2cmである。6号周溝墓からは弥生最終末から古墳時代初期の土器が出土しており、石器もこの時期のものと考えられる。

深渡A遺跡（美濃加茂市）：文献8（図8；7）

飛騨川の河岸段丘上に立地する遺跡で、農道建設に先立って発掘調査が行なわれ、中世の区画溝と考えられているSD12内から有肩扇状形石器が1点出土した。ホルンフェルス製で一部欠損しているが、長17.2cm・幅10.2cm・厚1.5cmである。時期は不明である。

野笹遺跡（美濃加茂市）：文献9（図8；8・9）

木曽川の河岸段丘上に立地する遺跡で、国道建設に先立って発掘調査が行なわれ、自然流路内から2点の有肩扇状形石器が出土している。2点ともに泥岩製で、内1点は一部欠損している。完形品（8）は、典型的な形態とはやや異なるが、長11.5cm・幅6.7cm・厚1.6cmで、欠損品（9）は長8.7cm・幅12.6cm・厚1.6cmである。山中期の集落の一角が発見されており、この時期のものと考えられる。

尾崎遺跡（美濃加茂市）：文献10・11（図8；10～13）

野笹遺跡より高位の段丘上に立地する遺跡で、国道建設及び美濃加茂市文化の森整備事業に先立つ発掘調査で出土した。国道建設地点では、欠山（かけやま）期の高杯・瓢壺を伴出する第8号住居址から有肩扇状形石器1点（10）が出土している。結晶片岩製で、長13.7cm・幅18.7cm・厚2.2cmで、刃部にはコーングロスの付着が認められている。

市文化の森建設地点からは、3点の有肩扇状形石器が出土している。1点目（11）は、中期後半の71号住居址から出土し、粘板岩製で、長11.4cm・幅14.9cm・厚0.9cmである。2点目（12）は、山中期とされる70号住居址から出土し、粘板岩製で長13.4cm・幅20.3cm・厚3.0cmである。3点目（13）は弥生時代後期〜古墳時代初頭（磯谷 2006）とされる61号住居址から出土し、砂岩製で長16.0cm・幅14.8cm・厚2.9cmである。

金ヶ崎遺跡（御嵩町）：文献12（図8；14）

可児川の河岸段丘上に立地する遺跡で、東海環状自動車道建設に先立って発掘調査された。包含層から半欠であるが、ホルンフェルス製の抉入打製石包丁が発見されている。残存部の長5.1cm・幅3.5cm・厚0.8cmである。弥生末から古墳前期の集落・周溝墓が発見されており、この時期のものと考えられる。

② 多治見地域

根本遺跡（多治見市）：文献13（図8；15・16）

段丘上に立地する遺跡で、国道建設に先立って発掘調査され、有肩扇状形石器が2点発見された。1点目（15）は、高蔵期とされるSB10より出土し、粘板岩製で長11.3cm・幅12.9cm・厚1.4cmである。SB10からは先端が欠損している砂岩製の石鏃も出土している。2点目（16）は包含層から出土し、有形扇状形石器と報告されているが調整が僅かで疑問もある。粘板岩製で長10.5cm・幅11cm・厚0.7cmである。

喜多町西遺跡（多治見市）：文献14（図8；17）

段丘上に立地する遺跡で、個人の土地造成に関わって発掘調査された。後期末廻間Ⅰ式後半とされるSB12より、有肩扇状形石器が1点出土した。砂岩製で、長11cm・幅10.4cm・厚3.1cmである。

3　東濃地方出土の伊那谷南部域系考古資料からわかること

中津川・恵那地域では、伊那谷南部域固有の受口状口縁の壺や櫛描波状文・短線文が施された甕、1孔の磨製石包丁、形態および内部施設が同類の住居址が見られる。出土量は多くはないが、生活・生産用具から居住に至るまで伊那

谷南部域の弥生時代後期を特色づける3つの文化的要素が認められる。

　出土している土器群は、伊那谷南部域の座光寺原式土器、中島式土器といえる。出土量の多い甕をみると、口縁が緩やかに外反する点、櫛描文が多段に施されている点、施文された櫛描文構成が統一的でない点などから、前半の座光寺原式土器の方が多く、この時期に中央アルプスを越えて伊那谷南部域の文化が波及していったことがわかる。

　遺跡は、木曽川や矢作川の支流が形成した河岸段丘上や緩傾斜地上に立地している。河岸段丘ではあるが、扇状地性の堆積物が段丘面を覆っているような状況もあって、伊那谷南部域のように段丘面が個々に明確になっている状況ではない。水利環境が良好でない地や礫を多く含む土壌環境の地に立地する遺跡もある。

　一方、美濃加茂・多治見地域では、尾張低地部との関係性が強い土器群や太型蛤刃、扁平片刃、2孔の石包丁などの石器に混在して、有肩扇状形石器、抉入打製石包丁が出土している。有肩扇状形石器は、一遺跡からの出土数は多くはないが、複数遺跡から出土していてそれなりの波及が認められる。

　有肩扇状形石器のうち、尾崎遺跡出土の3点（図8；11～13）は、とも扁平な円礫から剥離された自然面を遺す大形剥片を素材としている。鋭い一辺をそのまま刃部とし、他辺を調整して形態を整えて製作されており、伊那谷南部域での製作方法と同じである。しかし、石材は粘板岩及び砂岩で、地元で調達された岩石であると考えられる。実見するまでは、形態がそっくりであることから伊那谷南部域で一般的な硬砂岩製の有肩扇状形石器が持ち込まれているのではないかと予想していたが、そうではなかった。

　他の有肩扇状形石器については、実見していないので詳細は不明であるが、実測図で見る限りその製作方法は基本的に同様と考えられる。しかし、石材は粘板岩・ホルンフェルス・泥岩・結晶片岩・砂岩となっており、やはり地元の岩石が使われていると思われる。一方、多治見地域根本遺跡出土の図8―16や喜多町西遺跡出土の17は、形態や調整の状況が伊那谷南部域の典型的なものとは異なっており、系統など別な見方をする必要があろう。

　有肩扇状形石器等は、共伴する土器群からみると中期後半から後期末～古墳時代初頭頃まで存在している。伊那谷南部域で有肩扇状形石器が出現するのは

中期前半、後期にその使用がピークを迎え、古墳時代前期まで継続使用されていたととらえられている（山下 2005）。美濃加茂・多治見地域では、伊那谷南部域で有肩扇状形石器が出現してまもなく波及したようで、以後古墳時代初頭まで使用されていたといえる。

美濃加茂一帯は、木曽川と飛騨川が合流する両岸に、平坦な段丘面が形成されていて、有肩扇状形石器は両岸に展開している段丘面上やさらに上位の段丘面上の遺跡から出土している。一帯の水利環境があまりよくないと思われ、現状でも畠が目に付く。多治見地域の2遺跡も河岸段丘上に立地している。

このように東濃地方一帯から出土している伊那谷南部域系の考古資料は、中津川・恵那地域一帯では伊那谷南部域の特色となる3つの文化的要素が見られ、美濃加茂・多治見地域一帯では石製農具のみが見られるという違いのあることがわかる。

4　弥生時代後期の伊那谷南部域と東濃地方の関係

東濃地方で出土している伊那谷南部域系の考古資料を基に、両者の関係を考えてみたい。出土資料の内容に違いがあることから、中津川・恵那地域との関係、美濃加茂・多治見地域との関係の二者に分けて考える。

(1) 中津川・恵那地域との関係

本地域では、弥生時代の遺跡数、資料数は少ない。縄文時代晩期末から弥生時代初期の埋設土器や条痕文系土器は点々と見られる（伊藤 1991）ものの、その後の資料はほとんど見られず、しばらくは無住の地、弥生文化空白地帯であったと思われる。後期になって伊那谷南部域系の遺構・遺物を伴う弥生文化が見出されるようになる。そして、本地域で出土している弥生時代後期の資料は、伊那谷南部域に分布する文化内容そのものといっても差し支えない。他地域の資料といえば管見にふれる中では、久須田遺跡出土の器台くらいである。

こうした事実は、伊那谷南部域の人々の一部が弥生時代後期前半頃、空白地帯であった本地域に生活道具を携えて移り住んだ結果と考えるのが妥当であろ

う。本地域には河岸段丘が形成されており、環境的にも違和感がなかったのではないかと思われる。後期前半は、伊那谷南部域内でも中位・高位の段丘地帯や山麓扇状地、西南部の山間地の河川沿いや小盆地へも遺跡が立地してくる時期である。

　この時期に伊那谷南部域では、居住域や生産域を大きく拡大させる画期が生じたようで、中津川・恵那地域への移動もこうした動きのひとつとして考えられる。この画期が内因によるものかそれとも外因によるものか、現状具体的な説明はできていない。

　では、人々はどの経路を通って移動したか。ひとつに神坂峠越えがある。峠の頂上神坂峠遺跡からは、小さいが櫛描波状文が施された土器片が出土しており、経路となっていたことを裏づけている。他の経路としては、平谷村や根羽村から上村川流域に出て、さらに木の実峠を越えて阿木川流域に至る経路が、遺跡の分布状況からみて想定できる。西南部の山間地は、小河川がモザイク状に流れており、人々はこうした小河川沿いの毛細血管のような道を使って移動したと考えられる。後に神坂峠越えの道は、東山道という主要幹線となっていくが、この時代そうした状況が生ずるような社会体制ではなかった。

　現在は伊那谷南部域とは行政的にも文化的にも異にしている中津川・恵那地域であるが、弥生時代後期においては伊那谷南部域に展開した地域文化圏の西端の一地域であったとすることができる。

(2) 美濃加茂・多治見地域との関係

　本地域では弥生時代を通して人々の生活痕跡が認められる。そして、出土している土器などの様相から、尾張低地部と繋がりながら展開してきたことがわかる。このことは、伊那谷南部域系の石製農具が違う地域文化圏の中に、入り込んでいるといえる。石製農具は有肩扇状形石器が主体で、地元の石材で伊那谷南部域と同様の方法で製作され、刃部にコーングロスの付着するような使用のされ方をしており、利用の仕方が同様であったといえる。また、存続期間も伊那谷南部で盛行している時期に重なっている。

　こうした事実から、本地域と伊那谷南部域とは異なった地域文化圏ではあったが、交流があったといえる。交流が伊那谷南部の人の移住とか、嫁ぎなどに

よるとも考えられるが、そうであれば、本地域で石器以外の伊那谷南部域に出自が追える文化の痕跡が発見されると思われる。しかし、今のところそうした事実はつかめていない。一方、何らかの情報交流システムが存在することで、交流がなされたことも考えられる。たとえば、異なる文化圏に属する人々が相互に旅することで交流する場合や、特定の文化圏に属することはなく各地の情報を携えて動き回る人々が存在する場合などが考えられる。こうした交流では他の文化圏の文化痕跡が、前者とは違った遺され方をするとも考えられるが、現状では答えを見出せていない。

　いずれにせよ、主に尾張低地部との交流よって形成されている美濃加茂・多治見地域の文化圏と伊那谷南部域の文化圏は、主生業の違い、そこから生じる共同体の社会構成の違い、さらに祭祀の違いといった具合にその内容は違っていたはずである。そうした違いがあっても文化圏同士が交流するなんらかのネットワークが、弥生時代後期に形成されていたことは確かである。

5　伊那谷南部地域文化圏をとらえる (図9)

　弥生時代後期に、土器の基本器種は壺と甕、豊富な石製農具を使用、方形で斉一性のある竪穴住居を建築するといった3つの文化的要素を特色として展開した伊那谷南部域の弥生時代後期文化の広がりを「伊那谷南部地域文化圏」と呼び、その範囲をとらえてみたい。

　前述したように中津川・恵那地域の状況は、当地域が「伊那谷南部地域文化圏」の一角であるといえる。一方、美濃加茂・多治見地域は、有肩扇状形石器がそれなりに出土しているが、他の文化的要素は確認できないことから「伊那谷南部地域文化圏」の範囲ではない。そして、両地域の間には、「伊那谷南部地域文化圏」の西端を区画する境界線を、劇的といえるほど明確に引くことができる。

　北端ではどうであろうか。伊那谷北部を見渡すと3つのセットが見られる地域は伊那市南部までで、伊那市北部以北では、類似点はあるものの土器の様相は異なり、石製農具はごくわずか、竪穴住居址も様相を異にしている。「伊那谷南部地域文化圏」の北端は、地形環境の区分で伊那谷中部域とした伊那市南

5 伊那谷南部地域文化圏をとらえる 277

図 9 伊那谷南部〜東濃地方の水系図及び遺跡分布図

部付近ととらえられる。しかし、西端で見られるような劇的な線引きはできない。

　東端は伊那山脈を越えた遠山谷で、南アルプスに遮られている。

　南端については、資料収集が十分に行えていないので明確にできないが、北設楽郡の山中からは、伊那谷南部域系の土器・石器は点々と出土している。こうした状況は、伊那谷西南部の山間地で見られる小河川や小盆地に点在する遺跡のあり方と類似している。そうした中で、旧静岡県磐田郡（現浜松市天竜区）佐久間町の平沢遺跡（文献15）の事例は注目される。

　平沢遺跡は、天竜川によって形成された河岸段丘上に立地するが、狭隘な谷の一角に所在する。発掘調査で11軒の住居址が検出された。住居址のプランは方形・隅丸方形・長楕円形の３種類が認められ、炉は埋甕炉が１例、他は地床炉で枕石が置かれたものが３例ある。それぞれの住居址からは、壺は東海地方の菊川、欠山式土器が、甕は菊川、欠山式土器と中島式土器とがあい半ばするような状況で供伴している。中島式土器の壺は４軒の住居址から僅かに出土しているのみである。また、２軒の住居址から抉入打製石包丁が３点出土している。土器、石製農具、方形プランの住居址と伊那谷南部地域文化圏の特色である３つの要素が認められる。

　しかし、伊那谷南部地域文化圏の南端とできるかというと、菊川式土器の供伴が客体的でない点、住居址の形態がやや異なっている点、石製農具が少ない点から、平沢遺跡で展開した文化を、純粋な伊那谷南部地域文化圏の一角ととらえることはできない。むしろ、平沢遺跡のあり方は、伊那谷南部地域文化圏と東海地方の菊川式土器を使用する文化圏とが互いに交流、接触していた状況を示していると考える。こうした結果が、喬木村地神遺跡で菊川式土器が出土していることに繋がるのであろう。

　このような様子から、伊那谷南部地域文化圏の南端は北設楽郡内と思われるが、北設楽郡内にはもともと、三河・遠江地方から弥生文化が継続的に波及してきており、東濃地方で見られたような劇的な線引きはできないと思われる。

　以上のように、「伊那谷南部地域文化圏」は、飯田下伊那地方を中心に、北は伊那市南部付近、西は中央アルプスを越えた中津川・恵那地域一帯、南は北設楽郡内、東は遠山谷の範囲ととらえられる。広い文化圏ではないが、自立性

を持ちながら、他の文化圏と交流し発展した文化と考えられる。そして、伊那谷南部域の人々の交流先は、出土している他地域文化圏の土器の様子から天竜川下流域方面の東海地方との交流が主体であったといえる。こうしたあり方は、弥生時代開始当初からの流れでもあり、天竜川を通じて強いつながりが伝統的に形成されていたのであろう。

このような広がりをもった「伊那谷南部地域文化圏」ではあるが、その内部を見ると、遺跡の分布密度の高い地域とそうでない地域のあることがわかる。分布密度の高い地域は、松川町から飯田市天竜峡までの範囲で、3つの文化的要素の斉一性が高く、他地域からの搬入土器も点々と出土している。そうでない地域は、北部方面と河川沿いや小盆地に遺跡が立地する西南部方面である。前者を「伊那谷南部地域文化圏」の中核地域、後者は中核地域を取巻く周辺地域ととらえられる。

中核地域は地形環境で伊那谷南部域と区分した地域と重なっている。段数は多いものの段丘面はそう広くない、山麓部には傾斜の急な扇状地、水利環境はよくなく大きな水田を確保できないといった風土ではあるが、その風土を巧に活用して農耕生活が営まれた。しかし、その生産性はあまり高くなかったようで、初期の前方後円墳を構築できるような経済力が蓄積されることはなかった。

一方、中核地域を同心円状に取巻くようにある周辺地域は、基本的には「伊那谷南部地域文化圏」内ではあるが、駒ヶ根市や伊那市の遺跡出土資料をみると隣接する他の地域文化圏の影響を少なからず受けている様子がうかがえ、中核地域の影響力はそう強固なものではなかったようである。

弥生時代後期、天竜川水系では伊那谷南部域を中核に他地域とは明確に区別できる地域文化が育まれ、現在の行政区画を越えた範囲に広がっていた。そして、他の地域文化圏とも交流し、影響しあっていた。それはちょうど、大和政権が列島全体の支配に向けて動き出す前夜のことで、伊那谷南部域の人々の生活は、貧しくとも心を寄せ合って暮らすのどかな農村風景が描ける状況を私は想定している。

おわりに

　かつて、大沢和夫は「中島式文化圏」を提唱した（大沢 1967）。大沢の提唱した文化圏の範囲は、北は上伊那北部、西は中津川・恵那地域、南は佐久間町平沢遺跡までとしている。そして、天竜川中流に中心を持つ一文化圏で、原始共同体が分解し、地域的団体の成立（クニの成立）があったと考えたようだ。

　今回、東濃地方に見られる伊那谷南部域系の考古資料を通して、伊那谷南部域を中核地域として育まれた地域文化が、現在の行政区画を越えて展開していたこと、他の地域文化圏との交流があったことが指摘できた。そしてその地域文化圏は、大沢の提唱した範囲と大きく異なることはなかった。

　一方、「伊那谷南部地域文化圏」を「クニ」と考えることもできようが、今は同じような生産、生活を営んだ集団と考えている。この地域文化圏を「クニ」として位置付けるには、当時の「クニ」の定義、意義を明確にし、主生業、墓制、祭祀といった文化内容をもとに、当時の社会構成や組織を明らかにするといった手続きが必要であると考える。

　さて、「伊那谷南部地域文化圏」は、その後どうなっていったのか。

　独自性のある土器を製作、石製農具を使用、段丘上の開発などによって発展し地域文化圏を形成してきたが、古墳文化の到来によってそれまでの地域色は消されていった。「伊那谷南部地域文化圏」の中核地域では、当初は、石製農具の使用や遺跡の立地状況など大きな変化はなかったが、在地の土器の中に古式土師器が持ち込まれ、在地の土器も球形化するなどの変化は生じた。やがて在地系の土器は消え、遺跡は低位段丘地帯に立地、石製農具に変わる鉄製農具の出現、住居への竈の導入、前方後円墳をはじめとする高塚古墳の構築といった具合に大きく変革した。古墳文化の到来からしばらくは、中核地域では前時代の文化のあり方、伝統を継続していたが、古墳時代中期になってそうした状況は消え去ったのであった。

　一方、周辺地域においては、阿智村神坂峠遺跡・児の宮遺跡・大垣外遺跡や、佐久間町平沢遺跡でＳ字状口縁台付甕の出土が確認されているが、他の遺跡からは今のところ古墳時代のはじまりを告げる遺構・遺物は見出されていない。

古墳文化の到来とともに、周辺地域の遺跡での生活は放棄されたようで、「伊那谷南部地域文化圏」は解体したととらえられる。

　最後に、古墳文化はどのような経路を辿って伊那谷南部に到来したとすることが妥当か述べて終わりとする。結論から言えば、神坂峠越えの道であったと考える。前述したように、神坂峠遺跡にはＳ字状口縁台付甕が遺されていた。また、古墳時代の祭祀具である石製模造品も多量に遺されていた。石製模造品は神坂峠の東麓に当たる阿智村園原・智里・駒場地籍に所在する遺跡からも数多く出土しており、道筋として繋がっている。この道筋は後に東山道として格上げされ官道となる道である。その前段階、古墳文化の東国への波及に際して、前時代まで活用された毛細血管状の交流路が神坂峠越えの道に一元化されたと考えられる。それまでは天竜川下流域とのつながりや交流が強かった伊那谷南部域であったが、古墳文化という新しい時代の文化は神坂峠を越えて入り込んできたといえる。そしてこうした動きを生じさせたのも「伊那谷南部地域文化圏」が中央アルプスを越えて中津川・恵那地方まで広がっていたことと無関係ではないだろうと思われる。

文献
1. 中津川市教育委員会 1979『中村遺跡』
2. 中津川市教育委員会 1978『中央高速自動車道路関係埋蔵文化財緊急調査報告書　その２』
3. 紅村　弘 1963『東海の先史遺跡　総括編』
4. 中津川市教育委員会 1985『阿曽田遺跡発掘調査報告書』
5. 中津川市教育委員会 1991『久須田遺跡発掘調査報告書』
6. 恵那市教育委員会 1984『祖理見遺跡』
7. 美濃加茂市教育委員会 1995『為岡遺跡発掘調査報告書』
8. 岐阜県教育文化財団 2004『深渡Ａ地点遺跡』
9. 岐阜県文化財保護センター 2000『野笹遺跡Ⅰ』
10. 岐阜県文化財保護センター 1993『尾崎遺跡』
11. 美濃加茂市教育委員会 2002『尾崎遺跡発掘調査報告書』
12. 岐阜県文化財保護センター 2003『金ヶ崎遺跡・青木横穴墓』
13. 多治見市教育委員会 1991『根本遺跡』
14. 多治見市教育委員会 2005『喜多町西遺跡発掘調査報告書』
15. 佐久間町教育委員会 1970『ひらさわ』

参考・引用文献

飯田市教育委員会 1991『田井座遺跡・一色遺跡・名古熊下遺跡』
石黒立人 2002「東海系土器の拡散について」『東海学が歴史を変える』五月書房
磯谷祐子 2006「尾崎遺跡出土の弥生時代から古墳時代前期の土器」『美濃加茂市民ミュージアム紀要』
　　　　本論考において、文献11で古墳時代後期と報告された61号住居址の実測図を再確認した結果から、61号住居址は弥生時代後期～古墳時代初頭の遺構と古墳時代後期の遺構が重複したものであるとしている。
市澤英利 1986「飯田・下伊那地方の座光寺原・中島式土器の変遷」『長野県考古学会誌』51号
市澤英利 1991「弥生時代の下伊那」『下伊那史』第一巻
伊藤英晃 1991「岐阜県」『東日本における稲作の受容』東日本埋蔵文化財研究会
大沢和夫 1967「下伊那地方の弥生文化概観」『長野県考古学会誌』4号
上郷町教育委員会 1993『丹保遺跡』
神村　透 2003「中島式土器と「イナ国」」『伊那』第51巻6号　伊那史学会
岐阜県 1972『岐阜県史　通史編　原始』
紅村　弘 1963「東海の先史遺跡　総括編」
桜井弘人 1986「石製農具について」『恒川遺跡群―遺物編―』飯田市教育委員会
御堂島正 1989「有肩扇状石器の使用痕分析」『古代文化』第41巻第3号
宮沢恒之 1978「伊那谷における弥生集落の展開―座光寺原式期を中心として」『中部高地の考古学』
山下誠一 2005「飯田盆地における弥生時代の石器」『飯田市美術博物館研究紀要15』

中部高地における円・方丘墓の様相

青木　一男

はじめに

「東日本における古墳出現」というテーマについては、1981年に開催されました日本考古学協会大会のシンポジウム「関東における古墳出現期の諸問題」（日本考古学協会 1988）を思い出しました。このシンポジウムでは古墳出現期の土器の移動とその背景、また墳墓の様相が討論されました。

その中で、当時の千葉編年4期・5期、これは畿内の庄内式併行期にあたると思われますが、小規模な前方後方形の墳墓を、「前方後方墳」と捉えるか、あるいは「前方後方形の区画墓」として捉えるか問題になりました。

今回の私に与えられましたテーマは「円と方丘墓の様相」です。古墳出現期、特に前方後円墳が出現する前段階の、円丘墓と方丘墓の系譜を整理してほしいということですが、なにぶん勉強不足で、私がフィールドとしております中部高地を中心としますことを、最初にお断りいたします。

1　弥生時代の様相

まず古墳時代を扱う前に、弥生時代の墳墓の様相を見たいと思います。

中部高地の弥生時代後期の社会は、土器に中部高地型櫛描紋を施紋します箱清水式土器様式圏と、それから畿内型櫛描紋を施紋する天竜川流域の座光寺原・中島式土器様式圏に分かれます（青木 2001）。遡って弥生時代中期後半の中部高地は、北に栗林式、南に北原式という土器様式が分布いたします。栗林式の様相が比較的明らかになっていますので、栗林式で説明をしたいと思います（図1）。

弥生時代中期後半の栗林式では、環壕集落が出現しますが、方形周溝墓は受容しません。南関東地域の弥生時代中期は、環壕集落と共に方形周溝墓がセットになって現れますが、中部高地の場合はこの両者がセットにならないのが特色です。

図2−1は長野県北半部、飯山市小泉遺跡の木棺墓群です。多少時期が異なると思いますが、竪穴建物や掘立柱建物も見つかっています。中部高地の弥生

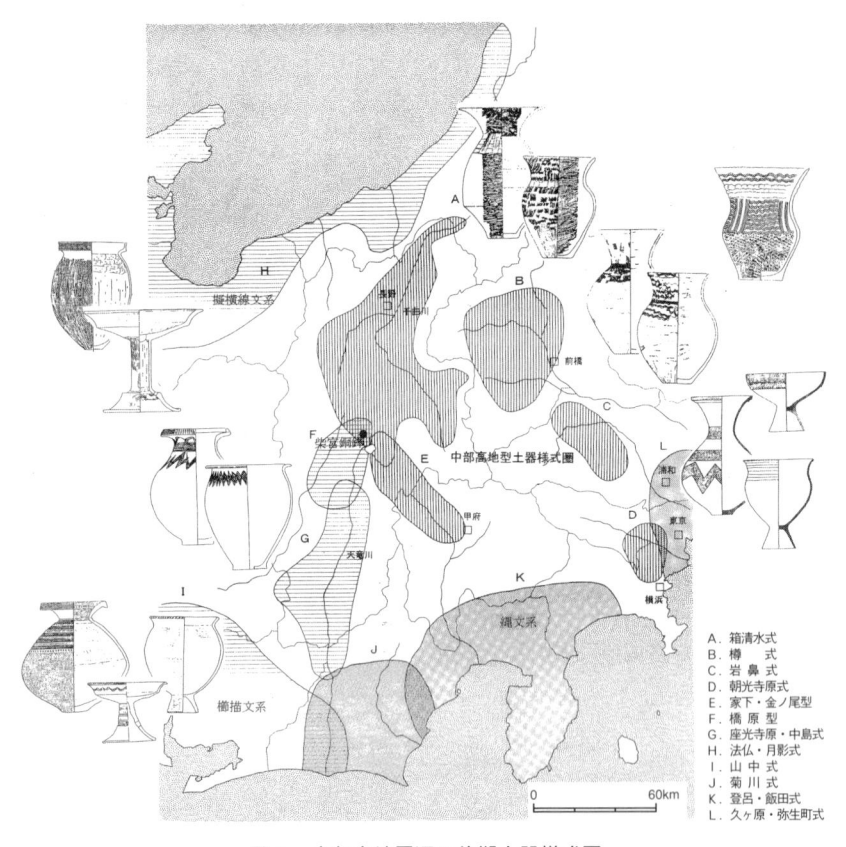

図1　中部高地周辺の後期土器様式圏

A. 箱清水式
B. 樽　式
C. 岩鼻式
D. 朝光寺原式
E. 家下・金ノ尾型
F. 楢原型
G. 座光寺原・中島式
H. 法仏・月影式
I. 山中式
J. 菊川式
K. 登呂・飯田式
L. 久ヶ原・弥生町式

時代中期段階は、まだ区画墓を受容していませんので、木棺墓が盛行しています。木棺墓の初現は、天竜川流域の中期前半の大城林遺跡と思われ、その後、中期後葉の栗林式期に至り定着・盛行します。小口板を押し込むタイプの木棺墓が流行しますが、中には棺床に小型の礫を敷き詰め礫床墓と呼ばれる形式（図2-3）も見られます。

次に弥生時代後期の墓を見ていきたいと思います。まず、溝区画を導入しなかった中部高地でも、後期社会に至り、北の箱清水式、あるいは南の天竜川流域の座光寺原式・中島式、共に区画墓を導入いたします。図2-4に示したとおり、北の箱清水式では「円を基調とする溝区画」を持つ円形周溝墓が定着します。一方、南の座光寺原式・中島式では、方形周溝墓が受容されますが、そ

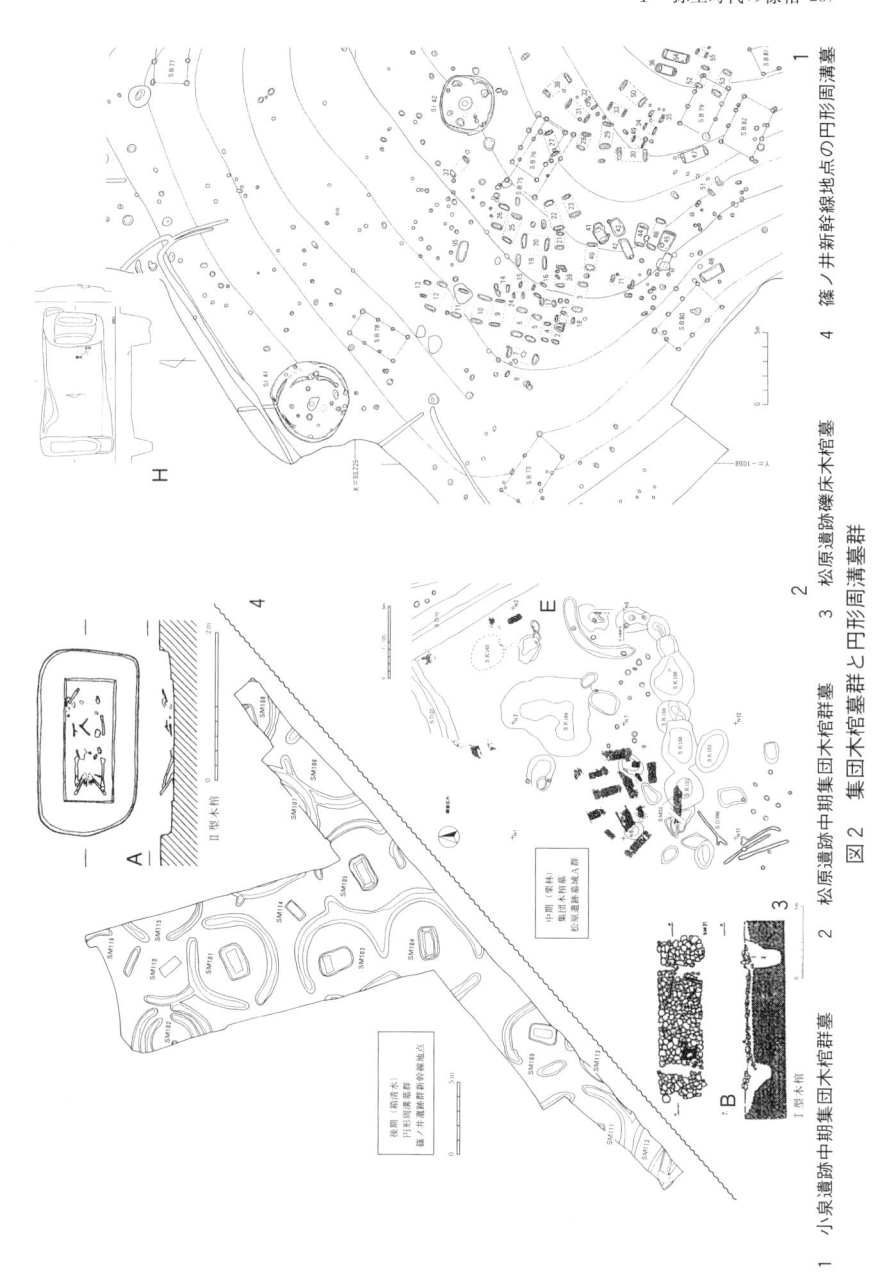

1 弥生時代の様相 287

図2 集団木棺墓群と円形周溝墓群

1 小泉遺跡中期集団木棺群墓　2 松原遺跡中期集団木棺群墓　3 松原遺跡礫床木棺墓　4 篠ノ井新幹線地点の円形周溝墓

の方形周溝墓の溝の中央部が陸橋状に切れるというタイプが定着します。この形式自体は南の方、東海地方からの影響と考えられます。

箱清水式の円形区画墓＝円形周溝墓ですけれども、実は後期の初めから出現するわけではなく、後期の中葉段階、あるいはもう少し前かもしれません。いずれにしても後期中葉段階から後葉段階に盛行します。私は中部高地の後期土器を６段階に分けていますが、現在のところ３段階に円形周溝墓の古いものがあり、後期４ないし５段階に盛行いたします。さらに６段階になると方形周溝墓を受容すると思われます。

2　根塚遺跡の出現

円形周溝墓に関する重要な遺跡として、北信濃の木島平村根塚遺跡について触れたいと思います（図３）。木島平村は飯山市に接し、近くには野沢温泉スキー場等があり、少し北上すると新潟県という場所です。

この根塚遺跡は単独の小さな丘陵上に、いくつかのお墓が集まった遺跡ですが、私が区分するところの後期３段階に出現します。箱清水様式圏の中で円丘墓＝丸いお墓を受容する背景を考える際に、とても重要な事例と思われます。先ほど触れたように、中期には溝区画を墓に採用しなかった中部高地社会で、「丸いお墓の出現」が確認されます。直径は20ｍほどです。それから丘陵の斜面を使っているわけですが１ｍほどの墳丘を持っており、周りを葺石状に貼っています。そして主体部では、長い剣などが出土しています。さらにその墳頂上には葬送儀礼に用いられたと思われる多量の土器が出土しています。これらの要素を「広義の墳丘墓」と評価し、「根塚墳丘墓」と呼びたいと考えています。

さらに木棺墓の集団が付随しております。７号墓の木棺の脇には長い鉄剣が２本伴っていました。同様に中部高地型櫛描紋を用いるお隣の樽式土器の群馬県有馬遺跡の墓と、同じく「長い剣を持つ」という点で共通しています。図３に詳しい図を示していますが、西側は通路のようにあいております。さらに問題なのは、一部は後世の攪乱だと思われますが、ＢとＣと書いてある所は、高さ２ｍほどの斜面になっており、円丘と同じようなカーブを描いている点で

2 根塚遺跡の出現 289

1 墳丘墓と木棺墓で構成される墓域

2 葬送儀礼に用いられた箱清水式土器

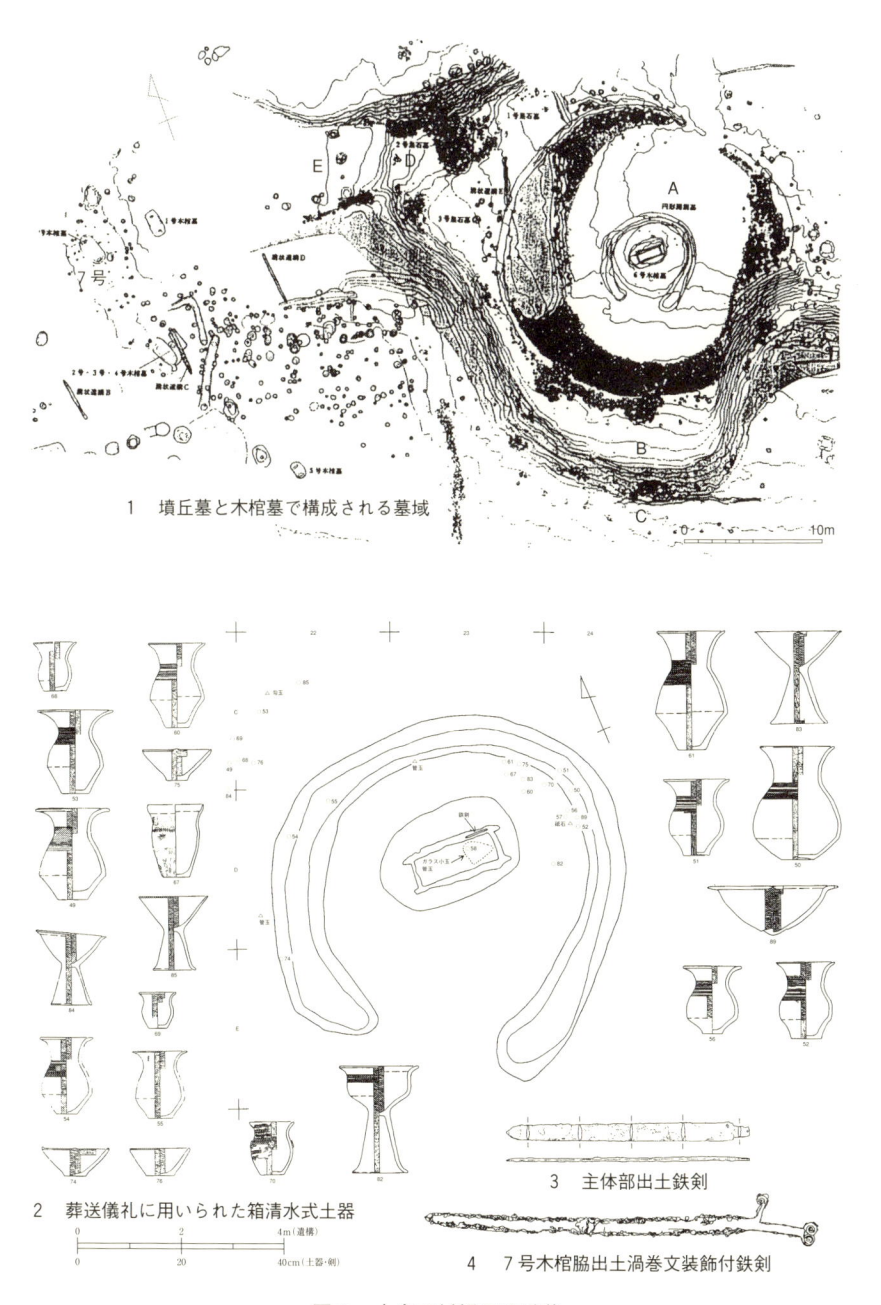

3 主体部出土鉄剣

4 7号木棺脇出土渦巻文装飾付鉄剣

図3 木島平村根塚墳丘墓

す。D、Eの部分では貼石が帯状になっている所もあり、見方によっては上部に円丘があり、尾根状に伸びる墳丘というか、付随する突出部がある。すなわち「もっと大きく墳丘をとらえることも可能」ではないかと思われます。

　そうすると単なる円丘墓ではなく、「不定型の地域的な墳墓」と考えることができるかもしれません。この辺は検討の余地があるところですが…。

　図3の下に示したのは、墳頂から出土した箱清水式土器を主体とする土器群で、葬送儀礼に用いられた土器と推定されます。また埋葬主体部から出土した1号鉄剣は長さ54㎝です（図3－3）。「渦巻紋装飾付鉄剣」と命名された剣は74㎝もあります（図3－4）し、別の鉄剣も47㎝あります。根塚墳丘墓には、これらの長剣類＝長い鉄剣が伴っているのが、大きな特徴です。

　根塚遺跡の出現は、大きな画期に当たると考えられます。

3　後期後半の円形周溝墓の様相

　箱清水式圏では、根塚墳丘墓の出現以後の後期後半、このような円を志向する区画墓が盛行します。具体的に見ていきたいと思います。先ほどもお話したように、方形周溝墓は受容しません。

　図2－4は、長野市篠ノ井遺跡群の新幹線地点の周溝墓の一部です。この円形周溝墓では、埋葬主体から人骨を多く出土していますが、墓壙は地山に築かれています。たぶん周溝の土を盛り上げていたと思います。

　円形周溝墓のスタイルを考える上で、小林三郎先生のご研究（小林 2005）はたいへん勉強になりました。この円形周溝墓は、径が6～7mと小型で、それが大きな特徴になっています。この新幹線地点の場合は、55基の円形周溝墓が密集していましたが、副葬品は少なく、傑出した墓はありません。ちょうど私が掘った地点で、人骨はたくさん出ましたが、遺物は何も出てこなかったという印象があり、根塚とは違った集団墓の様相を呈していました。

　一方、同じ集団墓ですが、少し様相が異なる事例もあります。やはり篠ノ井遺跡群の聖川・高速道路地点です（図4）。ここには後期の環壕集落がありまして、環壕の脇に、青山博樹さんの編年（青山 2005）で4期以前、3期ぐらいから始まり、9期まで続く墓域が形成されています。3基の円形周溝墓と4基の

3 後期後半の円形周溝墓の様相　291

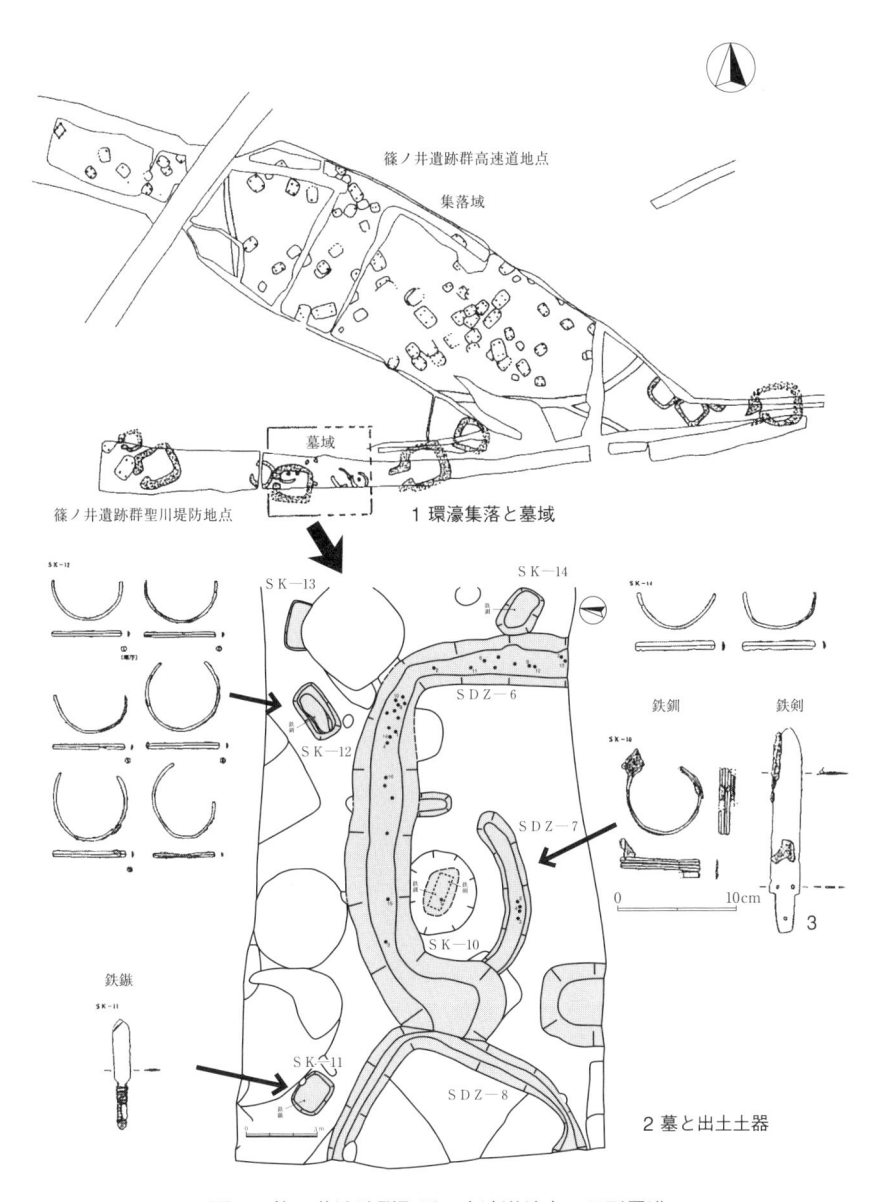

篠ノ井遺跡群高速道地点
集落域
墓域
篠ノ井遺跡群聖川堤防地点
1 環濠集落と墓域

SK-13
SK-14
SK-12
SDZ-6
鉄釧
鉄剣
SDZ-7
SK-10
SK-11
SDZ-8
鉄鏃
2 墓と出土土器

図4　篠ノ井遺跡群聖川・高速道地点の円形周溝

木棺墓で構成される小単位があり、円形周溝墓の主体部からは鉄剣と鉄の腕輪「鉄釧」が出ております。周りの土壙からも鉄釧や鉄鏃などが出土しており、注目されます。このように鉄器が集中しており、先ほどの事例とはちょっと異なっています。

最近では箱清水式の円形周溝墓の調査がかなり進み、装身具の鉄釧や鉄剣の量も年々増えています。鉄器副葬が目立つという事象を地域的な特徴として指摘できそうです。この背景として、箱清水社会を支えた鉄流通システムがあるのではないかと思っています。その経路として、日本海方面との関わりは重要で、円形周溝墓のルーツも、日本海方面を経由した広域ネットワークの中から生まれてきたと考えて良いと思います。根塚円丘墓も同様の背景から生まれてきたのではないかと思われます。

4　弘法山古墳の出現と画期

このように中部高地の弥生時代後期後半は、円形周溝墓など地域色の強い社会が維持されていたわけですが、畿内の庄内式併行期になりますと、土器様式の上でも墳墓様式の上でも大きな変化が見られます。特に土器様式の上では東海系土器のインパクトが強く、墳墓も今までの円形周溝墓から方形周溝墓に転換します。その転換期、青山さんの編年の5・6期に出現した全長63mの弘法山古墳は見逃せない存在です。

図5－3は佐久市瀧ノ峯2号墳ですが、長さが22mあり、この前方に張り出し状のものが長く伸び、墳丘は1.3mの高さです。弘法山古墳は長さ63m、高さが6mあるのに比べると、墳丘は低墳丘で小型ですし、さらに埋葬主体の構造とか副葬品の内容も異なりますが、前方後方形のこういった墳墓が弘法山古墳の出現と共に、中部高地の各地に出現してくるという現象を重視したいと思います。このような墳墓を、小林先生のご研究にもございましたけれども、ここでは低墳丘墓と呼ばせていただきたいと思います。

円丘から方丘への転換は、土器と共に東海方面を核とした祭儀様式の再編成と密接に結びついていると思われますが、単なる「お祭り」だけではなくて、先ほどの鉄などの様々な流通ルートの変革もあり、墳墓様式も変化しているの

4 弘法山古墳の出現と画期 293

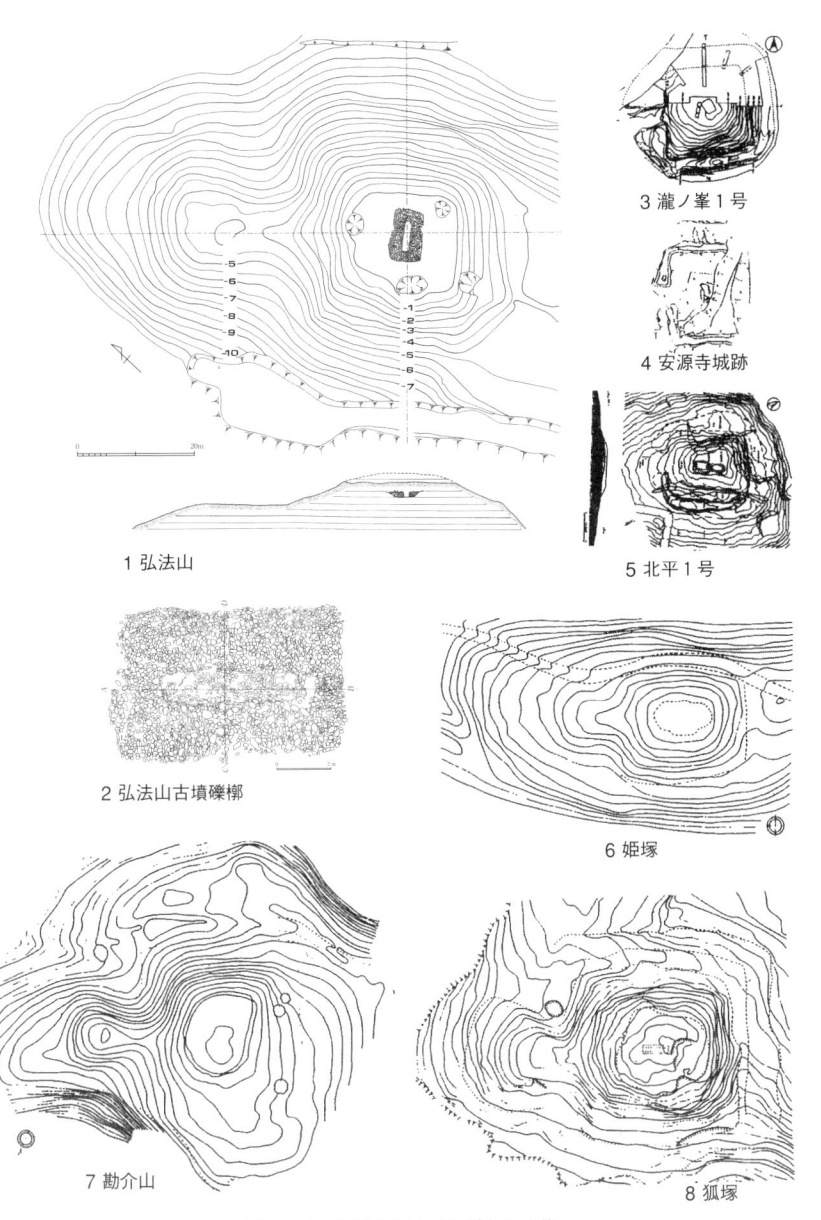

1 弘法山

2 弘法山古墳礫槨

3 瀧ノ峯1号

4 安源寺城跡

5 北平1号

6 姫塚

7 勘介山

8 狐塚

図5 前方後方墳と方形低墳丘墓

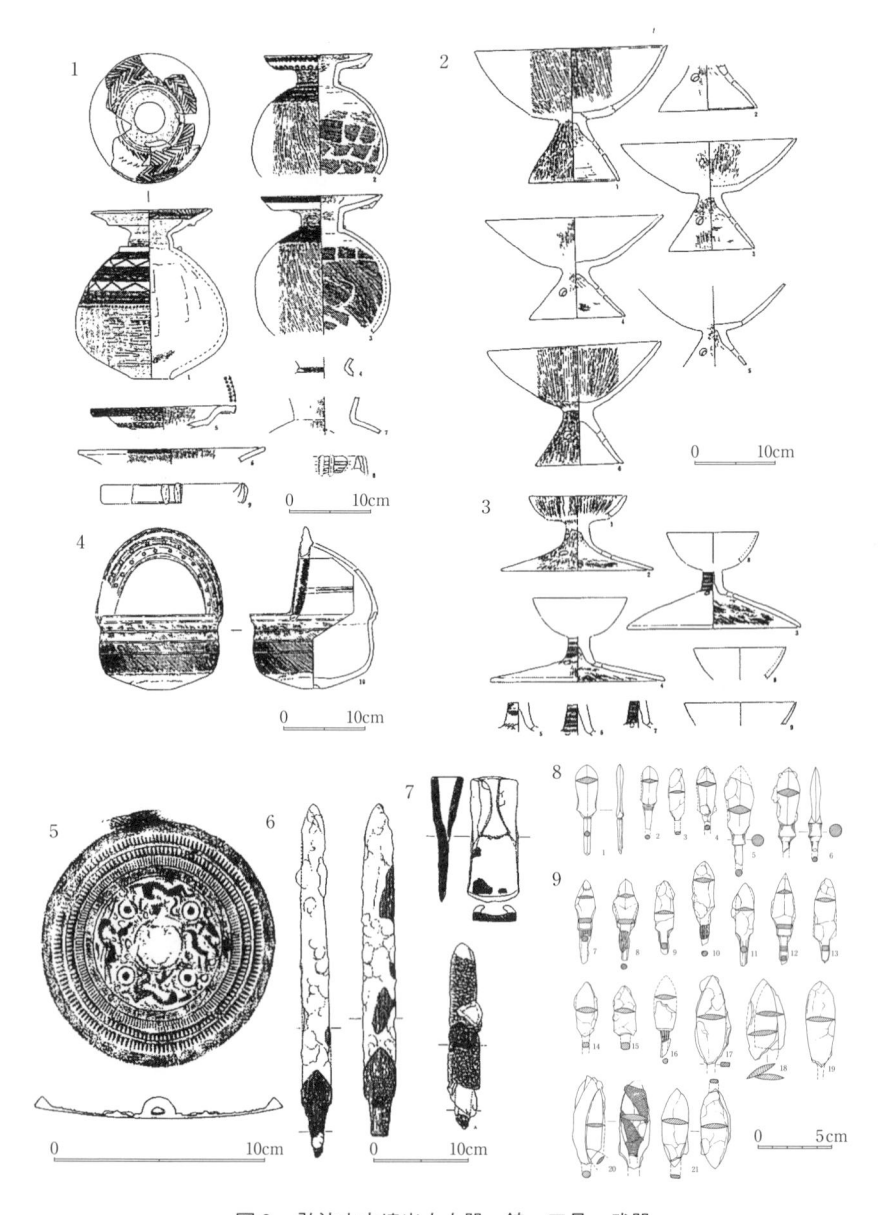

294　中部高地における円・方丘墓の様相

図6　弘法山古墳出土土器・鏡・工具・武器

ではないかと考えております。

　このように、長野県北部の箱清水様式圏の変革に大きな影響を与えたと思われます弘法山古墳の成立について、少し触れたいと思います（図5・6）。長野県中央の松本市に所在する前方後方墳です。全長が63m、高さが6mですが、後方部の埋葬施設は長大な墓壙で、5mにおよぶ礫槨を持っています。それまでの中部高地の木棺墓の長さは、長くても1.8m程度ですので、5mの棺を持つというのは、非常に大きいと考えられます。こういった強いインパクトや、鏡をはじめ豊富な鉄・青銅製品のその副葬品、他地域との共通性から、弘法山を「古墳」と呼び、先ほどの瀧ノ峯2号墳のような「低墳丘墓」と区別したいと思います。さらに墳頂で出土しました土器の様式は、先ほどの根塚墳丘墓の場合と異なり、箱清水式土器はまったくといっていいほどなく、東海系土器によって占められています。土器様式も大きく変化していると考えられます。

　このように5・6期には、弘法山古墳のような「山の上」に、長野市北平1号墳とか、中野市安源寺1号墳のような低墳丘墓が出現します。さらに7期になると、勘介山古墳や姫塚古墳など、全長30m以上の前方後方墳が出現します。この段階に東山古墳群の中に、前方後円墳が出現する可能性があるわけですが、中部高地では、弘法山古墳成立以後7期に至るまで前方後方墳が盛行する段階です（図5）。5・6期あるいは7期には、山の上に古墳と低墳丘墓が築かれ、そこに階層性を見ることも可能なわけですが、「方丘」ということでは、両者が共通しています。

　このように5・6期には、弥生時代後期以来の円形周溝墓から方形低墳丘墓に変化してくるのが箱清水式様式圏の特徴です。この中には、方形の低墳丘墓と前方後方形低墳丘墓の二者がありますが、前方後方形低墳丘墓は、ずっと後まで続いていきます。つまり、山の上にも低墳丘墓が単独で築かれますが、集落に接した墓域の中にも低墳丘墓が存在します。ただし山上の低墳丘墓は単独あるいは1・2基単位で構成されるのに対して、集落脇の自然堤防の集団墓は群在するという違いがあります。

　前方後円墳出現期の方形低墳丘墓の様相を、篠ノ井遺跡群高速道路地点で見たいと思います（図4・7）。繰り返しになりますが、山上にある墳墓でなく、その下の自然堤防に位置しています。まず弥生終末の4期には、SDZ6という

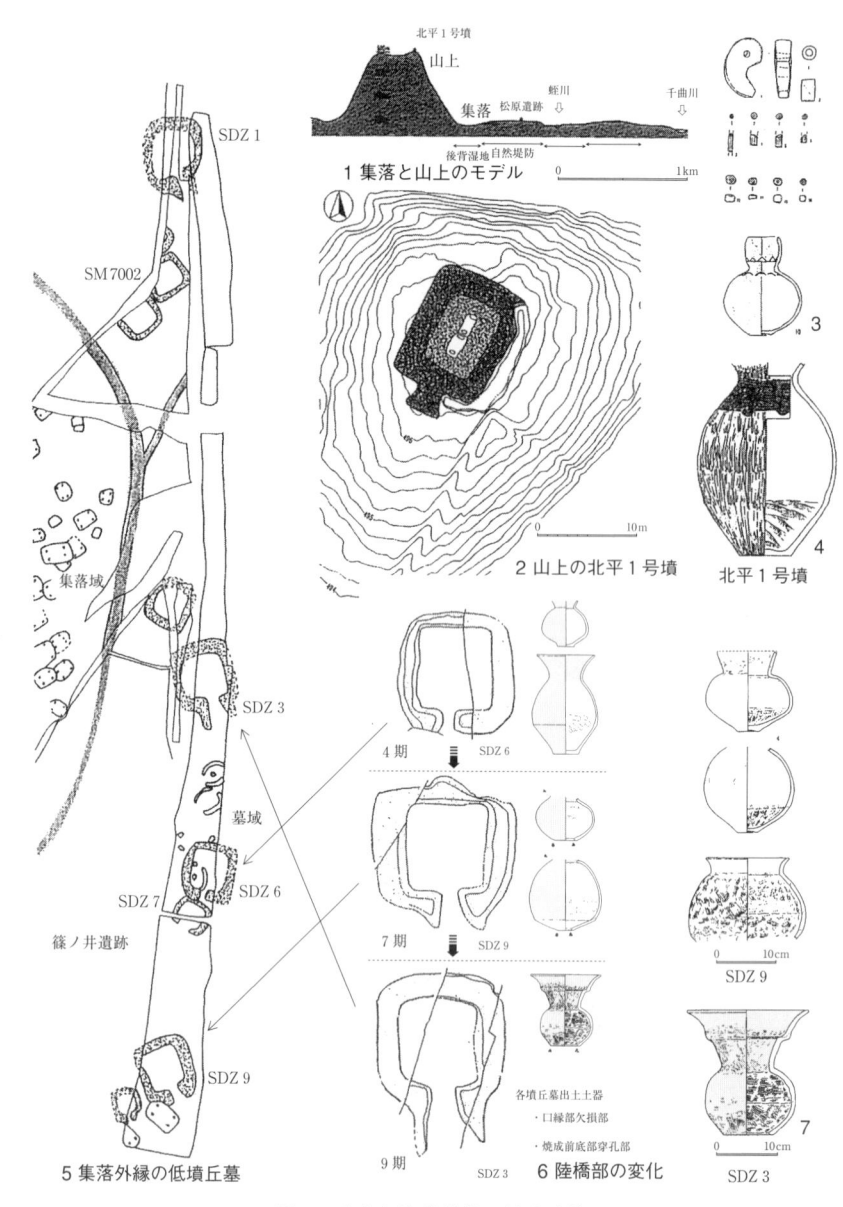

296 中部高地における円・方丘墓の様相

図7 山上と集落外縁の低墳丘墓

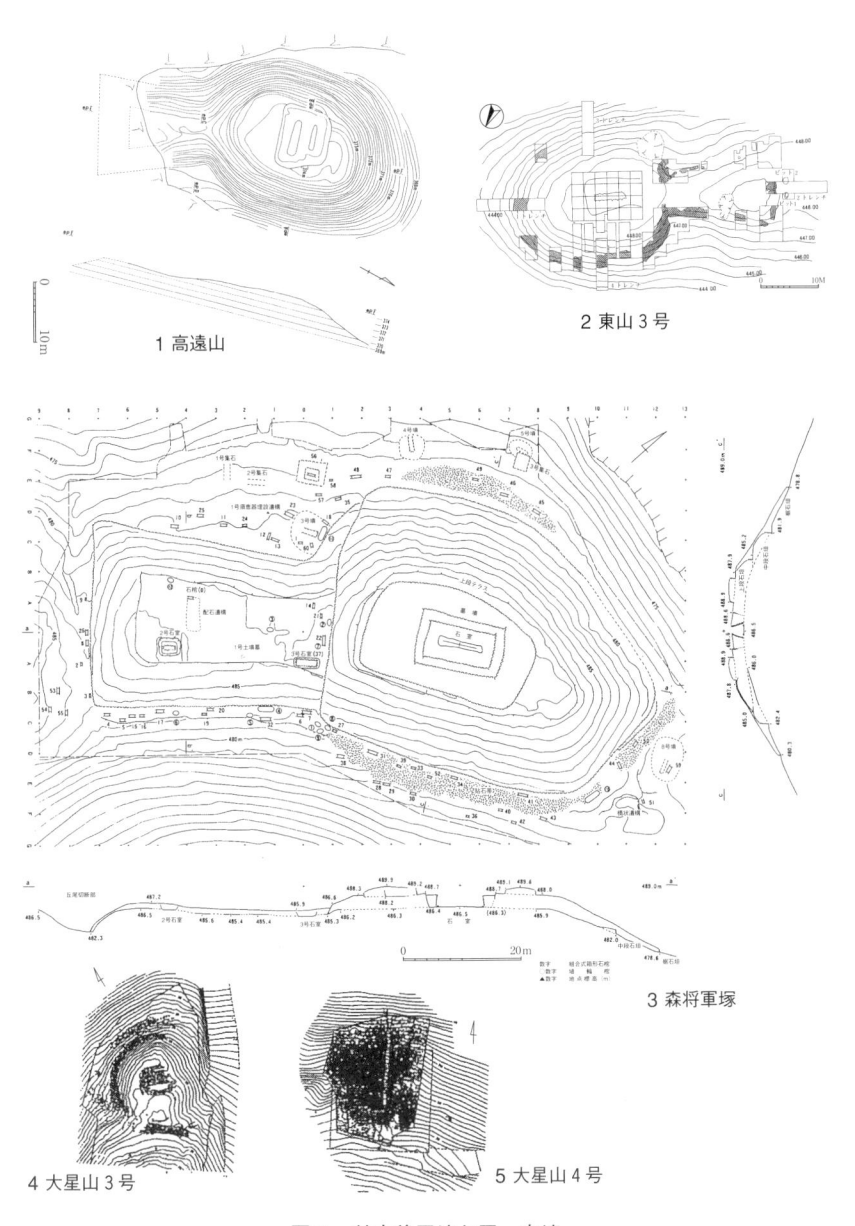

4 弘法山古墳の出現と画期 297

1 高遠山

2 東山3号

3 森将軍塚

4 大星山3号

5 大星山4号

図8 前方後円墳と円・方墳

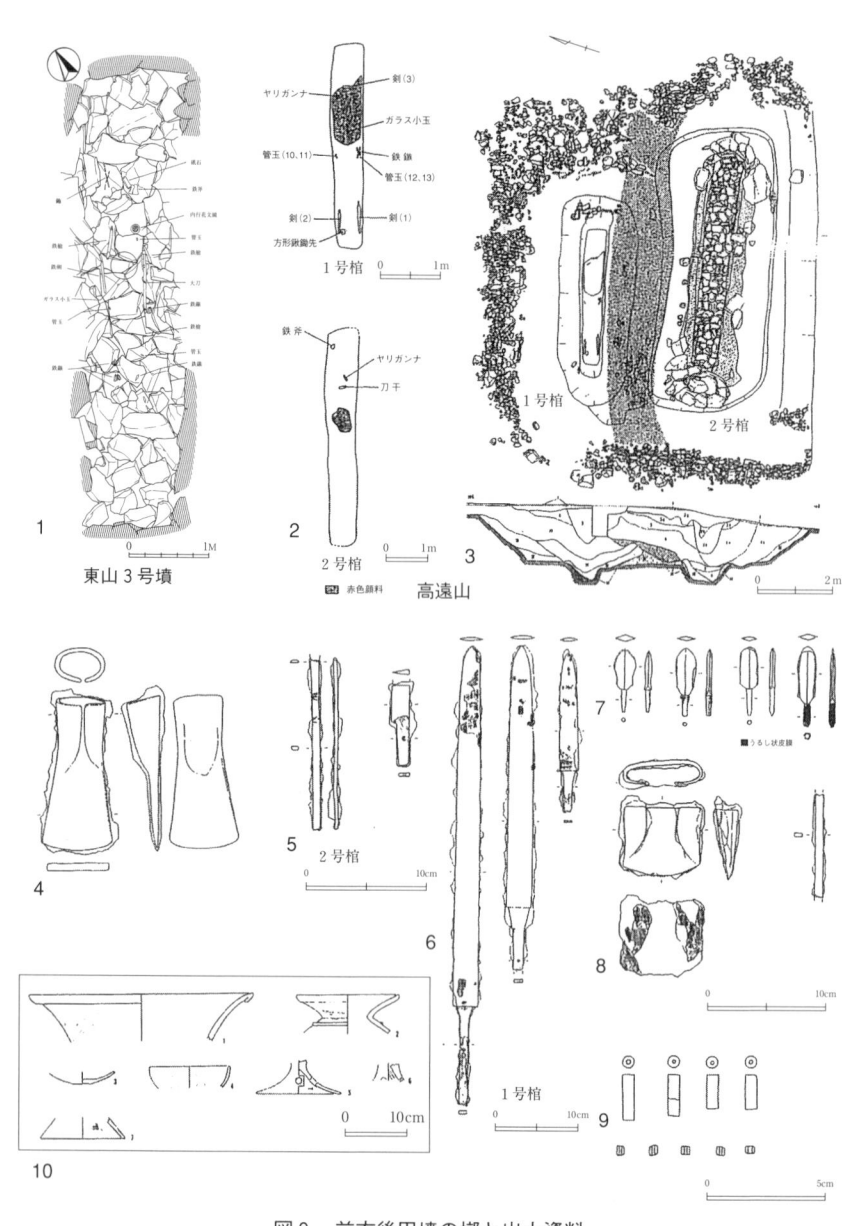

298 中部高地における円・方丘墓の様相

図9 前方後円墳の槨と出土資料

	箱清水式土器様式圏			中島式土器様式圏
	長野盆地北部	長野盆地南部		
		山上	自然堤防	
弥生時代中期	小泉集団木棺墓		伊勢宮集団木棺墓	
後期前半				
後期後半	根塚墳丘墓 須多ヶ峯		篠ノ井SDZ－7	
4期	上野2号		篠ノ井SDZ－6	
5・6期	安源寺城跡1号	北平1号墳		弘法山古墳
7期	勘介山古墳	姫塚? (東山1号古墳?)	篠ノ井SDZ－1 篠ノ井SDZ－9	中山36号墳 代田山狐塚?
8期	高遠山古墳	東山3号古墳	篠ノ井SM－7002	
9期		森将軍塚古墳 大星山3号墳	篠ノ井SDZ－3	
10・11期		川柳将軍塚古墳 大星山1号墳		

図10 中部高地の墳墓変遷 概念図

東海型の一辺中央が切れるタイプの墳墓があります。7期のSDZ9になりますと、陸橋部がやや伸びはじめます。この時期に山上には、北平1号という低墳丘墓が築かれますが、山上と自然堤防の両者に、墳墓が併存する時期となります。さらに前方後円墳が出現する9期の時期には、前方部がかなり伸びたSDZ3という低墳丘墓が見られます。一方、8期には、前方後方形ではありませんが、一辺10mほどの方形墳丘墓がいくつかまとまっています。このように集落脇の集団墓には、かなりあとまで「方形を志向する」低墳丘墓が残っております。

　中部高地の北部では、8期になると前方後円墳が出現します。長野盆地北側

の中野市高遠山古墳があり、長野市には和田東山3号墳があります。この8期に至り古手の前方後円墳が出てきます。9期には千曲市の森将軍塚古墳がありますが、この8・9期は、山上に定型化した前方後円墳が出現してくる段階です。先ほどの自然堤防上の篠ノ井遺跡群では、方形墳丘墓が集団墓の中に継続して造られていくというのが特徴です。よって8・9期は、今までの方丘志向と、円丘志向が混在する様子が見られます。ただし前方後円墳と低墳丘墓という差があり、その辺に階層性を見出すことも可能かもしれません。

和田東山3号墳では、埋葬主体で鉄製武器や鏡などが一定の法則に基づいて埋葬されています。高遠山古墳でも同じように一定の流儀で副葬品を埋葬しております（図9）。中部高地の弥生中期から見てきましたが、ここに至り他地域との共通性なり定型化が図られてくる様子が窺えます。

まとめ

最後になりましたが、若干のまとめをさせていただきます。弥生時代の中部高地の墓制ですが、中期の栗林式期には均一でして、区画の溝を持たない集団木棺墓によって構成されます。後期に至り箱清水式期には、根塚墳丘墓のように、これまでと違った円形の墳丘を持つ墓が出てきます。それに連動するように円形周溝墓が受容され、盛行するようです。その円形周溝墓には鉄器の副葬が目立ち、どういった地域とどういう連携があったのかということが看取できる可能性があります。さらに庄内式併行期になりますと、これまでの円形周溝墓から、方形墳丘墓に転換するようです。

葬送儀礼に東海系土器群を持つ弘法山古墳出現のインパクトは強く、これは墓域の儀礼に限らず集落内の土器様相にも同じようなインパクトを与えております。この辺は1981年の日本考古学協会のシンポジウム以来、だんだん明らかになってきていることと思います。また庄内式併行期の山の上には、古墳と低墳丘墓という階層性の異なる墳墓が築かれているのがわかっています。一方、自然堤防上の集団墓には、方形低墳丘墓が存在するようです。

補記

本稿は、2004年2月28日〜29日に神奈川県の川崎市市民ミュージアムで開催された第9回東北・関東前方後円墳研究会研究大会のシンポジウム「東日本における古墳の出現」の記録集『考古学リーダー4　東日本における古墳の出現』（東北・関東前方後円墳研究　2005年　六一書房）所載の「基調報告3　円・方丘墓の様相―中部高地を中核に―」を再編集したものである。

参考文献

青山博樹　2005「調査報告2　編年的整理―時間軸の共通理解のために―」東北・関東前方後円墳研究会『考古学リーダー4　東日本における古墳の出現』六一書房

小林三郎　2005「記念講演　東日本の古墳出現の研究史―回顧と展望―」東北・関東前方後円墳研究会『考古学リーダー4　東日本における古墳の出現』六一書房

日本考古学協会　1988『シンポジウム関東における古墳出現期の諸問題』学生社

図版出典一覧

図1　青木一男　2001「倭国大乱期前後の箱清水式土器様式圏」『信濃』第53巻第11号　信濃史学会

図2　青木一男　2000「栗林・箱清水式土器様式と墳墓」『弥生時代の墓制　研究会資料』群馬県埋蔵文化財事業団

　　飯山市教育委員会　1995『小泉弥生時代遺跡』

　　長野県埋蔵文化財センター　1998『北陸新幹線埋蔵文化財発掘調査報告書4　篠ノ井遺跡群』

　　長野県埋蔵文化財センター　2000『上信越自動車道埋蔵文化財発掘調査報告書5　松原遺跡　弥生・総論1〜8』

図3　木島平村教育委員会　2002『根塚遺跡』

図4　長野市教育委員会　1992『篠ノ井遺跡群（4）―聖川堤防地点―』

　　長野県埋蔵文化財センター　1997『中央自動車道埋蔵文化財発掘調査報告書16　篠ノ井遺跡群』

図5　松本市教育委員会　1978『弘法山古墳』飯山市教育委員会　1994『勘介山古墳測量調査報告書』

図6　松本市教育委員会　1978『弘法山古墳』

図7　長野県埋蔵文化財センター　1996『上信越自動車道埋蔵文化財発掘調査報告書　大星山古墳・北平1号墳』

　　長野市教育委員会　1992『篠ノ井遺跡群（4）―聖川堤防地点―』

　　長野県埋蔵文化財センター　1997『中央自動車道埋蔵文化財発掘調査報告書16　篠ノ井遺跡群』

図8　更埴市教育委員会　1992『史跡　森将軍塚古墳』

　　　　　長野市教育委員会 1995『和田東山古墳』
　　　　　中野市教育委員会 2000『長野県中野市　高遠山古墳　発掘調査概報』
図9　　長野市教育委員会 1995『和田東山古墳』
　　　　　中野市教育委員会 2000『長野県中野市　高遠山古墳　発掘調査概報』

あとがき

「クニという言葉は漢語の郡から発生した」という説（以下「クニ郡起源説」とする）がある。たしかに大和言葉と思われているウマ（馬）、ウメ（梅）、ゼニ（銭）などといった言葉が示すものは、本来日本列島にはない。それぞれマ、メイ、センという一音節の漢語に母音がついて二音節化したものだという。

弥生時代に形成されたというクニ（地域的な小国家）は、縄文時代からの自然発生的なものではなく、弥生時代以前、はるか昔に黄河中流域で発生した都市国家のネットワークが発展し、朝鮮半島や日本列島に到達したために、その影響で成立したのだというのが、「クニ郡起源説」の背景にありそうだ。

なるほどと思い、中国史書の倭・倭人関係のところを読んでみる。すると「クニ」の音を写したものとされる「軍尼」という言葉が出てくる（『隋書倭国伝』）。「軍」という言葉は現代中国語でも「郡」と同じ発音である。「クニ郡語源説」が補強されるのか。しかし一方で、「軍尼」と「国」はまったく別のものとして記述されている。7世紀には「国」を「クニ」とは呼んでいなかったようにも読める。どういうことなのか。

たしかに、倭人がおそらく最初の国家的な行政システムの片鱗を体験できたのは、朝鮮半島にあった中国の出先機関としての郡であっただろう。しかし、紀元前後に九州にできた港湾都市的集落群は中国人の目からみて、自分たちの古典の中にもある「国」に近いものに見えたのではないだろうか（それこそ「国」という字の本義であるから当然である）。倭人も漢帝国はもとより郡と対比できる存在とは思わなかっただろう。

国という言葉が『魏志倭人伝』などの時代を経て、定着しつつも、実際の倭人が行政（中央から人が派遣されて地方を治める）というシステムを実感できたのは郡であった。それも郡の建物や郡の長官という人物が倭人が体感できた国家のシステムでなかったか。

そこで、中国の行政システムに類似した倭国のシステムをクニ（軍尼）と呼ぶようになった（ただし、中国人には、このクニは「郡」とは全く別物にみえたので、

クニに郡の字があてられていないのだろう)。『隋書倭国伝』では、「軍尼」という人物が出てくる。郡に由来するクニは倭人にとって国家的行政を体現した人物であるのだ。しかし、一方で弥生時代に遡る「国」という地域を呼ぶ言葉も残っていた。8世紀になって、こうした地域行政システムの呼称を整理して、列島内の大きなまとまりを国(その上に畿内や道があるが)、その中を郡とした。その後だんだんと国をクニ、郡はコオリ(これもおそらくもとは外来語)と読むようになっていったのではないか。

とすると「赤い土器のクニ」は実在してもおそらく「クニ」とは呼ばれていなかったかもしれない。ではなんと呼ばれていたのか、やはり「国」であったろう。しかし、本書では、「国」が示す範囲は、本来的には今から見れば非常に狭い範囲(律令の郡や現在の市程度)であることを示したかった。よって、国を統合しつつある国をクニとしておいた。

本来は小さいものを示していたのが、だんだん大きくなるものにも敷衍される現象は、朝鮮半島にも見られる。韓国語のナラ(나라)も似たような関係だろう。百済(クダラ)はクンナラ(큰나라・大きい国の意)転訛説がある。今から見れば朝鮮半島の中の国がどうして大きい国なのか。そんなことはない。3世紀の朝鮮半島南部の国はやはり小さな国々であった。そうした国々を統合した百済はやはり「大きな国」であった。

話は変わって、このシリーズ(『縄文「ムラ」の考古学』『「シナノ」の王墓の考古学』『信濃国の考古学』)を発刊している間、本書とは直接関係ないが、縁あってロシアの東洋学者M.B.ヴォロビヨフ氏著の『女真と金の文化』を翻訳・通読してきた。文化や民族の問題を考える上で、非常に興味深い内容に満ちている。この本のテーマである女真民族の話であれば、この民族が中国(漢)文化の影響を大きく受け、隣接する民族との深い交流の中に存在しており、女真が自分たち独自のことと思っていたことが、他の民族や東アジアに共通するものであったり、逆に漢民族に大きな影響も与えたりしながら、その中で独自性をはぐくんできたことが違和感なく理解できる。

しかし、自分たち(日本人)のこととなると、なかなかそうは思えないのである。たまたま列島の外からの影響があるにしても、本質的には、内在的な縄文時代から「クニ」があって、弥生のクニになり、それが倭国、日本に発展し

ていったのだと。強固な日本的枠組みはあって、名称だけが変わっていくのだと。

　さて、冒頭の「クニ郡起源説」の是非やどの程度妥当性があるのかは、私にはよくわからない。しかし、傾聴に値する説であると思う。なぜならば、日本列島や列島内の地域の歴史をすべて内在的な原因とその発展の過程ととらえられないからであり、そうしたことを考えさせてくれる良い材料の一つだと思われるからである。私たちが日本固有と信じているものは、意外とそうではないことが多いのである。しかし、そうとは思えないことが近代の「民族」というものの枠組みの強固さであるような気がする。

　そういうことは百も承知であるという諸氏が多いと思う。私もそうではあるが、いずれも地域の社会や文化の枠組みが存在することは間違いないが、一方でその背景に大きなダイナミズムが存在していると私は考える。本書やこのシリーズがそれを考えるきっかけとなれば、幸いである。

　　2008年3月3日

　　　　　　　　　　　　　　　　　　　　　　　　　　　　川崎　保

執筆者紹介（掲載順）

川崎　　保（かわさき　たもつ）	長野県埋蔵文化財センター調査研究員
町田　勝則（まちだ　かつのり）	長野県教育委員会文化財・生涯学習課
	埋蔵文化財係指導主事
馬場伸一郎（ばば　しんいちろう）	下呂市教育委員会　学芸員
小山　岳夫（こやま　たけお）	御代田町教育委員会学校教育係長
茂原　信生（しげはら　のぶお）	京都大学名誉教授
笹澤　　浩（ささざわ　ひろし）	長野県遺跡調査指導委員
徳永　哲秀（とくなが　てっしゅう）	元長野県埋蔵文化財センター調査研究員
市澤　英利（いちざわ　ひでとし）	阿智村立阿智第三小学校校長
	元長野県埋蔵文化財センター調査部長
青木　一男（あおき　かずお）	長野市立後町小学校教諭

2008年4月10日　初版発行　　　　　　　　　《検印省略》

「赤い土器のクニ」の考古学

編　者　川崎　保
発行者　宮田哲男
発行所　株式会社　雄山閣
　　　　〒102-0071　東京都千代田区富士見2-6-9
　　　　ＴＥＬ　03-3262-3231(代)／ＦＡＸ　03-3262-6938
　　　　ＵＲＬ　http://www.yuzankaku.co.jp
　　　　e-mail　info@yuzankaku.co.jp
　　　　振　替：00130-5-1685
印　刷　新日本印刷株式会社
製　本　協栄製本株式会社

© Tamotsu Kawasaki　　　　　　　　　　　Printed in Japan 2008
ISBN978-4-639-02029-5 C0021

川崎 保 編集

縄文「ムラ」の考古学

A5判 250頁
3675円

炉の形の違いは何を意味するか、無文土器はどこでどのように使われたか、柄鏡形敷石住居の出現にどんな背景があったか、など―ヒトとモノの動きを通して縄文ムラの実像に迫る。

縄文ムラをみる視点 ……………………川崎 保	縄文ムラを復元する ……………………柳澤 亮
吊るす文化と据える文化 ………………三上徹也	海にあこがれた信州の縄文文化 ………川崎 保
飾られない縄文土器 ……………………百瀬新治	コラム1 栗林遺跡の水さらし場状遺構 ……岡村秀雄
土器をつくる女、土器をはこぶ男 ……氷沢教子	コラム2 八ヶ岳の縄文ムラを掘る ………柳澤 亮
柄鏡形敷石住居の出現と環状集落の終焉 …本橋恵美子	コラム3 カワシンジュガイ ………………小柳義男

「シナノ」の王墓の考古学

A5判 244頁
3990円

首長墓と支配領域、古墳の築造規格と首長の系譜、水運と馬産、積石塚と渡来人、稲作文化と雑穀文化、など―さまざまな視点から信濃における政治的領域の成立と変容過程をたどる。

古墳文化からみた信濃的世界の形成 …………川崎 保	伊那谷の横穴式石室 ……………………白石太一郎
科野国の成り立ち ………………………岩崎卓也	信州の古墳文化と稲作・馬産 …………市川健夫
科野における前方後方墳の世界 ………大塚初重	信州の馬、積石塚と渡来人 ……………森 浩一
前方後円墳の規格と地域社会 …………田中 裕	コラム1 信濃の水運 ……………………市川健夫
千曲川流域における古墳の動向 ………小林秀夫	コラム2 シナノに来た東北アジアの狩猟文化 …川崎 保

信濃国の考古学

A5判 240頁
3990円

古代寺院・官衙遺跡、条里遺構、出土瓦・木簡研究などの考古学・歴史学をはじめ、古代祭祀や民具研究、歴史地理の視点で、信濃的世界の形成から信濃国成立の歴史的背景に迫る。

「信濃国」の成立 …………………………川崎 保	平城京内出土軒瓦と信濃国分寺出土軒瓦 ……山崎信二
古代における善光寺平の開発 …………福島正樹	古代科野の神まつり ……………………桜井秀雄
屋代遺跡群の官衙風建物群 ……………宮島義和	木製祭祀具の考察 ………………………宮島義和
古代の小県郡における信濃国府跡推定地 …倉澤正幸	コラム1 善光寺の創建と当初の性格 ………牛山佳幸
千曲川流域における古代寺院 …………原田和彦	コラム2 民具から古代を探る ……………河野通明